■ 国家社科基金项目"民间宗教信仰与武陵民族地区
社会和谐稳定研究"(11XZJ010)结项成果

民族社会发展研究丛书

民间信仰与武陵地区
社会发展研究

谭志满　著

中国社会科学出版社

图书在版编目（CIP）数据

民间信仰与武陵地区社会发展研究／谭志满著 . —北京：
中国社会科学出版社，2019.4
ISBN 978 - 7 - 5203 - 2663 - 6

Ⅰ.①民… Ⅱ.①谭… Ⅲ.①信仰—民间文化—研究—
西南地区②社会发展史—研究—西南地区 Ⅳ.①B933②K297

中国版本图书馆 CIP 数据核字（2018）第 125009 号

出 版 人 赵剑英
责任编辑 孔继萍
责任校对 赵雪姣
责任印制 李寡寡

出 版 中国社会科学出版社
社 址 北京鼓楼西大街甲 158 号
邮 编 100720
网 址 http://www.csspw.cn
发 行 部 010 - 84083685
门 市 部 010 - 84029450
经 销 新华书店及其他书店
印 刷 北京君升印刷有限公司
装 订 廊坊市广阳区广增装订厂
版 次 2019 年 4 月第 1 版
印 次 2019 年 4 月第 1 次印刷
开 本 710×1000 1/16
印 张 16
插 页 2
字 数 256 千字
定 价 69.00 元

总　序

　　湖北民族学院地处神奇美丽的恩施土家族苗族自治州，是一所湖北省政府和国家民委共建的省属普通本科院校。进入 21 世纪以来，学校在科学研究方面取得了显著成绩，同时学科建设形成了特色，服务民族地区经济社会发展的水平得到了较大提升。2003 年，学校"南方少数民族研究中心"获批为湖北省高校人文社科重点研究基地，以此为依托，该校以"大民族学"学科视域开展科学研究，建设了多个科研平台，如"武陵山少数民族经济社会发展研究基地""武陵山民族理论政策研究基地""鄂西生态文化旅游研究中心""湖北民族研究所"等。2012 年，由湖北民族学院牵头，协同华中师范大学、三峡大学等高校，联合恩施州相关政府部门以及武陵山片区旅游企业共同组建了"武陵山民族文化与旅游产业发展湖北省协同创新中心"；2015 年，学校以民族学学科为主干学科，以法学、经济学等为支撑学科，获得了"民族社会发展"省级学科群建设项目，同年还获得了"武陵山民族文化传承与创新"博士点建设对口支持项目。近年来，湖北民族学院民族学学科团队直接服务于国家区域发展战略，积极发掘和整理研究武陵山民族民间文化资源，在区域经济发展、民族文化传承、生态文明建设以及民族区域治理等领域产生了一批具有重大影响的成果，受到学术界以及地方政府部门的高度关注。

　　武陵山片区集革命老区、民族地区和贫困地区于一体，是跨省交界面大、少数民族聚集多、贫困人口分布广的连片特困地区，也是中国区域经济的分水岭和西部大开发的最前沿。当前，在国家的大力支持和当地群众的共同努力下，武陵山片区经济社会发展取得了引人注目的成就，特别是在非物质文化遗产挖掘、申报、保护以及文化产业发展方面取得的成绩可圈可点。但我们也清楚地认识到，全面振兴武陵山片区的任务依然还很艰巨，前进的道路还很漫长，如何促进该地区又好又快地发展一直是政府、学者以及当地群众共同面临的主要现实问题。因此在进行经济文化建设的同时，还必须加强对武陵山片区社会发展中的相关问题进行调研与探究，提前规划，为该地区的发展提供参考。

在湖北省"民族社会发展"学科群建设项目和湖北省协同创新中心经费的支持下，呈现在广大读者面前的这套《民族社会发展研究丛书》是湖北民族学院民族学学科团队继《文化多样性与地方治理丛书》编纂之后的又一个跨学科协同研究成果。该系列成果涉及民族学、政治学、法学、经济学、艺术学等多个学科领域，研究区域主要在武陵山片区，研究对象主要为武陵山片区的少数民族，研究内容涉及非物质文化遗产、特色村寨、文化产业、民间信仰以及和谐社会建设；研究成果既有基础理论研究，也有直接服务于民族地区经济社会发展的应用型成果。

丛书的作者大多是接受过系统专业学习和学术训练的高层次研究人员，既有已经在学界崭露头角的中青年专家，也有初出茅庐的青年才俊，虽然有的著作可能还略显稚嫩，但都显示出了每一位研究者较为扎实的基本功底和严谨务实的精神。我们期待该丛书的出版能对民族地区社会发展有所裨益，同时也期望圆满完成"民族社会发展"项目建设任务，在学科基础条件建设、团队建设、创新水平等方面有较大程度的提升。

谭志满

2017 年 3 月 12 日

目　　录

第一章

绪　论

第一节　研究的缘起及意义

当前，传统文化特别是少数民族传统文化越来越引起人们的关注。在20世纪80年代以后，社会生活中出现了一个重要的现象，那就是以前或被摈弃、或被禁止、或被淡化的生活习俗、民间信仰、岁时节庆以及传统技艺等文化事象又开始回到人们的生活中，得到人们的重新审视。究其缘由，我们认为主要体现在两个方面。

一方面，主要是来自社会思潮的推动。后现代主义是20世纪的主要社会思潮之一，后现代主义的无中心意识和多元价值取向，使人们的思想不再拘泥于宏观且具有普遍意义的社会理想、人生意义和国家前途等，也使人们对于自我有了更深刻的了解。20世纪中叶以前，中国传统的社会模式要求人们把各自的行为方式、价值观念统一到主流社会所要求的层面上来；而在中华人民共和国成立后的30年时间里，"集体化"的社会组织形式对于地域文化、民族文化的传承与发展而言在一定程度上起到了消减作用。80年代以后，在后现代主义思潮影响下，人们的思想观念得到了较大程度的解放，张扬个性、彰显特色、回归本真成为人们的生活方式以及生活目标，主流社会对民族传统文化的表现形式以及内涵的创新也采取了相对包容的态度。在这个过程中，早前淡化的生活习俗、民间信仰、岁时节庆等传统文化虽经历变迁但在较大程度上又得到了回归，这种社会现象引起了越来越多的关注和重视。可以料想，传统文化的复兴甚至再造不再是一场"运动"，而是作为一种社会事实成为一种常态，成为人们的一种生活方式。

另一方面，全球化进程对民族传统文化的影响使人们不得不采取一些应对策略。在很大程度上，全球化使人们的生活变得更加快捷和方便，以往音信不通、交流不畅的局面得到较大程度改观，地球上"分散的人"变得不再分散，在"地球村"中，人群的流动与文化的交流变得越来越频繁。在这种情况下，人们的思维方式、价值理念、行为规范逐渐趋同，当然这并没有什么不好，但在这个过程中，各少数民族的传统文化在民族交流融合过程中不断被"磨蚀"甚至遭遇到消解，这对文化多样性的保持以及人类社会永续发展影响颇多。传统文化的磨蚀犹如自然界中"岩石变沙子"现象。自然界中，当一场突如其来的山洪暴发时，原来山涧中棱角鲜明的岩石在被冲入江河的过程中彼此摩擦、相互塑造，在江河湖海的浸泡洗刷中，岩石的棱角特征逐渐消失，变得溜光圆滑，最后变成了无足轻重的沙子。雨过天晴，部分沙子堆积于滩涂，再也很难凸显其原有的棱角，而相当部分沙子则尘扬于天际，无影无踪。岩石变成沙子本是自然现象，无法对其进行价值评判。在当前，全球化进程犹如山洪，势不可当，而民族传统文化更像山涧中棱角鲜明的岩石，在全球化的洪流中遇到了前所未有的挑战。在这样的时代大背景下，人们越来越意识到传统文化是民族社会发展的核心要素，对民族社会发展具有重要支撑作用，所以希望通过制定相关政策甚至从立法角度来加大对民族传统文化的保护力度；同时希望通过对传统文化的恢复、移植甚至再造等具体措施来延缓民族传统文化的变迁速度。现在各民族成员大多已经认识到要使本民族屹立于世界民族之林，就要保护和传承好本民族的传统文化，而处于全球化洪流中的民族传统文化传承与"各美其美，美人之美，美美与共，天下大同"这种世界文化发展的理想模式似乎很难调适。要使少数民族文化在世界文化发展的理想模式中占有一席之地，做到在文化交流以及发展过程中融而不合、合而不同，这将是一个艰难的过程，但至少作为民族的成员应该清晰了解本民族历史及其变迁脉络，树立起文化自觉意识。所以，当前许多少数民族群体以及成员对本民族传统文化愈加珍视、关注甚至对其前景感到忧虑。

少数民族民间信仰作为传统文化重要内容之一，始终得到了各种社会组织以及专家学者的关注。过去国内前辈学者及社会贤达对"民族"的内涵进行了一些探索：梁启超先生对瑞士学者布伦奇里关于民族的定义进行了解释，认为民族有八个方面的特质，主要包括：相同的地域、相同的血统、相同的体型、相同的语言、相同的文字、相同的宗教信仰、相同的风俗习惯以及相同的生计方式，并且只有这八个方面的特质在历史发展过程中相互结合，代代相传，才会形成民族；孙中山先生认为，民族在血统、生活、语言、宗教、风俗习惯上具有一致性。进入 21 世纪以来，国内对民族概念所包含的要素进行了新的解释，普遍认为民族在历史渊源、生产方式、语言、文化、风俗习惯及心理认同等方面具有共同的特征；同时还认为，部分少数民族在形成和发展的过程中，宗教起到了非常重要的作用。从这些关于民族定义的讨论和界定中，我们可以看出宗教是民族形成以及发展中的一个重要因素。民间信仰虽不能等同于宗教学意义上的宗教，但从民族学人类学的角度看，民间信仰是宗教形成的基础，属于原生性宗教，理应属于民族概念内涵中的要素之一。

民间信仰在中国少数民族地区有着悠久的历史渊源和深厚的社会基础。我国是一个民间信仰多样的国家。从宗教学学科角度看，我国有佛教、伊斯兰教、基督教、道教等；但从民族学人类学学科角度审视，我国除了以上宗教外，还有很多原始宗教，如萨满信仰、万物有灵或多神信仰、动植物崇拜和祖先崇拜等。少数民族民间信仰具有长期性、群众性、复杂性和民族性等特征。民间信仰虽然产生在生产力水平低下的时代，但我们清晰地看到其在现代社会中仍广泛存在，体现在人们的衣、食、住、行、婚姻、丧葬、节庆、娱乐、礼仪等物质生活以及文化生活的方方面面。民间信仰在我国少数民族中普遍存在，我国除信仰伊斯兰教的 10 个民族外，其他民族的民间信仰与神学宗教同时并存，少数民族中万物有灵、灵魂不死的观念较为浓厚，大自然崇拜、灵魂和祖先崇拜仍是少数民族民间信仰的主要内容。① 所以越来越多的学者已经认识到，如果要了解和深入研究中国的少数民族，就要了解和研究作为民族文化系统中有机组成部分的民间信仰。

开展民间信仰与武陵民族地区社会和谐稳定研究具有重要意义。武陵地区主要位于湘鄂渝黔四省市的交界地带，在历史上就是中原出入西南的重要通道，现在也是我国 14 个集中连片特困地区之一。这里少数民

---

① 黄柏权、田万振：《民族理论与当代民族问题》，华艺出版社 2001 年版，第 358 页。

族众多，民族文化底蕴深厚，民间信仰丰富多彩。由于民间信仰来自传统社会，根源于民间，所以在今天少数民族地区维护社会稳定以及构建和谐社会中仍有重要意义。当今武陵民族地区民间信仰的内容与形式仍有一定的合理价值，特别是在道德规范以及价值评判等方面仍有较大影响，对社会稳定以及和谐社会建设具有重要支撑作用；但也不容忽视，民间信仰中的一些消极成分也还继续存在，对民族社会的发展起到了某些阻碍作用。虽然学界对武陵地区民间信仰有过研究，取得了一些成果，但把它与当今社会稳定以及和谐社会建设结合起来进行研究的成果几乎没有，没有发挥出民间信仰研究应有的学术示范意义与服务现实的功能。

开展武陵地区民间信仰研究具有多方面意义。

第一，可以进一步拓展宗教学、民族学等学科视域。以前的民间信仰研究重在本体，主要探讨宗教学意义上的仪式及其在特定时空范围内的传播与变迁，而本课题以武陵民族地区为个案，不仅有学科传统研究领域，而且强调社会现实性。事实上，民间信仰表现了其依存的社会现实状况，其唯一来源就是社会。课题研究成果体现出民间信仰研究为社会现实服务的应用性特征，从而可以进一步拓展宗教学、民族学等学科视域，丰富学科理论与方法。

第二，有利于展示多元民族文化，培养民族成员的文化自觉意识，提升民族成员对民族传统文化的认知层次。武陵地区是多民族聚居的地区且属于内陆地区，在社会发展中，其历史进程较为舒缓，历史文化积淀较为厚重，如同张正明先生认为，"这么长又这么宽的一条文化沉积带，在中国是绝无仅有的"[①]。武陵地区少数民族民间信仰表现形式丰富多彩，如广泛存在的已经职业化的祭司端公、道士等，半职业化的神职人员"阴阳先生""巴代""地理先生""梯玛"等，仪式活动中"自我神化"的各民族成员；体现民族特色的众多仪式，如土家族梯玛仪式、傩祭傩戏，苗族的蛊术，侗族的祭萨仪式，瑶族的盘王崇拜，等等。本课题研究不仅能对文化多样性的保护具有促进作用，而且对民族成员文化自觉意识也会有较大程度的提升。

---

① 张正明：《土家族研究丛书》（总序），苏晓云、张洪伦等编，中央民族大学出版社 1999 年版，第 5 页。

第三，有利于为民族地区可持续发展提供智力支持。武陵地区是西部大开发的前沿，这里少数民族众多，各民族民间信仰在历史上表现较为复杂。在今天，民间信仰中的诸多因素仍能为民族社会发展提供"动力"，但民间信仰的部分内容以及表现形式明显对本民族的发展存在阻碍作用，与民族社会和谐关系形成以及巩固的时代要求不相适应。通过本课题研究，取得的成果可以为有关部门决策提供参考，为特色村寨以及文化生态区建设提供文化信息来源，为少数民族民间信仰在当代社会的调适提供参照样本。

第二节 研究运用的理论与方法

民间信仰，是一种包含宗教学、人类学、哲学、民俗学、历史学等学科所涉领域的庞大的文化体系，所以探讨民间信仰需要多学科的理论和研究方法。本书主要运用了民族学、人类学以及宗教学的理论与方法。

文化空间是文化遗产学研究中的主要概念。它源于法国都市理论学者亨利·列斐伏尔（Henri Lefebvre）的《空间的生产》一书，与绝对空间、抽象空间、共享空间等空间种类一同被列举。[1] 联合国教科文组织在1998 年首次在国际重要文件中使用，指出用基金创立奖金来鼓励保护人类口头和非物质文化遗产的"文化空间或文化表达形式"；随后在《宣布人类口头和非物质遗产代表作条例》中指定"文化空间"为非物质文化遗产的重要形态，"在进行这种宣布的范围内，'文化场所'的人类学概念被确定为一个集中了民间和传统文化活动的地点，但也被确定为一般以某一周期（周期、季节、同程表等）或是以一时间为特点的一段时间。这段时间和这一地点的存在取决于按传统方式进行的文化活动本身的存在"[2]。作为新兴学术概念的"文化空间"进入我国学术界不到 20 年，学者们对其研究仍处于概念内涵、核心价值、基本特征、性质功能或保护原则、理念等基础性的理论研究中，与文化表现形式相结合的应用型研

---

① 陈虹：《试谈文化空间的概念和内涵》，《文物世界》2006 年第 1 期。

② 冯骥才主编：《中国民间文化遗产抢救工程普查手册》，高等教育出版社 2003 年版，第218 页。

究成果较少。学者们认为，文化空间最重要的特征就是某种自然或者某种存在被抽象化进而符号化，同时这种符号化的存在被赋予了某种固定的意义，使得物的存在状态由"物理的"存在向"人文的"存在转换。可见，非物质文化遗产中的文化空间是时间、空间、文化的三位一体，兼有自然属性、社会属性和文化属性。民间信仰大多属于非物质文化遗产，对其研究离不开文化空间理论。

文化相对论是民族学、人类学等学科对民族文化研究所持的基本理论之一。文化相对论是19世纪末20世纪初由历史特殊论派代表人物弗兰茨·博厄斯（Franz Boas）阐释的，文化相对论的提出对当时欧洲中心主义的思潮进行了抨击。文化相对论作为一种文化理论，强调任何民族的文化都是在长期的历史进程中和特定的环境下形成的。文化相对论作为一种文化态度，认为任何一种文化没有先进与落后以及优劣之分，任何评价文化的标准都是相对的。民间信仰作为民族文化的要素之一，根植于民间社会，且历史较为久远，今天仍然体现在人们生活的方方面面。如前文所述，在现代化的进程中，尽管民间信仰的部分内容已经不能适应民族社会发展的时代要求，但许多民间信仰所体现的价值对于当今民族地区的社会发展仍有重要作用。所以我们不能简单地评判甚至否定，要以开放包容的态度对待民间信仰，在进行少数民族民间信仰的实地调查和具体研究中要尽量客观地对待。

在一个多世纪的发展历程中，民族学、人类学的众多理论流派多建立在大量的材料基础之上，而这些材料大都是在实地调查中积累起来的。在西方学界中，民族学的实地调查又叫"田野工作"。美国人类学家R. M. 基辛（Keesing）认为，田野工作是对一社区及其成员生活方式所从事长期的研究。就其作用而言，田野工作是民族学家收集数据和建立通则的依据。功能学派代表人物马林诺夫斯基（Bronislaw Malinowski）在田野工作方面作出了示范，就是在时间上要有一年以上的田野周期，要选定特定的小范围社区，强调参与观察与深度访谈，尽量学会当地人的语言，方法上坚持整体论，在理论上通过民族志的写作，完成对既有理论的反思以及对新的理论的证明。① 对武陵民族地区民间信仰研究离不开

---

① 朱炳祥：《社会人类学》，武汉大学出版社2009年版，第57页。

田野工作，其原因在于武陵地区少数民族众多，不同民族的民间信仰从形式到内容差异较大。特别是20世纪中期以来，少数民族民间信仰经历了剧烈的变迁，即使在当今同一民族的不同村落，民间信仰的内涵和表现形式也可能各不相同，所以要了解少数民族民间信仰的现状必须开展实地调查，深入村落，通过直接观察、具体访问、居住体验等方式来获得第一手材料。当然我们知道，由于许多方面的限制，不可能对武陵地区每一个少数民族的实地调查做到面面俱到，在实地调查中也不能对某一个少数民族的整个民间信仰做到全面细致，但还是希望通过部分信仰仪式的实录来对当今少数民族成员的精神诉求以及现实生活有所了解，以期探讨其与社会生活的相互关系。

纵向描述、横向比较和精神分析等方法是宗教学惯用的研究方法。宗教是人类社会的一种历史现象，纵向描述以宗教产生及发展的时间为线索，按照编年体的顺序来对某一宗教现象或整个人类宗教做尽可能客观全面的阐释，展现宗教的起源、存在、发展和变化过程，勾勒出宗教发展所经历的历史全过程以及发展变迁的整体脉络和基本线索，揭示宗教产生和发展历史进程中的异同点。本书对武陵民族地区各主要民族，如土家族、苗族、侗族的民间信仰尽量做到详细梳理，呈现出民间信仰的历史面貌和现实状况，厘清各民族民间信仰的历史变迁过程。

横向比较方法立足于宗教在空间地域上以及形式种类上的差异，通过对不同宗教或不同民族同一宗教的多角度多层次比较，来发现各宗教体系在内容、形式、结构和功能的异同性，将宗教的整体研究和具体研究有机地结合起来，展示宗教的典型形式和具体特征，进而了解和认识宗教的整体性本质和意义。本书将武陵民族地区民间信仰的横向比较分为形式和内容的分析和综合，具体包括土家族、苗族和侗族三个民族的民间信仰的发展形式、结构形式以及信仰对象、信仰仪式，进而总结、归纳出武陵地区民间信仰的特征、功能以及与和谐社会建设关系。

精神分析方法是深入潜意识领域，来剖析人的心理因素对其精神信仰和宗教行为的影响与支配。宗教的发展变化不仅与社会的政治、经济、文化等紧密相关，而且还受到人们个体心理因素的影响。精神分析法研究的内容大致包括宗教意识，如宗教心理的起因、宗教情绪、宗教感情和宗教心理发展模式；宗教体验，如宗教皈依心理和祈祷心理本质、要素、类型和效果；宗教心理的变项，如宗教信仰过程中的负罪感、良知感、善恶感和幸福感；宗教心理功能，如宗教心理的消极和积极动因和效应。本书通过具体案例对武陵民族地区民间信仰进行研究，充分吸收弗洛伊德（Sigmund Freud）对个人宗教心理和信仰精神问题研究以及荣格（Carl Gustav Jung）对宗教社会性、集体性潜意识活动的研究成果，兼顾个人和社会心理因素对民间信仰的影响，以及民间信仰对个人和社会发挥的正反两方面作用。

第三节　选择土家族、苗族、侗族作为
个案研究的缘由

　　民族学中对民族的分类主要根据不同的取向，按照经济文化类型理论以及语言谱系理论来进行。如果按照经济文化类型来对武陵地区的少数民族进行区分，他们大都属于山地游耕民族，大致属于同一类型，这样就不便于对区域内的民族开展系统研究。而语言的谱系理论认为，世界上的语言都可以按照亲疏远近关系进行归类，语系属于最高层级的分类单位，不同语系的民族证明他们在历史上很少有明显的源流以及交流接触关系。语系下面有语族之分，不同语族的民族证明他们在历史上的关系比较疏远，同一语族的民族在历史上有一定的源流关系或在历史上交流接触比较频繁。语族下面又有语支之分，语支下有各种不同的语言。

　　武陵地区的少数民族如果按照语言谱系来区分，主要包含藏缅语族、苗瑶语族和壮侗语族。土家族是武陵地区藏缅语民族中比较具有代表性的民族，主要表现在人口较多，目前已经超过 800 万人；分布地域较广，分布在武陵地区湘鄂渝黔约 10 万平方公里的土地上；作为巴人的后裔，土家族不论是在考古发现方面，还是在民俗文化方面，都还留有巴文化甚至氐羌文化的遗痕。苗族是一个在国内外都有分布的民族，在武陵地区主要分布在湘黔地区，在鄂渝也有一定规模的分布，苗族有三大方言，各方言区的文化大同小异，在苗瑶语族的民族中具有较强的代表性。侗族属于壮侗语民族，自古以来就居住在中国南方，主要居住在湘桂黔等省区，在鄂渝也有零星的分布，这些零星分布的侗族主要是 200 年前左右从湘黔等地区迁徙而至。

武陵地区少数民族众多。据初步统计，武陵地区面积近 20 万平方公里，少数民族 30 余个，各少数民族大杂居小聚居，插花式居住特点明显，各民族特别是语言具有亲缘关系民族的历史文化具有混融性，在各民族民间信仰方面表现尤其显著。为了研究的方便，避免表述的累赘，同时也为了能够更好地反映整个武陵地区少数民族民间信仰的概貌，所以本书研究主要选取土家族、苗族、侗族这三个少数民族进行研究。

第四节 课题研究基础

宗教信仰一直属于宗教学、社会学、人类学等学科的研究领域。梳理国外关于宗教信仰的研究成果，主要体现在对有经典教义和具有教会组织的宗教研究方面，而对民间信仰特别是人口较少族群的民间信仰关注较少，研究历史也较短。早在 19 世纪探讨宗教信仰起源问题时，英国古典进化学派的代表人物泰勒（Edward Burnett Tylor）在《原始文化》一书中阐释了"泛灵论"，认为万物有灵崇拜先于自然、图腾、祖先等方面的崇拜，宗教应起源于"万物有灵"观念。[1] 针对万物有灵的观点，英国人类学家马雷特（Rober Ranvlph Marett）提出了"泛生论"，认为原始人在产生万物有灵观念之前已具备"整个物质世界是活的，其中每件东西都是活的"的观念，没有必要以各种物象都具有独立的灵魂为前提。[2] 弗洛伊德（Sigmund Freud）认为图腾崇拜是宗教的起源。弗雷泽（James Geoge Frazer）则主张宗教源于原始人对死亡和死者的恐惧。缪勒（Paul Muller）从发生学的视角，认为宗教源于人类企图把握那些未知的但又远远超越人的认知能力范围的事物，其本质属性在于"把握无限"；法国社会学派的代表人物涂尔干（Émile Durkheim）进一步深化了缪勒"把握无限"的观点，从社会学的角度解释宗教根源于社会的群体生活，仪式是信仰的外化，在民间社会中仪式往往显得比信仰更为重要。[3] 而结构主义人类学家列维·斯特劳斯（Claude Leci Strauss）则从分析神话入手，对

---

① ［英］爱德华·泰勒：《原始文化》，连树声译，上海文艺出版社 1992 年版。
② 朱炳祥：《社会人类学》，武汉大学出版社 2009 年版。
③ ［法］涂尔干：《宗教生活的基本形式》，渠东、汲喆译，上海人民出版社 2006 年版。

民间信仰及仪式进行研究，从中探讨民间信仰的逻辑性特征和宗教的象征意义。这些早期研究成果为后来人们对民间信仰的深入研究奠定了基础，被视为民间信仰研究的"经典范式"。

一 土家族民间信仰研究概述

自 1957 年土家族被正式确认为单一民族以来，关于土家族民间信仰的研究持续不断，大致可分为三个阶段。

第一阶段为 20 世纪 50 年代到 80 年代，土家族民间信仰研究处于起步阶段，成果大都集中在阐明土家族为单一民族，服务于国家的民族识别工作方面，以潘光旦先生的《湘西北的"土家"与古代巴人》研究报告为代表。第二阶段为 20 世纪 90 年代，是土家族民间信仰研究的复苏时期，这一阶段学术论文数量逐渐增多，成果逐渐从民族志作品转向民族学、人类学研究。第三阶段为 21 世纪初期至今，是土家族民间信仰研究的发展时期。在本阶段中，关于土家族研究的学术论文如雨后春笋，特别是出版了系列丛书，如《土家族研究丛书》《土家族问题研究丛书》《湖北民族文化系列丛书》《恩施民族研究丛书》以及《武陵地区民族教育丛书》等；个人专著如《武陵土家人》（张良皋）、《土家族与古代巴人》（杨铭）、《梯玛的世界》（雷翔）等都相继出版。土家族民间信仰是以上成果主要研究内容之一，为以后土家族民间信仰专题研究奠定了良好的学术基础。

自然崇拜是土家族民间信仰的重要内容之一，信仰对象主要为太阳、洞穴、动植物等自然物。太阳崇拜痕迹至今还遗留在土家山歌中，蔡元亨以土家族山歌中"太阳"起兴诸多景象为据认为其体现出土家人原始生殖崇拜观念[1]；谢亚平则认为清江流域土家族的太阳排山歌反映了土家族的火崇拜。[2] 程地宇考证万县甘宁乡出土的虎纽錞于上的"船形符号"为太阳，认为是古代巴人太阳崇拜的明证，其中神树为太阳树，是沟通人神两界的天梯；离鸟为太阳鸟，是古代巴人灵魂的化身；灵舟为太阳

---

[1] 蔡元亨：《土家族、苗族山歌中的"太阳钟"现象》，《中央民族学院学报》（哲学社会科学版）1993 年第 6 期。

[2] 谢亚平：《清江流域土家族太阳排山歌中的火崇拜》，《大舞台》2008 年第 6 期。

船，用于超度古代巴人的灵魂到达太阳故乡，实现再生。①

　　洞穴是土家先民早期的居所。向柏松用典籍材料对"赤黑二穴"为巴人发源之端的记载，结合土家族多地以"洞""峒"为地名或族名以及洞葬习俗的事实，来印证土家族以象征母腹为特征的洞穴崇拜实质上是土家族先民生殖崇拜的表现。② 杨洪林则认为武陵地区洞神信仰是以洞穴内的各种自然力量为崇拜对象，洞神信仰源于早期的洞穴崇拜，但因武陵地区民众认为洞神是邪神，洞穴是邪恶的地方，呈现出与道教洞穴信仰截然不同的文化意蕴。③

　　土家族动物崇拜主要有虎、蛇、鼠等。白虎历来被视为土家人的民族图腾，《土家族白虎文化》④ 一书中较为全面地展示了土家族白虎文化。《"相""廪君"名号考释——兼论虎的别名》⑤《论土家族白虎崇拜的起源与表现功能》⑥ 等文章都持"虎"是土家族图腾的观点，对其渊源、发展、与傩的关系以及它在社会中发挥的功能进行了阐述；张泽洪以文化传播理论为视角，考察了西南少数民族虎文化的信仰实况，认为氐羌族群比较普遍的信仰习俗、西南各民族有关人死后化为虎的传说，折射出远古先民原始宗教信仰的灵魂观。⑦ 土家族白虎图腾正是西南少数民族虎崇拜地方化、民族化的体现。而以邓身先、陶春林、陈心林为代表的一批学者对此提出异议，他们认为白虎是土家族精神始祖廪君亡灵的化身，白虎崇拜应是祖先崇拜，而非图腾崇拜；或考证白虎是巴族的徽记，目的是彰显民族的勇武，所以族称"巴"与"打虎匠"相关，并非将白虎作为民族图腾。陈心林根据田野调查材料，认为土家族社会文化中没

　　① 程地宇：《魂归太阳：神树、离鸟、灵舟——"巴蜀图语"船形符号试析》，《三峡学刊》1994 年第 4 期。

　　② 向柏松：《土家族洞穴崇拜初探》，《中南民族学院学报》（人文社会科学版）1995 年第 6 期。

　　③ 杨洪林：《武陵地区洞神信仰及其特征研究》，《宗教学研究》2014 年第 3 期。

　　④ 黄柏权：《土家族白虎文化》，中国文联出版社 2001 年版。

　　⑤ 吕冰：《"相""廪君"名号考释——兼论虎的别名》，《湖北民族学院学报》（哲学社会科学版）1993 年第 3 期。

　　⑥ 朱世学：《论土家族白虎崇拜的起源与表现功能》，《湖北民族学院学报》（哲学社会科学版）1996 年第 1 期。

　　⑦ 张泽洪：《中国西南少数民族宗教中的虎崇拜研究》，《中南民族大学学报》（人文社会科学版）2007 年第 6 期。

有形成以"白虎"为中心的图腾禁忌制度,"土家族白虎崇拜"不具备图腾崇拜的核心特质,不属于图腾崇拜的范畴。[①]

　　蛇是土家族先民巴人的崇拜对象之一。杨华通过分析考古资料中先秦时期南方巴地蛇图像的分布,论证了巴、蜀两地蛇文化的渊源关系以及崇蛇的原因,认为巴人崇蛇已有 3000 多年的历史[②];盛竞凌从土家织锦"大蛇花"纹样探究出土家先民巴人的蛇图腾是对蛇生殖能力的崇拜。[③]"老鼠嫁姑娘"的民间故事在鄂西地区广为流传,周北川认为老鼠娶亲故事的文化内涵是远古时期土家族先民对老鼠生殖力的崇拜,反映出民众期望人丁兴旺的心理。[④]

　　土家族植物崇拜以竹为代表。丁世忠阐释了土家族天梯神话中的植物源于土家族农耕文化中对植物的崇拜,体现了土家人对生存环境的认识、对自然现象的解释和对美好生活的向往[⑤];王平则从神话传说、音乐舞蹈、诗歌绘画、礼仪风俗等方面论述了竹与土家民族文化的关系,认为土家人对竹的祭祀是对其生命、生殖力量崇拜的反映[⑥];向柏松在研究中将"竹枝词"追溯到巴人对竹王崇拜的仪式歌中,后经唐代诗人发展才成为通俗易懂的文人诗歌。[⑦]

　　人物崇拜在土家族民间信仰中占据重要地位,大致有女神、白帝天王、英雄三类。张应斌将土家族女神梳理为物质生产、人口生产和梯玛女神三个范畴,她们各司其职、功能完备,反映了远古时代女性在土家社会中的主导地位,土家族现今的女神信仰为其母系氏族时期的遗风[⑧];钟年将土家族依罗娘娘造人的神话与女娲造人的上古神话进行比较,认

---

① 陈心林:《"土家族白虎图腾"说辨疑》,《宗教学研究》2013 年第 4 期。

② 杨华:《巴族崇"蛇"考》,《三峡学刊》1995 年第 3、4 期。

③ 盛竞凌:《土家织锦"大蛇花"纹样审美文化内涵探究》,《湛江师范学院学报》2008 年第 1 期。

④ 周北川:《鄂西故事〈老鼠子嫁姑娘〉的文化内涵》,《湖北民族学院学报》(哲学社会科学版)1997 年第 2 期。

⑤ 丁世忠:《土家族天梯神话的发生学阐释》,《文艺争鸣》2007 年第 11 期。

⑥ 王平:《土家族竹文化探析》,《中南民族学院学报》(人文社会科学版)1994 年第 1 期。

⑦ 向柏松:《巴人竹枝词的起源与文化生态》,《湖北民族学院学报》(哲学社会科学版)2004 年第 1 期。

⑧ 张应斌:《土家族女神及其文化意蕴》,《民族论坛》1994 年第 3 期。

为依罗与女娲为一音之转，两则造人神话存在相互影响的可能性①；马天芳、徐晓军等人运用结构—功能主义的分析方法对土家族民间信仰中女神崇拜现象进行了分析，认为生育、求子、佑儿等是其主要职责②。王爱英、林继富、向春玲等从历史文化背景、文化认同、民族融合等方面对土家族白帝天王崇拜进行了研究。向柏松认为土家族关于白帝天王的众多传说反映了其不同的"出身"，进而也就存在对其不同的祭祀仪式，这一文化现象是汉族白帝崇拜、夜郎竹王崇拜、土家远祖白虎崇拜和近世土王崇拜等多元文化融合的结果。③

　　巫崇拜在土家族民间信仰研究中所占比重最大。梯玛崇拜是土家族独特的文化事象，以雷翔等人的《梯玛的世界》一书为代表，为梯玛研究提供了翔实的田野调查材料。研究者还对梯玛群体（梯玛班子）、仪式（玩菩萨）、神歌等内容的探究取得了多层次、全方位、系统性的成果，例如张应斌对土家族梯玛与土王联系的探究④；朱祥贵对梯玛巫术的结构、祭祀对象、目的、手段、规模和组合方式的梳理以及其价值和功能的总结。⑤雷翔从梯玛家族内部传承特点、家族间的关联性探究，总结出梯玛和土家族土司边缘化的特征⑥；陈心林认为作为祭司的梯玛具有民族性、地域性、原始性和受道教文化影响的特点⑦，并且从民族性与混融性、地域性、原始宗教与人为宗教、道教的影响四个方面对土家族南、北部两大方言区的梯玛信仰进行了比较研究。⑧

---

　　①　钟年：《女娲与依罗——土家族神话对古神话复原的启示》，《湖北民族学院学报》（哲学社会科学版）1994 年第 1 期。

　　②　马天芳、徐晓军：《土家族女神崇拜现象探微》，《中南民族学院学报》（人文社会科学版）2001 年第 4 期。

　　③　向柏松：《土家族白帝天王传说的多样性与多元文化的融合》，《民间文学研究》2007 年第 3 期。

　　④　张应斌：《土家族土王与梯玛关系管见》，《中南民族学院学报》（人文社会科学版）1994 年第 5 期。

　　⑤　朱祥贵：《梯玛巫术文化探究》，《湖北民族学院学报》（哲学社会科学版）1996 年第 4 期。

　　⑥　雷翔：《梯玛世家——土家族民间信仰的田野报告》，《民间文化论坛》2007 年第 3 期。

　　⑦　陈心林：《土家族梯玛信仰述论——以拉西峒尚氏梯玛为例》，《宗教学研究》2005 年第 2 期。

　　⑧　陈心林：《南部方言区土家族"红衣老师"信仰调查报告》，《宗教学研究》2006 年第 4 期。

　　土家族傩文化以傩祭仪式（以还坛神、傩戏为代表）和傩面具为主。对土家族傩文化进行整体研究的论文以曹毅的《土家族傩文化浅议》、钟贤超的《湖北古傩文化初探》、庹修明的《傩学十年露峥嵘》《土家族傩戏——傩文化述论》为代表。20世纪90年代湖北民族学院主办了"还坛神"学术研讨会，会议上以还坛神为对象的研究成果较多，如《恩施还坛神的原始宗教信仰遗存初探》（田万振）、《鄂西傩戏——"还坛神"述论》（朱祥贵）、《鄂西土家族傩文化一瞥——"还坛神"》（曹毅）、《还坛神探源》《混融社会中的整合力量——〈还坛神〉调查分析》《鄂西南傩文化的奇葩——还坛神》（雷翔）、《论"还坛神"无神——"还坛神"的神人关系问题试说》（萧洪恩）等。反映其他地区以及傩仪的文章还有《巫术禁制与傩除仪式象征之分析——兼作古傩、今傩与跨文化事例比较》（小鸣）、《土家冲寿傩及仪式象征》（张业强、杨兰）、《小议武陵大傩中的"赈济"》（高润身、龚伦美）、《从仪式到表演——恩施三岔"还愿"仪式的人类学考察》（黄柏权、葛政委）、《祭礼、空间与象征——贵州土家族傩祭仪式的意义阐释》（陈玉平）等。

　　土家族傩戏研究体现出明显的区域性特点。成果主要有《印江土家族傩戏文化初探》（杨再荣）、《石阡傩戏及其特点》（陈政）、《德江土家傩堂戏考析》（张江林）、《中国戏剧的活化石——恩施傩戏》（崔在辉）、《土家族傩堂戏》（熊晓辉）、《黔东土家族傩堂戏文化特色研究》（何立高）、《傩仪"过关"的象征表达》（梁正海、柏贵喜）。从审美角度对傩面具的研究成果较多，主要有《黔东北傩戏面具漫谈》（喻帮林、吴秀松）、《土家族傩面具象征性审美论析》（辛艺华）、《恩施土家族傩戏面具的审美特征》（周恩高），其他代表性的成果还有《黔东北傩面具与安顺地区戏面具之异同》（唐发勇）、《土家族傩戏面具的演化特点及功能》（朱世学）。

　　禁忌现象在土家族民间信仰中表现较为明显。游俊以湘西土家族为研究对象，分别就土家族传统禁忌文化的种类、文化蕴含、社会功能以及禁忌文化正反两方面作用对土家人生活、生产造成的影响进行了探讨。① 冉春桃、蓝寿荣等人认为土家族传统习俗中的禁忌规范有着法文化

---

　　① 游俊：《土家族禁忌文化研究》，《吉首大学学报》（哲学社会科学版）2001年第1期。

内涵，在维护土家族社会秩序中起到了重要的作用。①

除上述对土家族信仰对象的专题性研究之外，土家族民间信仰研究还包括对整体上的特性、变迁以及功能的研究。钱安靖、汤清琦的《论土家族原始宗教》，彭继宽的《土家族原始宗教述略》展示了土家族原始宗教的形成过程以及图腾、自然、祖先、鬼神崇拜等内容的表现形式。②综合前人的研究成果，可以看出不同区域土家族民间信仰具有原始性、多神性、守常性、混融性、世俗性以及巫性等特性。

在对土家族民间信仰变迁及其原因的研究方面，朱炳祥以土家族村庄的神龛变迁为例，分析出民族宗教文化变迁是在国家文化影响下的强制性政治控制、意识形态的渗透和经济体制变革三方面因素所致，并遵循"多重文化时空叠合"的一般性规律。③ 宋仕平将鄂西土家族民间信仰发生变迁归结于政治、制度、心理和地理四种因素。在土家族民间信仰功能研究方面，杨玉荣分析了鄂西南民族地区现存的民族宗教状况，探讨了民族宗教对民族地区社会控制功能的现象、根源及作用。④ 陈心林在实地调查基础上，考察了湘西传统土家族村落——拉西峒村寨民间信仰的功能及其嬗变，认为民间信仰在村落生活中的功能主要表现为整合、与生态环境的适应、慰藉和娱乐，并且随着条件的变化这些功能发生了弱化、丧失、被替代的变化。⑤ 谭志满认为武陵地区少数民族民间信仰及其仪式具有整合社区、教化民众、心理抚慰、文化传承等功能，科学认识这些功能并加以调适，才能够有利于发挥民间信仰在少数民族地区和谐社会构建中的积极作用。⑥

① 冉春桃、蓝寿荣：《论土家族禁忌的社会功能》，《湖北民族学院学报》（哲学社会科学版）1999年第4期。
② 彭继宽：《土家族原始宗教述略》，《民族论坛》1996年第3期。
③ 朱炳祥：《民族宗教文化的现代化——以三个少数民族村庄神龛变迁为例》，《民族研究》2002年第3期。
④ 杨玉荣：《鄂西南民族地区宗教信仰及其社会控制功能》，《中南民族学院学报》（人文社会科学版）2002年第1期。
⑤ 陈心林：《土家族民间信仰的功能研究——以拉西峒村为个案》，《黔东南民族师专学报》2002年第2期。
⑥ 谭志满：《少数民族民间信仰的功能及调适研究——以武陵民族地区为例》，《西南民族大学学报》（人文社会科学版）2014年第7期。

二 苗族民间信仰研究概述

苗族民间信仰是指散落在苗族村寨和家户中，民众自发形成的以自然、图腾、祖先、巫等为主要崇拜对象的信仰习俗及其相应的信仰仪式和禁忌。苗族民间信仰不具备宗教学意义上的教会组织，只包含了信仰、实践和信奉它们的人这三个要素。

国外关于苗族民间信仰的研究，大致可归纳为三个阶段。第一阶段在 19 世纪之前，是苗族民间信仰研究的"游记阶段"。13 世纪意大利旅行家马可波罗在游历中国大部分地区后撰写的《马可波罗游记》首次将苗族及其文化介绍到国外。16 世纪以来，随着大量外国传教士、探险家、学者、商人以及军人来到中国，苗族的族源、语言、习俗、体质等状况被记入西方人的游记中，民间信仰作为苗族风土人情的一部分逐渐受到关注。相关的著作有：美国传教士布里奇的《苗人简述》，英国伦敦教会宣教士洛克哈特的《关于中国的苗人和土著研究》，英国军官布勒切斯顿的《在长江上五个月》，英国商人利特尔的《通过长江咽喉——在中国西部的经商和旅行》以及人类学家艾约瑟的《苗族部落》等。在关于苗族民间信仰的初期记录阶段，其内容虽大多只是出于猎奇性质且带有很强主观色彩的现象记述，但还是积累了较为丰富的原始材料。

第二阶段在 19 世纪末 20 世纪初到 1975 年期间，为苗族民间信仰研究的民族志阶段。此时国外研究者对苗族民间信仰的研究运用了民族学人类学相关理论，一方面是继续将民间信仰作为苗族历史文化的一部分用民族志作品形式予以呈现，如美国传教士格雷姆的《中国西南地区民间宗教》涉及了苗族的民间信仰，英国传教士克拉克所著《在中国西南部落中》的第一部分详细调查研究了贵州苗族的民间信仰；另一方面，开始出现关于苗族民间信仰的研究作品，如法国勒摩纳博士的《苗族风水》，英国传教士赫兹佩里的《中国西南部苗族中对门的崇拜》，法国人穆尔坎德的《苗族的巫》、万尼切利的《苗族的偶像崇拜》、莱曼的《绿苗的祭鬼仪式》、莫雷尚的《苗族的萨满教》等。这一阶段积累了大量翔实的田野调查资料，研究队伍中增加了专业的学者。

第三阶段是 1975 年至今，为苗族民间信仰研究的学术性阶段。国外学者对苗族民间信仰的研究在学科性方面得到深化和加强，如日本学者从民俗学以及民族学角度的研究成果有《西南中国少数民族的基督教》（曾士才）、《桥的象征——比较民俗学的素描》（佐野贤治）、《关于龙船节的考察》（铃木正崇）等。此外，随着东南亚苗族迁徙至欧洲、北美洲等地，西方学者开始较多关注移居海外苗族的生活状况，研究成果以《苗族的变迁》和《苗族在西方》两本文集以及美国苗文刊物《苗族》为代表，与苗族民间信仰相关的研究主要体现在海外苗族传统民间信仰与当下生活环境、文化体系的冲突以及如何调适等方面。①

可见，国外学界对苗族民间信仰的研究趋于学术化，具有针对性和理论性；研究队伍更加专业化，学者们以文化他者的角度注重客观研究以及区域性研究，加强了研究成果的应用性。

检索国内早期的研究，关于苗族民间信仰的记录大都集中在汉文献中，相关内容主要体现在记载朝廷镇压苗民反抗或者少数民族风俗的专章或专节部分。《后汉书·南蛮西南夷列传》卷八十六记述东汉王朝对西南夷的征讨时，提及了盘瓠蛮关于祖先的传说；清代地理学家严如煜的《苗防备览》在关于苗族风俗的章节中详细地记录了苗人争讼雪冤、入庙盟誓洗心的状况；明清时期尤其是清代各地编写地方志的兴盛，促使在清代光绪年间的《永绥厅记》《凤凰厅志》，同治年间《黔阳县志》等地方志中出现大量关于苗族民间信仰的内容。

国内真正从学术上对苗族民间信仰进行研究始于 20 世纪 80 年代，当时苗族民间信仰得到回归，人们开始认可民间信仰是苗族成员社会生活的一部分，同时也是一种重要的传统文化事象。学者对苗族民间信仰的关注不断加强，研究成果较多。梳理国内学界对苗族民间信仰的研究，主要体现在以下几个方面。

民族志是目前苗族民间信仰研究成果形式表现最为突出的方面。对于苗族民间信仰的民族志作品可追溯至 20 世纪初期，以国内民族学研究者和苗族知识分子在苗族地区实地调查之后所著的调查报告为代表，主要包括凌纯声、芮逸夫的《湘西苗族调查报告》以及本土学者石启贵的《湘西苗族实地调查报告》，两部著作中都设立专章记录了苗族民间信仰的对象、仪式和仪式主持者，再现了民国时期苗族民间信仰的状况。中

---

① 石朝江：《国际"显学"：国外苗学研究概览》，《贵州民族研究》1998 年第 3 期。

华人民共和国成立以来尤其是 20 世纪 80 年代之后，相继出版了大量的民族志作品，如《湖南少数民族》《贵州苗族文化大观》《湖北苗族》《四川苗族志》等，其中也不乏诸如《鼓藏节：苗族祭祖大典》《苗族祭仪"送猪"神辞》《苗族古歌》以及《苗族图腾与神话》等对民间信仰中特定的对象或仪式进行实录的著作。此外，政府有关部门高度关注苗族民间信仰，组织专业学者以及相关工作人员通过文献考证、实地调查，编写、出版了一大批有关苗族民间信仰的民族志著作，如中国少数民族自治地方概况丛书、国家民委民族问题五种丛书、中国少数民族社会历史调查资料丛刊、各地区的民族志等丛书中都有专著实录苗族民间信仰状况。这些成果都详细地对苗族各聚居区的民间信仰做了记录，为进一步深入研究苗族历史文化积累了宝贵的田野资料。

关于苗族民间信仰的类型大致有三种观点，即多神信仰、鬼信仰、巫信仰。刘丽等人通过对苗族崇龙习俗的地域差异考察，认为苗族的民间信仰是人类"万物有灵"观念演变而来的多神信仰。[①] 湘西学者陆群通过田野调查后认为，苗族的民间信仰仍处在万物有灵基础上的鬼信仰阶段，实质上为鬼教或鬼信仰，其中鬼包括后来发展为神的部分。[②] 田彬通过对湘西地区梅山崇拜的研究，认为苗族民间信仰为巫崇拜，巫对鬼文化有着深刻的影响，但由于职业的限制，群巫最终未能演化成为创造人类的尊神。[③] 李廷贵、杨正勇等学者根据苗族民间信仰的历史渊源、仪式、仪式主持者与巫师、巫术有很大的相似性，认定苗族民间信仰为巫教。[④]

苗族民间信仰在与外来文化交流的过程中，融入了儒、释、道三教以及西方基督教等宗教的因素，不断丰富发展。随着社会发展和国家政策影响，每类信仰神灵都发生了不同程度的变化。赵玉燕博士探讨了在发展民族旅游背景下苗族民间信仰发生的变化：传统信仰转变为现代环保意识，巫蛊、占卜地位下降，鬼的意识、命的观念逐渐淡薄，信仰仪

---

① 刘丽、卫钰：《苗族的民间信仰及其区域差异》，《沧桑》2005 年第 5 期。

② 陆群：《民间思想的村落：苗族巫文化的宗教透视》，贵州民族出版社 2000 年版。

③ 田彬：《论湘西苗族的梅山崇拜》，《邵阳师专学报》1996 年第 1 期。

④ 李廷贵、杨正勇：《苗族巫教文化浅议》，《贵州民族研究》1989 年第 3 期。

式开始转向文化再生产后的旅游表演等。这种变迁基于社会变革和地区发展，更多的是发自民众内部，强化了民族内部认同感，对民族传统文化保护产生的影响值得进一步研究。①

王爱英博士在研究苗族白帝天王信仰时，发现其与土家祖先"白虎廪君"的崇拜存在隐性的文化传承关系，唐宋以来社会变迁和封建因素增长，新的强势社会力量使民众产生敬畏心理，并造成白帝天王逐步神化，与正统思想不断整合最终跻身国家祭典成为"王神"。② 陆群等人认为腊尔山地区苗族神龛的文化内涵由单纯的祖先崇拜发展到包容了"天地国亲师"的程度，反映出在外来文化尤其是在儒、释、道三教的冲击之下苗族民间信仰作出了"有限度"的响应。③ 这种响应是因为人类对人与自然、人与人、自然与自然关系认知的局限性，使得苗族民间信仰具有较强的内在生命力和包容性，也创造了民间信仰产生并长期存在的空间。

学者关于苗族民间信仰的功能研究以发掘其积极作用为主，大都集中在民间信仰对民众的教育管理、言行控制研究方面，指出了功能的混融性。海南学者施云南在研究中发现当地苗族民间信仰可以增强人们同自然抗争的勇气和信心，是富有特色民族传统文化的重要源泉，进而指出苗族民间信仰具有凝聚民族共同体、陶冶情趣、提供研究历史的活化石以及教育管理等混融性功能。④ 麻勇恒等人在苗族民间信仰对和谐社区构建关系方面做了全新探索。前者通过对贵州松桃苗族自治县鸡爪村的盗窃等代表性案例的探讨，发现苗族原生宗教中的报信规律及相关仪式总是以精神力量的形式内化于苗族成员的心中，并规范着苗族成员的言行，这是实现社会文化资源在构建和谐社区时的有效社会力量。⑤ 后者从

① 赵玉燕：《惧感、旅游与文化再生产——湘西山江苗族的开放历程》，甘肃人民出版社2008年版。

② 王爱英：《变迁之神：白帝天王信仰流变与湘西社会》，《中南民族大学学报》（人文社会科学版）2007年第5期。

③ 陆群、焦丽锋等：《"巴岱"信仰神龛设置的文化内涵及其变迁考察——以腊尔山苗族为例》，《宗教学研究》2012年第2期（注："巴岱"是苗语言译，一般译为"巴代"）。

④ 施云南：《略论黎族苗族民间信仰文化的意义及其功能》，《琼州大学学报》2003年第4期。

⑤ 麻勇恒：《苗族原生宗教"呼清（Fud nqind）"参与构建社区秩序的案例解析——以贵州松桃苗族自治县鸡爪村苗族原生宗教"呼清"为例》，《凯里学院学报》2010年第1期。

法学的角度，认为原生宗教可以通过禁忌行为、神明裁判等方式来实现对社会的控制，并得出苗族民间信仰可以作为法律的重要辅助手段来维护社会稳定的结论。[①] 此外，张建华论述了湘西苗族禁忌习惯规约可以调整人与自然界、社会、人的关系，进而促进苗族社会生产力的发展，维护社会秩序，促进生产与交换的发展。[②]

苗族民间信仰中关于神灵的历史渊源是学者较早关注的问题，苗族神灵的来源可归纳为英雄祖先、图腾以及历史人物三个层面。蚩尤是苗族的英雄祖先，吴正彪以蚩尤神话为文本，从中发现苗族对牛和枫木的崇拜源于先民对蚩尤的敬仰。[③] 蝴蝶是苗族的图腾物之一，过伟在比较满、壮、苗三族创世女神的出生、神力、神格、在各自民间信仰的差异以及萨满教与么教、巫教的差异中，叙述了苗族创世女神蝴蝶妈妈由来的神话传说及其创造人类的过程。苗族对历史人物的崇拜深受中原文化的影响，谢国先论述了苗族民间信仰中对飞山圣公杨再思崇拜的形成过程，得出地方志、杨氏家谱、碑文中流传的"十峒首领""诚州刺史"杨再思史无其人的结论，但信仰形成的原因是宋初诚州杨氏首领为颂扬家族历史创造的英雄祖先，这是湘、黔、桂、渝、鄂交界地区多民族的地方观念与国家观念的矛盾调和出来的共同精神领袖，飞山圣公崇拜实则是传统农业民族中山岳崇拜与英雄崇拜相结合的遗留。

20 世纪 70 年代后东南亚苗族特别是经历战乱后大批苗族难民迁居欧洲、北美洲、南美洲、亚洲等十多个国家，苗族成为世界性民族，海外苗族移民逐渐受到国内学界的关注。吴晓萍在探讨美国苗族移民的"根"文化和社会网络关系时，都涉及美国苗族民间信仰的内容和相关仪式以及其在民族文化体系中发挥的作用，重点研究了苗族巫师信仰和实践，指出美国苗族文化习俗在被现代化和边缘化的背景下，苗族巫师出现了断代、供不应求的生存现状。伍新福在访问美国苗族后，撰文介绍了移居美国苗族的风俗，对美国苗族杀牛祭祖习俗、丧葬和祝福仪式及其变

---

① 罗义群：《论原生宗教约束力对法律行为的辅助与配合——以苗族社区为例》，《原生态民族文化学刊》2009 年第 2 期。

② 张建华：《试论湘西苗族禁忌习惯规约》，《中南民族学院学报》（人文社会科学版）1988 年第 2 期。

③ 吴正彪：《蚩尤神话和苗族风俗浅探》，《黔南民族师专学报》1999 年第 4 期。

迁等民间信仰内容作了较为详细的记述。石茂明的《跨国苗族研究——民族与国家的边界》一书运用族群理论，阐释了苗族作为跨国民族，其社会文化与所在国各族群的相互影响问题，可以说在研究理论、研究视角和研究区域等方面都是一次较为成功的探索，具有较强的应用性，突破了苗族民间信仰研究的传统领域，在一定程度上为以后苗族民间信仰研究提供了借鉴。

三 侗族民间信仰研究概述

民族学及宗教学学界对侗族的民间信仰研究起步较晚。通过文献检索发现，从 20 世纪 80 年代开始，陆续有国内外学者关注到侗族民间信仰领域，进入 21 世纪后，侗族民间信仰逐渐成为学界关注的热点。

在长期的历史发展过程中，传统的信仰、仪式和象征体系不仅影响一般民众的思维方式、生产实践和社会关系，还与上层建筑和象征体系的构造形成冲突和互补关系。正因为如此，民间信仰也被认为是研究传统社会变迁的一个重要视角，许多学者试图通过民间信仰的研究来理解传统社会结构和运行机制。张世珊等人认为侗族以"萨"为核心的祖先和英雄崇拜的产生，是侗族为了自身的团结，需要有共同的信念文化，以巩固民族内部和睦；还认为各种崇拜观念的产生与人类、民族、社会实践发展的需要相关联。[①] 都垒等人在对侗族的"款"习俗进行深入研究的基础上提出，侗族以家族村落为类型、以亲族结构为单位的"款"的社会乡里惯制的形成，把家族道德规范模式化，成为一种隐藏在民族心底的无意识，它潜移默化的影响，使人们的一切社会活动都从自觉到不自觉地遵循这种道德规范，受此影响，侗族成员在处理人与人之间的关系时，表现出一种浓厚的伦理观。[②] 部分学者注重对侗族民间信仰的社会功能进行研究，佘小云认为侗族民间信仰具有强大的社会功能，她以湖南侗族为例，探析侗族民间信仰在维持社会秩序以及调节信众心理、促进信众社会化过程等方面所具有的功能和价值，阐述其在构建和谐社会

---

① 张世珊、杨昌嗣：《侗族信仰文化》，《中央民族学院学报》（哲学社会科学版）1990 年第 6 期。

② 都垒、银军：《侗族传统习俗及其文化模式的新思考》，《民族论坛》1988 年第 4 期。

中的作用。其中侗族"款"组织制定了系列款规款约,这些款规款约实际上就是侗族传统社会的习惯法,民间信仰大多被整合在侗族习惯法之中,从"法律"的维度达到社会控制功能。① 李猛认为,带有原始宗教色彩的侗族民间信仰为人们寻求精神上的归属感提供了一种可能,民间信仰对处于社会转型期的民族社会,无论从民间信仰的作用模式,还是从现实的情况出发,都有重要意义。他进一步指出,对于正处在构建和谐社会过程中的民族地区而言,民间信仰不会与主流意识形态相对立,而会在某种程度上与主流意识形态相补充,具有一定的社会凝聚功能。②

侗族地区原始宗教崇拜主要表现在以"萨岁"为核心的祖先崇拜、万物有灵的自然崇拜以及图腾崇拜。学者对侗族民间信仰论述最初都集中在对信仰对象的种类和基本特征研究上,后来才逐步深入,拓展到文化范式、象征意义、功能特点等微观领域。

关于"萨"的来源,学界主要有三种说法:第一种说法,萨由"气"演变而来,人间先有气,然后才有萨,萨繁衍了人类及动物,因此说萨是侗族的始祖——大祖母。石开忠认为此种说法比较符合宗教起源的解释,它是侗族民间信仰起源的根本,体现了萨崇拜的祖先崇拜内涵③;第二种说法,萨是传说中率众御敌时牺牲的民族英雄婢奔或杏妮,为了抵御外族入侵,保护本民族成员的财产以及生命安全,她带领全族成员与入侵者进行了艰苦斗争,最后因寡不敌众而壮烈牺牲;第三种说法,以张民先生等老一辈侗族学者为代表的说法。他们认为,侗族的"萨"有其人物原型,她就是史籍中所记载的古代生活于岭南地区的民族英雄冼夫人。后人为敬仰她的丰功伟绩,由设坛供奉发展成为侗族的唯一至高无上的神。④ 有些学者依据后两种说法否定萨崇拜的祖先崇拜特征,认为萨崇拜实则是英雄崇拜。余小云认为,关于"萨"来源的三种说法是

① 余小云:《论侗族民间信仰的社会功能》,《吉首大学学报》(哲学社会科学版)2001 年第 6 期。

② 李猛:《民间信仰与贵州民族民间文化》,《贵州民族学院学报》(哲学社会科学版)2008 年第 6 期。

③ 石开忠:《宗教象征的来源、形成与祭祀仪式——以侗族对"萨"崇拜为例》,《贵州民族学院学报》(哲学社会科学版)2005 年第 6 期。

④ 张民:《萨岁是侗族先越人首领——巾帼英雄冼夫人——自然土地神演为人神化的社会土地神》,《贵州民族研究》2003 年第 4 期。

"萨"崇拜内涵的不断泛化而致，并不互相排斥。从萨崇拜的内容看，萨是多元神格叠加的神灵，而不是司职单一的专神。① 在萨崇拜产生以及发展的过程中，萨的神格由单一而多元，经历了一个逐渐丰富以及完善的过程。曹端波认为侗族的"萨岁"崇拜起源于侗族父系集团时期的"始祖母"崇拜和土地崇拜，萨岁崇拜在侗族地区具有普遍性的同时，随着时代的发展和区域的不同，形成了不同的祭祀对象，部分区域在特定的时代需求下，还将"萨岁"与本区域的女英雄人物结合在一起，萨岁崇拜对于整合侗族村寨内部资源以及加强区域间的联合具有重要意义。② 葛政委对散杂居湖北侗族的祖先崇拜进行了田野调查，认为该地区侗族信仰的祖先既是民族英雄也是家族祖先，如民族英雄杨再思，家族祖先姚君赞、吴世万及各家户先人。他还认为湖北侗族祖先崇拜体现的不仅仅是后人与祖先神的互惠及相互的权利义务关系，还对生计文化、社会制度文化和族群意识进行了限定、引导和影响。③ 石佳能等人认为，侗族把母系氏族时期的女性先祖萨岁尊为始祖神和保护神，形成了侗族敬重女性的传统，表现在侗族传统文化上就是不具扩张色彩且具阴柔美的特质，所以侗族文化是一种母性文化，或称"绿色"文化、"月亮"文化。④

在原始社会时期，侗族形成了"万物有灵"的观念。他们认为天地万物都由鬼神主宰，山有山神，水有水神，树有树神，洞有洞神，总之，天地万物之间都充满了神灵。对于侗族神灵观念产生的原因，龙耀宏认为，处在原始时期的侗族先民，他们的社会生产力水平十分低下，人们对自然界的风雨雷电、日月星辰、山林河流、作物生长、生老病死等不能理解和驾驭掌握，因而对这些现象产生了畏惧心理，认为都是具有"神灵"的东西。⑤ 彭无情等人认为，侗族民众信奉的神灵可以划分为作

---

① 佘小云：《侗族萨崇拜仪式的象征及其历史文化积淀》，《湘潭师范学院学报》2009 年第 6 期。

② 曹端波：《侗族"萨岁"崇拜浅析》，《西南民族大学学报》（人文社会科学版）2008 年第 10 期。

③ 葛政委：《对散杂居湖北侗族的祖先崇拜的阐释》，《湖北民族学院学报》（哲学社会科学版）2009 年第 3 期。

④ 廖开顺、石佳能：《侗族"月亮文化"的语言诠释——评张泽忠小说集〈山乡笔记〉》，《民族文学研究》1994 年第 2 期。

⑤ 龙耀宏：《侗族的原始宗教》，《贵州民族学院学报》（哲学社会科学版）1986 年第 8 期。

为善神的保护神与作为恶神的邪神两类：祖先神、土地神、山神、水神、洞神等都属于保护神之列；瘟神、妖、魔、鬼、怪等都属于邪神之列。侗族民众对各种保护神都有特定的祭祀仪式，以祈求平安、消灾减难；而对邪神往往采取"先礼后兵"的办法，他们先邀请巫师作法对其供祭，如果无效就采取驱、打、撵等办法与之斗争，犹如丧葬仪式中的"开路"。① 张世珊等人认为，侗族民众"万物有灵"自然崇拜观念的产生是侗族当时生产力水平低下、经济发展极其缓慢的反映，这种原始崇拜观念与现有的观念结合，逐渐形成他们顶礼膜拜的具体对象，诸如天神、地神、树神、禾谷神，连牛、羊、鸡、鹅等家畜也是崇拜对象。② 陆景川在对九寨侗族的民间信仰研究中发现，侗族民众对自家成员逝去后变成的鬼魂既视作祈求护佑的对象，也是他们感到惧怕的对象，对其有一种敬而远之的态度。例如，在对死人的看法上，侗族一方面通过葬礼等仪式来抚慰死者，使他们的鬼魂在另一个世界能够"安居乐业"而不扰乱生者，并且保佑全家。但是，他们也十分惧怕鬼魂回到家里作祟。③

彭无情、吴才敏等人认为，在"万物有灵"观念的基础上，侗族在日常生产生活中逐渐产生了自然崇拜的观念。④ 陆景川等学者也指出，侗族正是从这种"万物有灵"观念中，诞生了他们最早的原始崇拜——自然崇拜。⑤ 张国栋等人认为，在榕江的岸边，人们随处可以看到侗族民众对于"万物有灵"原始宗教观念的具体体现，例如，侗族在岸边的各种古树上拴系的红色布条、古树下方摆放的各种用于祭祀的供品以及人们在岸边供奉的河神神像等，这些事物都体现出侗族民众对大自然的崇拜心理。⑥ 也有学者对自然崇拜的积极作用进行了阐述，李猛认为民间信仰

① 彭无情、吴才敏：《侗族丧葬习俗的宗教文化内涵探析——以黔东南苗族侗族自治州为例》，《经济与社会发展》2009 年第 2 期。

② 张世珊、杨昌嗣：《侗族信仰文化》，《中央民族学院学报》（哲学社会科学版）1990 年第 6 期。

③ 陆景川：《九寨侗族的宗教信仰》，《黔东南民族师范高等专科学校学报》2005 年第 1 期。

④ 彭无情、吴才敏：《侗族丧葬习俗的宗教文化内涵探析——以黔东南苗族侗族自治州为例》，《经济与社会发展》2009 年第 2 期。

⑤ 陆景川：《九寨侗族的宗教信仰》，《黔东南民族师范高等专科学校学报》2005 年第 1 期。

⑥ 张国栋、巴登尼玛：《从黔东南苗侗民族文化的传承现状看民族文化的发展观》，《贵州民族研究》2010 年第 3 期。

在人与自然的关系上具有深邃的生态智慧，在万物有灵观念上产生的图腾崇拜、自然崇拜都认为动植物、山水、土地等都是有灵性的，不可妄自取之伐之，对每一棵树、每一只动物都要予以尊重和珍惜，注重取之有度、取之有时，这种对自然生态环境、野生动植物的保护效果往往好于通过行政行为规定的保护效果。①

侗族的图腾崇拜是自然崇拜、神灵崇拜与祖先崇拜混融之后的产物。侗族图腾崇拜通过采取某些具有象征意义的图案，以绘画、雕塑、音乐和舞蹈等多种不同的形式来展现他们的崇拜观念和心理。关于图腾崇拜的来源，贵州人民出版社在1981年出版的《侗族祖先哪里来》一书中提到古时候有两只龟婆孵十二只蛋，变成龙、虎、蛇、雷、张良、张妹等十二兄妹的故事。龙耀宏认为神话里暗示侗族在远古时候可能与这些动物发生过图腾关系，这种古代原始信仰的遗留还见于侗族人民的现实生活中，如雷、龙、虎、蛇等，都是极为重要的崇拜对象。② 陈维刚通过调查发现，广西侗族有着历史悠久的蛇图腾崇拜，这与当地的神话传说和山区多蛇的原因有极大关联，在侗族民众的心目中，蛇不是一般的动物，而是既可以降灾难于人，又可以给人造福的超自然的存在物。③

尽管学者们对侗族的图腾崇拜多有提及，但对其作系统阐述、从不同视角进行深入解读的著述并不多见。

第五节　有关概念阐释

一　民间信仰

在中国传统的学术语境中，对于相关核心学术概念的辨析和界定一直都是学者们进行学术探讨、争论和进一步研究的重要基础。长期以来，学界围绕着民间信仰讨论曾产生过"民间信仰"和"民间宗教信仰"这两种不同的称谓及其所代表的对于"民间信仰"这一概念的两种不同理

---

① 李猛：《民间信仰的环保自觉——贵州民族民间文化的生态文艺学分析》，《新闻爱好者》2011年第6期。

② 龙耀宏：《侗族的原始宗教》，《贵州民族学院学报》1986年第8期。

③ 陈维刚：《桂北侗族的蛇崇拜》，《广西民族研究》1993年第4期。

解，究其所争议问题的实质也即民间信仰能否称为宗教。目前学界两派的代表性观点，分别有以吕大吉提出的"民间信仰非宗教"一说和以金泽主张的"民间信仰可以称为'民间的宗教'"一说。吕大吉认为，一种真正的宗教必须同时具备"宗教观念或思想、宗教情感或体验、宗教行为和活动、宗教组织和制度"这四大要素，鉴于民间信仰并不具备其中"宗教组织和制度"这一要素，因而并不认可民间信仰是一种严格意义上的宗教；而金泽则认为民间信仰本质上仍然是一种宗教，却是一种"民间的宗教"，在信仰的要素上只能是原始宗教的继承者。他指出：事实上，民间信仰处于宗教和民俗之间，它若从"散"的方向发展下去，其中的有些观念就会逐渐演变成民俗事象；若从"聚"的方向发展下去，就有宗教的特征。

我们认为，"民间信仰"和"民间宗教信仰"这两种称谓虽然不同，但实际上指称同一事象，即一种"与制度化宗教相区别的所有民间自发形态的混合性民俗信仰形式"，属于民俗事象。事实上，无论是持"民间信仰非宗教"的观点，还是持"民间信仰是宗教"的观点，他们都在很大程度上自觉或不自觉地受到近代西方社会科学理论话语的影响。有些学者之所以将民间信仰概以"民间宗教"称之，一方面是潜在地或自觉地以近代西方宗教观念和宗教理论作为主要参考标准；另一方面也是鉴于在西方社会科学的学科分类目录中并没有与"民间信仰"严格对应的英文词汇，而是笼以"Folk Religion"或"Popular Religion"称之。"民间信仰"一词其实仅仅在中国大陆和日本比较盛行，而在欧美以及中国港澳台地区基本上并不用这种提法。从民间信仰在中国的研究演变历程来看，从含有贬义色彩的"封建迷信"，到中性色彩的"民间信仰"，再到褒义色彩的"非物质文化遗产"，这种对于"民间信仰"概念理解的不同和称谓的变化，体现出在不同的学科视角和时代背景下"民间信仰"是一个被中国知识分子不断建构的动态过程。作为一个被不断构建而非一个静止固定的概念，民间信仰的内涵和外延都充满不确定性，因而人们对它的认知、理解和阐释理所当然也允许具有较强的开放性。

二 武陵地区

"武陵"作为一个历史地理概念由来已久。检索文献和已有的学术成果，含有"武陵"一词的说法较多，主要有武陵郡、武陵山、武陵地区、武陵民族地区、武陵连片区等说法。

最早关于"武陵"的说法可追溯至西汉初年。秦统一中国后在南方蛮夷之地实行郡县制度，设置了象郡、南郡、黔中郡。西汉高祖时取"止戈为武，高平为陵"之意，改黔中郡为武陵郡，这时的武陵郡是一个行政意义上的地理区划概念。在《汉书·地理志》上有这样的记载："武陵郡，高帝置，莽曰建平，属荆州，户三万四千一百七十七，口十八万五千七百八十五，县十三。"① 所辖县包括当时的索、孱陵、临沅、沅陵、镡成、无阳、迁陵、辰阳、酉阳、义陵、佷山、零阳、充等地。《后汉书》中相关的记载与《汉书》相近，《后汉书·郡国志》载："武陵郡，秦昭王置，高帝五年更名。南阳二千一百里，十二城，户四万六千六百七十二，口二十五万九百一十三。"② 设有临沅、汉寿、孱陵、零阳、充、沅陵、辰阳、酉阳、迁陵、镡成、沅南、作唐等地方。《后汉书》中记录了设置武陵郡的年代及其所辖地域范围，同时指出武陵郡源于战国时的黔中郡。

武陵地区是以武陵山为主脉包括众多山系的广大地区，又称武陵山区。《辞海》中对"武陵"这一词条的解释为："郡名，汉高帝置。治所在义陵（今湖南溆浦南），辖境相当于今湖北长阳、五峰、鹤峰、来凤等县，湖南沅江流域以西，贵州东部及广西三江、龙胜等地，东汉移治临沅（今湖南常德市西），其后辖境逐渐缩小。隋开皇九年（公元589年）废。大业及唐天宝、至德时又曾改朗州为武陵郡。境内少数民族和汉族杂居，被称为'武陵蛮'。"③ 可见，最初的武陵郡所辖范围较广，北至湖北的清江流域，南及广西的北部，东至洞庭，西至贵州东部。《中国古今地名大辞典》载，从贵州苗岭的分支，到乌沅二江，蔓延于湘西北沅澧二江间，高达六千多尺，至湖南常德西部的平山为止，都是武陵山脉所在的范围。武陵山区沟壑纵横、层峦叠嶂，平均海拔800米左右，最高峰梵净山2572米。武陵山周围是众多的山丘，其间形成较多的盆地和宽

---

① 《汉书·地理志》卷二十八上。

② 《后汉书·郡国志》卷三十二。

③ 《辞海·地理分册·历史地理》，上海辞书出版社1982年版，第142页。

谷，在盆地与宽谷之地多是人口居住稠密之地。① 从现实的情况来看，武陵地区是指湖北、湖南、贵州、重庆三省一市交界的地区，大致上包括湖南的张家界、怀化、湘西土家族苗族自治州以及常德的一部分，湖北的恩施土家族苗族自治州以及宜昌的长阳、五峰 2 个土家族自治县，重庆东南部的石柱、彭水、秀山、酉阳 4 个少数民族自治县和黔江区，贵州的铜仁、黔东南和遵义的一部分，整个地区面积超过 10 万平方公里，人口 2000 多万。武陵地区现在居住 30 多个少数民族，包括土家族、苗族、侗族、白族、瑶族等。

　　武陵地区是文化积淀较为厚重的区域。武陵地区位于长江上游与中游的交接地带，如果从东到西把中国的地势分成三级阶梯，武陵地区属于中国地势第二级向第三级的过渡地段。武陵地区山脉绵延、险峡急流、地僻民贫，历史发展相对缓慢。中国古代的诸多文化事象，在其他地方早已绝迹或濒临消亡，但是在此地区却仍然有迹可循，甚至保存相对完好，这个保存完好的文化沉积带犹如"历史的冰箱"，这在中国其他地方较为罕见。柴焕波先生认为，武陵山区东北部是洞庭湖文化圈，东南是南越国，西南是西南文化中心。武陵山成为它们之间的分水岭。由于地形支离破碎，并不具备产生文明的客观条件。从考古学的角度看，这大抵是对的，但从文化系统而言，这样的划分未必准确。但柴焕波先生还认为，由于武陵山区是各个文化圈的交汇之地，不同文化的接触、撞击，山外历史的风云际会也会给它留下深深的烙印，给它留下丰厚的历史底蕴。② 这个结论是非常准确的。

---

① 柴焕波：《武陵山区古代文化概论》，岳麓书社 2004 年版，第 11 页。
② 同上书，第 15 页。

第二章

武陵地区土家族的民间信仰

第一节　土家族族源

作为中国南方主要少数民族之一的土家族，主要分布在湘鄂黔渝三省一市交界的武陵地区，其分布区域总面积有 10 万余平方公里。据 2010年全国人口普查统计的数据，土家族总人口有 835 万余人，仅次于壮族、回族、满族、维吾尔族、苗族、彝族，在全国少数民族人口数量中排第七位，是全国少数民族中人口较多的民族之一。

土家族是一个以古代巴人为主，同时也融合了其他民族的人们共同体。土家族自称"毕兹卡"①。在土家人自己的观念中，"毕兹"表示的是一种语言，"毕兹卡"的意思就是讲毕兹话的人。部分从事土家族文化研究学者在探讨不同民族迁入武陵地区的先后时间顺序时，把土家族与"客家"以及苗族进行比较后认为，土家族是较早来到该地区的少数民族，所谓"毕兹卡"，就是"本地人"之意。然而，从事土家族研究的大多数学者并不认同这一观点。关于土家族的族源，自 20 世纪 50 年代以来，学者们提出了众多的看法，诸如古代巴人后裔说、氐羌说、土著说、江西迁来说、乌蛮说和濮人说等几种具有代表性的观点。自从潘光旦先生所著《湘西北的"土家"与古代巴人》② 一文发表后，土家族是古代巴人后裔的观点就基本上被大多数学者认可和接受。

---

① 在土家语区，由于方言的差异，有"毕兹卡""毕几卡""贝锦卡"之说。

② 潘光旦：《湘西北的"土家"与古代巴人》，中国民族问题研究集刊第 4 辑，中央民族学研究部编，1955 年。

　　早在中国古代的商周时期，在鄂西南的清江流域，巴人就生活在这一带，这已被 20 世纪 80 年代考古学家们对清江流域早期人类活动的考古发现所证实。在殷墟的甲骨文中，就有关于"巴方"的记载，这里指的就是古代的巴人。商代末期，巴人参加了武王伐纣之战，因有战功，其世居地区被封为巴子国。到了春秋战国时期，巴人与位于东边的楚国之间战争与和平态势相互交替，交往频繁和广泛，促成了文化的互相渗透。但是后来在强大的楚国威迫下，巴国被迫不断向西南地区退缩。公元前316 年，巴国最终被秦国所灭。

　　秦灭巴后，巴国虽亡，但巴人却继续不断向其他地区迁徙，最终聚集于现在的武陵山区。秦实现统一后，在原来巴人所在的巴国设立了巴郡、南郡和黔中郡。从汉至唐宋，史书中往往把生活在武陵地区的少数民族通称为"蛮"。早在西汉时期，被称为"武陵蛮""澧中蛮"中的向、覃、田等大姓首领的活动和事迹已载入史册，《后汉书》《晋书》《华阳国志》等历史书籍对其活动和事迹都有相关记载。这些曾经被人们称为"廪君种"的群体逐渐有了共同的生活地域、共同的经济生活以及共同的风俗习惯，他们的活动范围与现在的土家族所在地域基本吻合。三国时，"武陵蛮"又被称为"五溪蛮"，事实上，"五溪蛮"包括土家族的先民和苗、瑶、侗等其他少数民族的先民。到了两晋南北朝时期，巴人迁徙频繁，其称谓有多种，例如"酉阳蛮""宜都蛮""酉溪蛮""建平蛮"等。唐宋史书中以地名来为聚居于武陵地区的土家族先民命族名，称为"夔州蛮""高州蛮""溪州蛮"等。宋代史书中把聚居于这一地带的少数民族以"土兵""土丁""土人"等称谓称呼，这在一定程度上标志着"土家族"这一人们共同体初步形成。

　　到了元明清时期，中央政府在西南地区的少数民族聚居区普遍实行土司制度，作为西南少数民族之一的土家族的聚居区也不例外。由于土司制度的实行，加之受到"蛮不出境，汉不入峒"政策的影响，使得居住在武陵地区的人们较少与外界交流，几乎自成一体，这无疑加速了"土家"这一族体的形成。至清代雍正年间实行的"改土归流"之后，外来汉族大量迁入武陵地区，由此出现了"土民"与"客民"的显著之别。为了与外来其他民族相区别，"土家"一词作为土家族的族称开始出现。讲土家语的人们用土家语自称为"毕兹卡"，他们称汉人为"帕卡"，称与自己相近的苗族为"北卡"。清代湘西的地方史志大都把土、苗、客三者有意区分开来，这体现出土家族的民族意识开始萌发，土家族这一人们共同体已经形成。[①]

虽然土家族的主体先民是古代的巴人，但土家族在其族体形成与发展的过程中也吸纳了其他民族的成分。有学者认为，"时至今日，纯种的民族几乎没有了。只有在近乎与世隔绝的远洋孤岛上或者深山密林中，还残留着少量或许勉强可以称之为纯种的部落，可惜血统的纯粹给他们带来的只是悲剧"[②]。的确，在当今人们早已突破地域和民族限制、交往日益频繁的时代，任何一个民族都不可能是纯而又纯的。土家族历来是一个典型的内陆山地民族，出于多种历史原因，其自身与其他民族融合与分裂的情况也时有出现。人们的迁徙流动是必然的，现在的土家族除了古代巴人的后裔外，还融合了历来就一直在武陵山区生活的土著人、外迁而来的汉族和其他少数民族，这些民族或群体在武陵地区长期相互交往与融合，最终得以形成具有共同的语言、地域、经济生活和心理素质的稳定的人们共同体——土家族。

从地理上来看，土家族聚居的地区位于中国东西部分界线和南北地区分界线的交会点上。这种与生俱来的独特地缘优势使武陵地区长期以来成为中国各种文化交会的要冲，储存了极其丰富多元的文化宝藏，土家族所在的武陵地区可谓是一个"历史的冰箱"。

第二节 土家族民间信仰的历史状况

一 土家族民间信仰的内容

（一）自然崇拜

太阳 土家人认为，太阳具有无穷的威力，既能给人类带来平安，也会引发灾祸，由此产生了对太阳神的崇拜。土家族地区祭祀太阳神的时间和方式因地而异。酉水流域土家族习惯将太阳图案编织在土家织锦

---

① 黄柏权、田万振：《民族理论与当代民族问题》，华艺出版社 2001 年版，第 135—137 页。

② 董珞：《巴风土韵——土家文化源流解析》，武汉大学出版社 1999 年版，第 51 页。

上，称为"太阳花"。织有太阳花的土家织锦经常用来包裹婴幼儿，用以驱赶邪神野鬼，保佑孩童茁壮成长。清江流域下游长阳土家族自治县、五峰土家族自治县一带，"十一月十九日，谓太阳生日，各家俱晨起焚香，极恭敬"①。大部分土家族都将农历六月初六视为太阳生日，土司时期，逢太阳生日，土王要亲自主持祭祀太阳的仪典，土民都要参与，以此来祈求年岁丰收以及人丁兴旺。清朝同治年间《恩施县志·习俗》卷七记载："（六月六日）伏日晒衣裘、书帙，贮蓄酱水。"② 此俗沿袭至今，民间仍有"六月六，晒龙袍"的说法以及在这天晾晒被盖、衣物等习俗，认为只要在这天晾晒过的衣物才不会生蛀虫。一说是为了纪念民族英雄覃垕王，相传明洪武年间，慈利土王覃垕因反抗朝廷的压迫而起兵，被擒后于六月初六被剥皮示众，"血溅其衣，附近居民曝衣以吊之，名曰晒龙袍"③。

洞穴 "巴郡南郡蛮，本有五姓，居住在赤黑二穴。"④ 这是关于土家族以洞穴为居的最早记录。土家族早期，社会生产力水平低下，喀斯特地貌形成的天然洞穴成为土家族先民的居所。明清时期鄂西南土家族地区容美土司的著名洞府就有情田洞、万全洞、万人洞等。直至19世纪中叶，土家族才完全脱离洞穴居住方式。但在土家族心目中洞穴是先人的祖屋，是民族的发源地，由此对洞穴顶礼膜拜。现在仍有部分土家人在洞穴中供奉祖先神灵，并在重要的节日焚香祭祀。

巨石 居住在武陵山区的土家人，往往把大山悬崖中巨石的形状与人的身体结构相联系，认为巨石是人的化身，能预示天气变化、人间祸福，对其顶礼膜拜。婴儿出生后，为了便于抚养，许多土家人会进行拜祭巨石的仪式，即将孩童抱到巨石边，给巨石磕头、烧香、挂红、燃放炮火，将巨石认作"干爹"，以后每年正月初一都要去祭拜，一直到小孩年满十二岁。如今在土家族地区，还可以见到路边巨石上缠绕着长短不一的红色绸缎，旁边摆供着未烬的香火以及各种祭品。

---

① （清）《长乐县志》卷十二，《风俗·岁时》，咸丰版。
② （清）《恩施县志》卷七，《习俗》，同治版。
③ 慈利县民族事务委员会编：《慈利县土家族概况》，1990年印（内部资料）。
④ （宋）范晔：《后汉书》卷八十六，《南蛮传》，中华书局2007年版，第837页。

山　武陵山区的大山对土家族而言神圣而庄重。如在湘西北的拉西峒村，过去尽管森林资源丰富，但每遇生产、建设用木，必须先敬山神，再择日砍伐。

大树　土家族常把大路边以及寨子周围的大树奉为神树（又称"保寨树"）。大树是村寨的标志，每逢春节都要为其挂红、燃放鞭炮，保佑家户平安；还有人将小孩拜祭给神树，起拜祭名，求其保佑小孩平安健康成长；甚至神树的枯柴都不能捡，否则会招致不幸。

水井、水塘　以往每年正月初一鸡叫以后，土家人就会去"抢年"，到水井、水塘处挑"银水"，烧香点纸祭水神或龙王。平时一切不洁之物都禁止倾倒在水井或水塘中，严禁浪费水，否则会遭到龙王的怪罪。每逢干旱，土家人有求雨的习俗，除了由神职人员——梯玛率领全村老少敬土王、祭龙王外，还要把水井、水塘清淘一遍，并谨慎用水。

土地　《白虎通·社稷》载："人非土不立，非谷不食。故封土立社，示有大尊，稷，五谷之长，立稷而祀之也。"土家族民众也认为："土能生万物，地可发黄金。"进入农业社会后，土家人普遍信仰土地神（或称"社神""田神"）。"巴之俗，皆重田神。春到刻木虔祈，冬即用牲解赛，邪巫击鼓以为淫祀，男女皆唱竹枝歌。"① 在土家族聚居区，土地神有很多类型，诸如山神土地、地府土地、桥梁土地、城隍土地、当坊土地和田垄土地等。在土家族的日常生活中，与他们联系最为密切的是专管土家族村寨吉凶祸福、六畜兴旺、五谷丰登的当坊土地和田垄土地。土家族地区各个村寨都设有土地庙，一般由几块石板搭建而成，供奉土地公公和土地婆婆，神像因地区差异分别有石雕像、木刻像或泥塑像。每逢初一、十五或家中遭遇不幸，都要到土地庙前燃香烧纸，磕头作揖，以期降福临瑞，敬神的供品只能家庭成员食用。尤其在土地节二月初二时，"城乡皆祭社祈谷。社日，作米祭社神。值戊日，禁锄犁，否则云妨农事"②，俗话也有"土地佬不放口，野猫子不咬鸡"，"土地佬不放口，豺狼不咬狗"的说法。澧水流域一带土家人在中华人民共和国成立前还会集资做土地会。

---

① （宋）乐史：《太平寰宇记》，中华书局 2007 年点校本，第 2670 页。
② （清）《来凤县志》卷二八，《风俗》，同治版。

　　土家族部分地区对土地婆婆的崇拜成为其土地神崇拜的一个特色，当地人称土地婆婆为"地母神"。湘西龙山县双坪村的土地堂由几块石板搭建而成，高不过二三尺，无雕像，里面置一香炉钵。在过去，双坪村土地堂的香火长年不断，每逢过年过节以及每个月初一和十五，或者遇到婚丧嫁娶，村民们都要杀猪宰羊以祭祀土地神。大年三十，村民都要祭祀土地神。一大早，村民们要赶到土地堂用杀鸡的方式敬奉土地神，然后烧香磕头。人们在土地堂宰杀的鸡只能留给自己家人吃，而且必须在当天吃完，绝对不能用于招待外来客人，就算是嫁出去的女儿回到娘家也不能吃敬过土地神的鸡，但作为非家庭成员如果也敬奉了同一个土地堂，他们却可以吃。毕竟作为一寨之主的土地神负责全寨人的福祉。据说外人吃了敬土地神的鸡，以后主家养鸡就会不成。"二月二"是土地公的诞生日，每当到了这个时候，土家族民众都要为其隆重地庆贺生日，每家每户都要到土地堂前杀鸡以祭祀土地神。

　　雷　土家人认为雷电是雷公用手里的两把大锤相击而发出的。雷电有摧毁房屋、折断树木、震裂巨石等巨大威力，是维护人间正义的神祇。邪魔妖道（如蛇精、树精等）如有不良企图，就会遭到它的惩罚；子孙若不孝敬长辈，就会遭到天打雷劈。在土家族聚居区流传着许多关于雷神如何惩治不肖子孙、斩妖除魔的故事。

　　风　土家人在生活中感受到风具有怪力，它会带来狂风、暴雨、冰雹等自然灾害，对农业造成影响，于是祭祀风神，祈求风调雨顺、五谷丰登等。

　　鼠　土家族有"老鼠子嫁姑娘"的民间故事。故事大致有两个版本，一则解释了土家人农历腊月二十四忌讳舂碓和推磨的原因：据说在很久以前，在某年的腊月二十四，有一户土家族家人舂碓推磨为过年做准备，但是惊扰了老鼠嫁姑娘，次年这家人全家的生活都被老鼠弄得乱糟糟的；另一个讲述了老鼠为女儿寻找最好新郎的故事：通过对日、云、墙和老鼠的观察和考量，最终认为只有老鼠才是最有本领的女婿。① 在土家族民间工艺品织锦、鞋垫、挑花带子上都能看到老鼠的形象。土家族正月十

---

　　① 恩施土家族苗族自治州民族宗教事务委员会编：《鄂西民间故事集》，中国民间文艺出版社1989年版，第331—333页。

五所有房间都要点灯，彻夜不熄，据说是为出嫁的鼠姑娘照明，怕它们看不到路走不出门。

游猎曾经是土家族主要的生产方式。猎人打猎之前需要在山洞中寻找自制火药的原料——硝。他们在进入洞口之前，会在洞口处燃香烧纸钱以祭祀洞神——洞内的老鼠，并且尊称其为"硝老爷"。猎人们在洞中寻找火药原料硝的过程中，若看到老鼠，猎人们就会把自己隐藏起来尽量不让老鼠发现自己；但是万一被老鼠察觉了，就必须焚香烧纸钱祭拜它们，否则猎人们在接下来的打猎过程中就有受到野兽伤害甚至丢失性命的危险。

与鼠相关的巫术叫作"鼠蛊"，是黑巫术的一种。在土家族集中分布的地区，倘若出现大片的庄稼地有局部受到老鼠的啃食，就会被人们认为是有人施放了鼠蛊，需请画师仿照老鼠的真实形态画出其图像，并把图像放置于土地庙之前，敬香烧纸钱以供奉之，祈求它化解鼠蛊。在部分土家族地区，人们也将老鼠的画像放置于自家的祖坟前，以此祈求家境殷实，家人安康。

牛　农历四月初八是土家族的牛王节。相传土家先民征战败北，退至河边无法渡过，万分危急之际，一头水牛游来，土家族士兵抓住它的尾巴渡河才得以脱险。为了报答牛的救命之恩，在四月初八这天不仅不让牛劳作，还给其清洗，喂上等的饲料。

白虎　土家族祖先巴人敬奉白虎，《后汉书》载："廪君死，魂魄世为白虎，巴氏以虎饮人血，遂以人祠。"[1] 于是白虎后来就逐渐成为土家族的图腾。

湘西土家族认为白虎神分为"过堂白虎"和"坐堂白虎"两种。前者为坏神，当小孩出现抽筋、翻白眼、吐白沫等症状时，认为是过堂白虎作祟，需请土老司"赶白虎"；后者是好神，受到敬奉。而鄂西土家族大都是敬白虎神，"鹤峰土家族，奉廪君祖先为始祖，信仰白虎神，或白帝天王、向天王等神"[2]。认为祖先廪君是白虎神下凡，土家人是白虎的子孙，把白虎神像牌位供在神龛上焚香朝拜。传说故事中的白虎都是善

---

① （宋）范晔：《后汉书》卷八十六，《南蛮传》，中华书局2007年版，第837页。

② 湖北省鹤峰县史志编纂委员会编：《鹤峰县志》，湖北人民出版社1990年版，第542页。

良、拯救苦难民众的形象。土家族聚居区许多地名都与白虎信仰有关，如白虎关、白虎岭、白额（白虎）庙、虎转哑、白虎溪、白虎尖、虎跃岭、落虎溪、虎颈庙等。

鹰 鹰公和蛇（佘）婆的故事在土家族地区广泛流传。鄂西南地区长阳县磨市一带的谭姓将鹰公和蛇（佘）婆视为始祖神。相传蛇婆名叫佘香香，为躲避战乱走入山洞，一只老鹰将她驮回到水潭边，该地叫作"落婆坪"。佘香香后来生了一对儿女，男孩取名"谭天飞"，女儿取名"谭芝兰"，以示不忘老鹰的恩德。

犬 湘西土家族地区流传着犬图腾神话。相传土司王的官印失落，下旨寻找，声称找到官印者可以娶其女儿。最后家中的狮子狗找到了官印，土王只好将女儿许配给它，婚后生下八个儿子。儿子们上山打猎时才知道父亲是狗，就将之打死。土王知道后将狮子狗封为"社巴神"，规定在每年"社巴日"期间聚众祭祀。

（二）祖先崇拜

1. 始祖崇拜

一般认为，人类的祖先崇拜观念源于原始社会时期的母系氏族时代，最早的祖先崇拜也自然是对女性神灵的崇拜。土家族的始祖神有"卵玉娘娘""咿罗娘娘""春巴妈帕"等，多为女性神灵，土家族的这种始祖崇拜实质上是一种母祖崇拜。在土家族集中分布的地区，迄今仍然流传着诸多关于土家族女性神灵的传说，表明土家族民众一直具有母祖崇拜的民族心理和文化遗俗。

咿罗娘娘 在具有传奇色彩的土家族民族史诗《摆手歌》中，"咿罗娘娘"是人类始祖神。咿罗娘娘造出的人的骨架是用竹子做成的，肝肺是用荷叶做成的，肠子是用豇豆做成的，脑袋是用葫芦做成的[①]。土家族类似的造物女神，还有酉水流域土家族的"卵玉姑娘"，传说她是"从白云之中天地之蛋里如孙悟空般跳出的，她为了繁衍人类，受女娲娘娘的指点，吞吃了黄河上漂来的八颗仙桃和一朵桃花，便生了八儿一女"[②]。因地域不同"卵玉姑娘"的传说还衍生出不同版本，如"吞吃了茶叶怀

---

① 谷德明：《中国少数民族神话》，中国民间文艺出版社 1987 年版，第 167 页。
② 周兴茂：《论土家族神话中的特殊伦理精神倾向》，《土家学刊》1997 年第 2 期。

孕，怀胎三年六个月，生下了能捉雷公的八个弟兄，即八部天王苴禾娘娘"[①]；"婚后多年没有生育，后遇太白金星赐她八颗仙丹，生下八个孩，七男一女"的李姑娘；流传于巴东地区的"梦见小鹰闯入怀里怀孕，生八子，坐落八坪，成为土家族一个大旺族——谭氏家族的祖先"的畲氏婆婆。《永顺府志》载："四月十八、七月十五夜祀祖，又祭婆婆庙。"[②]土家族始祖女神依窝阿巴不仅创造了人类，而且在人类即将遇到世界末日时，会让雷公把葫芦籽送给人类，并传授幸存的兄妹俩"秘诀"——用生下的血团繁衍人类，延续后代。

傩公傩母　土家族傩歌唱道："远古时代涨洪水，漫了人间灭人伦，剩下傩公两姐弟，葫芦瓜内去藏身，洪水消退看地面，无村无寨无人烟。左思右想计上眉，悲愁交错苦在心；下定今后终身计，姐弟设计配成婚，繁衍人类多种性，水有源头树有根；有恩知报是君子，有德不报枉为人。故此兴趣还傩愿，酬谢始祖大傩神。"[③]土家人将傩公傩母奉为傩祖，举行还傩愿的祭祀活动。同一母题的还有渝东南的罗神爷、罗神娘兄妹，伏羲兄妹，鄂西南的太阳和月亮兄妹，雍尼补所兄妹，甫梭冗妮兄妹。

阿密双双　据说阿密双双因吃了红花，而且是非婚而受孕，因受到人们的指责而被迫躲进一个被称作"婆婆洞"的地方。阿密双双后来演变成专门负责送子育儿的女性神灵。土家人通常剪一个打伞的纸人，贴在火塘边的碗柜或板壁上，用饭菜敬奉，家有产妇还需早、晚供奉，待婴儿满百日后产妇才可以与家人一道参与年节活动。"春巴妈帕"也是类似的生育女神，据说，她因感虫而受孕，其所生育的后代能够像虫子一样飞，并且与"巴子"同居，由此繁衍了土家族民众。春巴妈帕后来被土家族民众尊称为"巴山老祖婆"，把农历四月初八作为"敬婆婆神"的节日。此外，在宜昌长阳的土家族地区还有"三仙娘娘"——送子娘娘、催生娘娘和痘母娘娘，她们经常受到欲生育子女夫妇的祭祀，长阳土家族在农历二月初二还举办"三仙娘娘会"。

乌衣嘎白　乌衣嘎白是小孩的守护女神，各地称呼不同，大致有阿

---

① 彭继宽、姚纪彭：《土家族文学史》，湖南文艺出版社 1989 年版，第 47 页。
② （清）《永顺府志》卷十，《风俗》，乾隆版。
③ 刘冰清等：《辰州傩歌》，中国文史出版社 2006 年版，第 254 页。

米嫲嫲、莎帕妮、茶婆婆、帕帕妈妈等几种。凡生育孩子的家庭,都要在碗柜旁边供奉乌衣嘎白,祭祀的方法大致与敬奉阿密双双相同。大年三十宰杀公鸡时,扯几片鸡毛贴在纸人的身边,象征性地表示向她敬奉了一只鸡。据说,天子龙王的原配夫人(也有的说是其第四个老婆或土王的奶奶)是乌衣嘎白,因长得丑被丈夫遗弃后就以替别人抚养小孩为生,经她照顾的小孩都长得健壮,唯一的报酬就是在大年三十杀鸡敬奉。土家族的保生女神除了乌衣白嘎等之外,还有源自佛教的观音菩萨和道教的王母娘娘,她们都能保家求子,并且相互混融,一起受到供奉。

烧畲女神　相传烧畲发明了刀耕火种的农耕方式——"砍火畲种小米",因被大火烧死在火畲地里而成为土家族农耕文化的始祖神,专司放火烧畲,土家人祭祀火畲神婆以祈求农业丰收。考虑到烧畲女神被烧得赤身裸体而无法见人,土家族民众便把她安奉在山坡上的岩洞之中。民众对烧畲女神的祭祀有一定的规定,例如只能由女主人在除夕之夜把灯熄灭以后进行单独的祭祀,届时,女主人将把盛满"磨岩粑粑"和"火绳粑粑"祭品的簸箕放置于大门的角落处,将大门半开,以便火畲女神不被人发现而悄悄进屋后享用,只有相关仪式完成后,一家人才能吃团圆饭。

2. 远祖崇拜

德济娘娘　民间传说中,盐水神女帮助了土家族的先祖向王治水,土家族后人感恩于她,尊其为德济娘娘,与向王一起享受敬奉。清代道光年间的《长阳县志》说:"向王旁塑女像,俗称德济娘娘,始乃盐水女神。"此外,据《世本·氏族篇》(秦嘉谟辑补本)中记载:"盐水有神女……盐神暮辄来取宿,旦即化为飞虫,与诸虫群飞。掩蔽日光,天地晦冥,积十余日。"盐水神女还会驭虫术。

八部大神　在土家族民众的观念中,八部大神是古代部落英雄演变而成的土家族祖先神灵。过去,在湖南西部的龙山、保靖和永顺等地都曾经建立过八部大神的庙宇。《永顺宣慰司志》记载:"古设庙以祀八部大神。每年正月初一,巫祀试白水牛,以祈一年休祥。"[①]清代,保靖的拔茅乡首八峒村寨对八部大神庙进行了修缮,当时立碑铭文:"首八峒,

---

① 转引自《土家族简史》,民族出版社1986年版,第277页。

历汉、晋、六朝、唐、五代、宋、元、明为楚南上游……故讳八部者，盖威镇八峒，一峒为一部落。"八部大神为土家族的发展开拓了疆域，抗击外敌入侵，帮助土家族守卫了自己的家园，因此备受土家族民众的爱戴，土家民众将其视为自己民族的祖先神灵而加以祭祀。湘西龙山长潭乡着落湖一带的祭祀神坛上有对联写道："守斯土抚斯土斯土黎民感恩同歌摆手；封八蛮佑八蛮八蛮疆土风调雨顺共庆丰年。"① 土家族民众祭祀八部大神的活动以湘西龙山、永顺、保靖等地最为隆重，这些地方的土家族在春节过后对八部大神举行的祭祀仪式称为"月托"，通常一年一小祭，三年一大祭。在祭祀的当天，土家族不论男女老幼，都身着盛装前往八部神庙，跳摆手舞，献牲血祭。

向王天子　湖北恩施的鹤峰、巴东、宜昌的长阳以及湖南西部的张家界、慈利和桑植等地的土家族民众崇拜的英雄与祖先神灵是向王天子，民间有"向王天子（廪君）吹牛角，吹出一条清江河"的民谚，土家人对他"生而尸之，死而神之"。人们对于向王天子的来源始终没有一致的看法，但是具有代表性的看法有巴廪君说、汉代相单程说、南宋向王天子说和明代向大坤说等。向王天子应是土家族"箭垛式"人物，是加工了的"群体领袖"的化身，土家人奉其为祖先神，并且立庙予以祭祀，就是因为他生前功勋卓著，对土家族的发展有功。在过去，湖南桑植的袁家界和老木岭等地土家族人，特别是向氏大姓，往往在向王天子的祭日时去天子庙焚香叩拜供奉祭品，而日常生活中则在家里设向王天子的神坛加以供奉。现在的著名风景区——天子山上仍然有向王庙，在鄂西南土家族聚居区的不少地方也建有向天子庙。

白帝天王　土家族历史上笃信白帝天王，湘西、鄂西一带大都建有白帝庙或天王庙。湘西龙山县境内"其事白帝大王尤虔，有病赴庙祈佑，许以牲醴，愈则酬之"②；鄂西南地区来凤旧司场、玛瑙河一带均修建有天王庙。潘光旦先生在《湘西北的"土家"与古代巴人》一文中指出，白帝天王是巴人远祖廪君死后所化的白虎神。土家人凡遇疾病、争讼冤屈会到庙中许愿祈求保佑或神判"喝血酒"，喝血后均须盟誓，誓词为

---

① 王承尧、罗午：《土家族土司简史》，中央民族学院出版社1991年版，第8页。
② （清）《永顺县志》卷二十六，同治版。

"你若冤我，我大发大旺；我若冤你，我九死九绝"。如愿后还要祭献牲醴，请土老司祝祭。关于白帝天王的禁忌很多，每年小暑节前，从辰日起到巳日止，禁止捕鱼猎杀，不穿红色衣服，不准奏乐。如不慎违犯，就会遭受疾疫之苦。自宋代以来，土家人对白帝天王的信仰日趋淡化，逐渐被土王彭公爵主、田好汉和向老官人等信仰取而代之。

土王 土王是土家族地区所尊崇的土司神灵的总称或代称，生前死后都掌管着土家人的疾病祸福、孕育生子、家业兴衰等各个方面，受到土家人的祭拜。土王崇拜是土家族原生态的信仰形式，土家族各地均建有土王庙，清乾隆年间《永顺县志》记载："土王祠，阖县皆有，以祭历代土司，俗称土王庙。每岁正旦后、元宵前，土司后裔或土民鸣锣击鼓，舞蹈长歌，名曰摆手。"民国时期《永顺县志》卷八记载："土王祠，阖县皆有，以祭历代土司，俗称土王庙。"

土王信仰地域性差异较大。湘西酉水流域各村寨建土王庙主要供奉彭公爵主、向老官人、田好汉三位尊神，民间认为，向老官人、田好汉分别为彭氏土司的文、武官员。《古丈坪厅志》记载："土俗，各寨有摆手堂，每岁正月初二至初五、六夜，鸣锣击鼓，男女聚集，摇摆发喊，名曰摆手，以拔不祥。……惟人死不用僧道，只用土老司作法，神为旧宣慰社把，如彭王、田大汉、向老倌人云。"① 鄂西一带土王庙中供奉田、覃、向三姓土王，被后人称为"三抚公"，庙名为"三抚宫"或"三抚庙"。川东南和黔东北一带则多敬奉冉、马、田、杨几姓土司。湘西的桑植、石门、大庸、慈利及鄂西的鹤峰、五峰等地有信大、二、三神的习俗。相传他们是三个大英雄，女娲补天曾得到他们的帮助。后人塑造了红、黑、白三种颜色脸谱的神像，分别对应于传说中三个神灵的长相，并把神像供奉于庙内。而湖南西部永顺县和龙山县等地的土王神祠多与八部大神庙融合为一体，由于在祭祀中通常要唱摆手歌和跳摆手舞，故这些地方又被称为"摆手堂"。不仅"土民赛故土司神，旧有堂曰摆手堂，供土司某神位，陈牲醴，至期既夕，群男女并入。酬毕，披五花锦帕首，击鼓鸣钗，跳舞鸣歌，竟数夕乃比。其期或正月，或三月，或五

---

① （清）《古丈坪厅志》卷九，光绪版。

月不等"①, 还会 "每逢度岁, 先于屋正而供已故土司神位, 荐以鱼肉, 其本家神位设于门后"②。

关于对土王的祭祀还留存在民众的历史记忆中。20 世纪 80 年代《慈利县土家族资料汇编》中记录了对该县三合口乡战马村村民覃正齐的访谈: "土王庙我见到不少, 最典型的是我们覃家的覃天顺庙, 我们这个乡就看到好几个, 有一个土王庙就在我们战马村, 新中国成立后才毁, 至今还留有痕迹。小时候父亲经常带我到土王庙敬土王, 一年四季都敬。其日子为正月初一、三月三、四月八、五月五、六月六、七月半、八月十五、九月九、冬至、腊月二十三, 这些节日都要到庙里敬香敬酒, 过年时还要特别敬奉。这天在堂屋的右上角摆一方桌, 上立'覃天顺之王位'的牌位, 由我母亲 (都要妇女主祭, 因土王喜欢女人) 穿上新衣戴上戒指用茶盘托酒壶一把、猪肝一碗、香纸蜡烛来敬奉土王。据母亲讲她出嫁前先到土王庙中作了敬奉才出嫁 (据说新娘出嫁前都要这样做)。有一年我生病, 父亲给土王许了愿病好后到土王庙中还了愿。"③

社巴神　据《摆手歌》记载, "社巴公公" 是曾经带领土家先民不断迁徙, 大力开拓湖南西部的蛮荒之地, 建立土家族家园的部落酋长。在社巴公公逝去以后, 被土家族民众奉为本民族的祖先神, 主要掌管农业。湖南西部大多数地区都有敬社巴神的传统习俗, 每到农历二月二, 那里的土家族民众由梯玛带领, 列队进入社巴舞场, 通过跳社巴舞来祭祀社巴神, 而且放鞭鸣炮敲锣打鼓以助兴, 祭期一般为 1—3 天。

3. 家祖崇拜

家先　家先又被称为祖人, 是土家人对家族正常死去的祖先灵魂的称呼, 在家族祠堂或堂屋神龛上设灵位供奉。一般而言, 神龛正壁上竖写着 "天地君 (国) 亲师位" 的祭祀牌位, 其两侧分别写有 "九天司命太乙府君" 和 "×氏堂上历代祖先"。逢年过节或家先的祭日, 主人必在神龛上点灯烧香敬纸, 并以酒肉、饭菜、茶供奉, 俗称 "叫饭"。土家人深信自己祖先的神灵会保佑家人及后代平安健康、家族兴旺, 但是若对

① (清)《龙山县志》卷十一, 同治版。
② (清)《永顺县志》卷六, 乾隆版。
③ 慈利县少数民族调查办编:《慈利县土家族资料汇编》, 1986 年印 (内部资料)。

他不敬，则会遭到惩罚。

利府 利府是非正常死亡不能上神龛的家族祖先死后变成的野鬼。土家族民众通常会在堂屋大门外的阶沿上放置一张小的方形桌，把祭祀家先所用的供品放置于盘中，再把盛有贡品的盘子置于小方桌上，他们还会在桌子下的地面上点燃两支蜡烛，然后斟酒三次，燃香烧纸钱放炮作揖。

（三）鬼神崇拜

鬼魂 土家人认为鬼魂居于"阴间"，应在"阳间"设厉坛祭祀本境内无后代供奉的孤魂野鬼。清光绪年间《利川县志》记载："厉坛，在县北门外。岁以清明节、七月望、十月朔日，奉城隍神位入坛正中致祭。祭毕，仍奉城隍神位还庙。"① 土家人鬼魂信仰体现在生活中诸多方面。如婚礼中的回煞、"拦车马"、跨火盆，禁止女方的亡戚进入男方家中。丧葬中的做道场，是为了让死者安魂，活者尽孝。为了防止鬼魂作祟，常举办驱鬼仪式，以求平安。

梅山神 因地域不同，土家人对其有猎神、梅山猎神、山神、梅山菩萨、梅婵、梅仙、梅山娘娘、云宵娘娘、梅山土地等不同称呼，可见梅山神被赋予猎神、山神、土地神等不同身份受到土家人崇拜。土家猎人祭梅山神的活动一般都秘密进行，忌被他人撞见，分为按固定日期（每月初一、十五，大年三十）祭祀和进山打猎前一天晚上祭祀两类，祈求其保佑猎人和猎犬平安无恙，多得野兽；有的地方在大山口或山间背阴处简单搭建梅山庙，有的在自家神龛旁或房屋右侧背阴处专门设一神龛，用砖或石头搭建，平时将其用柴草盖上，内供用木头雕制的神像，将打猎工具放在旁边，禁止儿童乱动。

清江流域和澧水流域的部分土家人认为梅山神有男女二人，男梅山神是张五郎，是女性梅山神的副手。传说张五郎因生在梅山，所以又有人叫他梅山神，猎神头朝下。湖南慈利江垭乡白堰村把打猎的人叫作"猎夫"，每一个猎夫都拥有一个花椒树蔸雕的小木偶，它双手着地，两腿朝天，人们又形象地把它称为"翻坛倒祖"。有趣的是，雕木偶的花椒树蔸要求必须是故意偷别人家里的，而且偷的时候要激怒主人，让他们

---

① （清）《利川县志》卷九，光绪版。

乱骂，据说骂得越凶木偶越有灵性。平日里，猎神一般都被供奉在屋角，人们早晚对其敬香祭祀。猎人们上山之前通常都要敬香问卦，以求吉凶如何。敬香问卦时要念诰词，如"弟子奉请，翻坛打庙张五郎，一十二岁学法，三十六岁转回乡，此处一棵人樟树。冬天热来夏天闷，就在此地立坛专用，左脚头上一碗水，右脚头上一炷香，不等神仙过庙宇，不准师主过仙坊，一唤天，天兵动，二唤地复神，三唤兵马到来临，四唤地火如火碎，千千雄兵，万万猛将，大字神恩在上拥护，本地土地里域正神，吾奉太上老君，急急如律令"①。在湖南西部慈利县的三合口乡等地，也有与之相近的猎神信仰。

灶神　土家族认为，灶神是玉帝在人间的信使，负责道德伦理的监督和惩恶扬善，记录一家人一年的善恶美丑，有的地方也称为锅神、灶王菩萨、司命菩萨。土家人把他与家先一起供在神龛上，置"九天司命太乙府君"神位，如果有人发生纠纷或误会时，当事人还会在灶神前发誓。据说每年腊月二十三，灶神都会到天庭向玉帝如实汇报一年以来人间的善恶之事，土家人在这一天，会把灶打扫得干干净净，在灶口专设位置上"灶锅灯"，泡一碗团馓或煮一块切成大方块的猪肉，焚香烧纸钱放炮，送灶神上天。在农历腊月三十之夜，他们也用同样的方式迎接灶神回到家中。

朝门神　据民间传说，朝门神原是土王城内跑马打炮的人，一次战争失利，他背朝敌人骑在马上一直往回跑，到了土王城门口，转头的瞬间被敌人的箭射死，后来就享受后代的肉食祭祀。一般是在朝门口或房屋左侧放置一条代表马的长凳，将盛满祭祀供品的盘子置于长凳上，此外，通常还会放一只酒杯和一双筷子，在地面点亮一对蜡烛和烧若干纸钱，然后磕头作揖三次，斟三道酒，最后燃放一小挂鞭炮。

祖师　酉水流域一带土家族地区的巫师梯玛家中都会在房屋旁边牲畜不易碰到的地方搭建一个小屋，取名为"秀生堂"，供奉祖师和堂间历代梯玛的灵魂。逢年过节祭祀祖先之后，梯玛将供品带到"秀生堂"，在供台上放置五个斟满酒的杯子，燃香烧纸，磕头作揖五次，每拜一次斟一道酒，最后燃放一挂鞭炮。

---

①　慈利县少数民族调查办编：《慈利县土家族资料汇编》，1986 年印（内部资料）。

药王 土家族的巫师梯玛利用医药知识和神秘的巫术为土家人解除病痛。土家族家户堂屋的右侧中柱靠里的第二根柱子处是供奉药王的神位，每年过节时，土家族巫师梯玛会将祭祀完财神所用的桌子移到药王的神位之下，然后燃香烧纸，磕头作揖，斟三道酒，最后燃鞭。

财神 生活在溇水流域的土家族民众通常在自家神龛处也给财神设立一个神位，平时以香火供奉。如今，人们往往喜欢买油印画贴在自家门上，祈求财源广进。

四官神 "四官神"又名财神，该神灵主司六畜兴旺和财运，神位设在堂屋大门内左侧。每年腊月三十午夜，人们在神位前摆放一张小方桌，上面摆放供品，燃香烧纸，三拜九叩，斟酒三次，放一小挂鞭炮。梯玛仪式中也有敬四官神的法事。

龙王 土家人认为龙王掌管着人间的雨水，是雨水神，如果某个地方涨大水，会被认为是龙王作祟。土家族"辰日祭龙"的岁时节日习俗反映了他们对雨水神（龙）的崇拜，清朝乾隆年间的《乾州厅志》卷二中记载："夏日辰日祀龙，河溪、百里等寨以四月，溪头、上劳等寨以五月，喜鹊、梁章等营以六月。惟祀钱神，三五岁一举。其祭，以小瓦缺罐插六七寸竹管于内，管头形五色彩条十余层冒其上，置于正寝，割牲延巫，或一昼夜，或三昼夜，名曰'还傩愿'，亲友以礼物相贺，名曰'歌钱'，虽积十余两，俱为巫师所得。"① 现在土家族地区仍遗存赛龙舟、舞龙等活动，以及"打洞祈雨""挖（拖）树祈雨""闹鱼祈雨"等求雨仪式。

（四）巫术崇拜

生产生活中大量运用巫术是土家族民间信仰的明显特征，也是体现土家族巫师端公神秘色彩的部分，同时还是民间评价端公作法水平高低的重要标准。端公在土家族民众日常生产生活中大量运用的巫术通常有：

驱鬼避鬼 若遭遇疾病、财运不畅或者人际关系不顺，土家族民间多认为这是邪鬼纠缠的缘故，是事主犯了禁忌，端公就用巫术驱赶鬼怪。端公退病床时的打粉火、端铧口和下桃符等，都是用火、金属和桃木等

---

① 湖南省少数民族古籍办公室编：《湖南省地方志少数民族史料》，岳麓书社 1991 年版，第 352 页。

鬼怪惧怕的事物，并且配合法术驱赶作祟的鬼怪。

过关 无论是身体健康还是人际关系不顺，也不完全都是犯了禁忌所致。土家族民众认为，人的一生中本来就有很多道"人生关口"需要通过，他们把这种"人生关口"称为"关煞"。但是，对于一些特殊的鬼神而言，不能用驱赶的方式消除他们，对人们的不利影响，只能通过调解的手段进行。在与祭祀梅山、踩刀度关和禳星告斗等相关的巫术中所用的都是调解的办法。

招魂 民间认为，触犯邪鬼、染星辰或者犯关煞的人往往会失魂，失魂是一种魂魄离开身体后被鬼怪抓走的现象。端公有多种方法招魂，例如：通常情况下禁锢鬼怪，让失魂回家；对于严重者则需差神将寻找，驱散鬼怪，把魂魄送回本身；除此之外，还可以先迷魂，再送魂回来；最严重的甚至需要扎一个茅人作为替身。

收兵关鬼 用驱赶方式并不适用于所有的鬼怪，造船、造筛盘等送鬼巫术于是产生，例如收兵扎坛等捉鬼巫术。在这些巫术中，恭维、哄骗、威吓和禁锢等软硬兼施的多种方式并用。

保护 起保护功能的巫术有不少，例如"签头"。通常是将头部的血流在彩纸上，再将彩纸贴在自家大门上，表示签头师在为主家守大门，订立合同期为 60 年。签头师往往代表巫教历代宗师、罗公、赵侯等神灵①。

此外，深受汉族民间信仰的影响，占卜、算命、看相、缘梦（又称圆梦）、阴阳风水等巫术在土家族地区也相当盛行。

（五）禁忌

1. 生产禁忌

土家族在生产中忌"戊"日，从农历正月的第一个戊日忌起，一直到第五个戊日止，一戊忌天，不出门；二戊忌地，不动土；三戊忌风，不上树；四戊忌工具，不动碓磨；五戊大社，是"春分"日，为"春社"，要吃社饭，不进森林。其他的日期禁忌有"小满不插秧""清明谷雨不用牛""四月初八不耕田"等。

放排时禁忌闲言碎语。如下雨时禁说"雨伞"，因"伞"与"散"

---

① 雷翔：《端公的法术》，《湖北民族学院学报》（哲学社会科学版）1998 年第 5 期。

同音，不吉利，要将雨伞说成"撑花"。

忌养"天五爪"的猪。"天五爪"意即五指散开，不能合拢。土家族民间认为天五爪猪会带来灾祸，喂猪时要看猪的毛旋和蹄爪。

农历正月中立春的日子，凡属相为牛、蛇、龙的人，都不能挑水；一个月中的三个戊日也不倒粪、不挖土、不挑水。

锄头必须手提，忌扛进屋，据说"扛"像是埋葬了死人回来一样，会带来晦气。空水桶也忌用扁担挑进屋。

2. 生活禁忌

土家人有较多针对女性的禁忌。如妇女不能坐堂屋门槛；未满月的产妇不准从大门进出；不能与公公同桌吃饭；男女同路而行，女性不得走在前面；未婚姑娘不能进产房；忌讳生人当着父母面同闺女开玩笑；禁陌生人在火塘边坐媳妇的座凳；客人歇宿，忌男客到媳妇及闺女房间；男子外出打猎、经商，忌出门就碰见女人。

儿童也有诸多禁忌。在每天午后、十月初一到十五日及七月初一到十五日，儿童忌剃头，否则记忆力会下降，甚至丢魂。男孩不准吃动物蹄子和猪尾巴，否则会叉了媒人的嘴，长大了找不到媳妇。女孩禁吃鱼卵，否则会生类似葡萄的怪胎。新生婴儿的洗澡水要倒在火塘内，不能乱倒。

关于日期的禁忌较多，一、四、七、十月的"蛇日"，冬月的"鸡日"，逢三、六、九、十二月的"牛日"，被视为红煞日，忌出远门，有"出门遇红煞，一去不归家"之说。此外，还有"七不出门八不归家"的习俗，意思是农历逢"七"的日子不宜出行。结婚忌单日，报丧忌双日。七月初一至十五日，大人和小孩不准坐堂屋门。土家人从腊月二十四开始一直到正月十五过年期间禁忌很多，"正月忌头，腊月忌尾"。腊月二十九，妇女忌做针线活和洗衣。大年三十，禁止到水井挑水，不准宰杀牲畜家禽，敬神祭祖时严禁小孩说话，忌吃汤泡饭，否则田坎会垮。正月初一，早晨说"去挖金窖银窖"，意为让守岁的人去睡觉，但忌说"睡觉"；不准说"死""病""痛""穷""杀""血"等不吉利的话，提及要用"没有""不要"等否定的词句表达；不能轻口妄说，更不能哭泣、吵架、骂人；正月到岳丈家去拜年，忌女人走在前面；走亲访友，忌带中草药。

结婚时，抬花轿者忌已婚男子，必须是未婚青年。

死在家外的人，尸体不能进屋，丧事只能在屋外搭棚操办。

夫妻不能在他人家中同宿，认为"愿借屋停丧，不让人成双"。

到别人家不能踩火塘中的三脚架和大门槛，否则是对主人最大的不敬。

"男子头，女子腰，只准看，不准捞（摸）"；"男不打三朝，女不赶道场"。

雨天不能穿蓑衣戴斗笠进屋。

土家人还忌某些"兆头"（即预兆），如"正月莫见鹰打鸟，二月莫见狗连裆，三月莫见蛇交媾，四月莫见人成双，五月莫捡河下鱼，六月莫捡汗衣裳，七月最怕蜂搬家，八九又怕蜂来居……"，清早听到乌鸦叫，如果遇到这些现象，就会认为必有祸事临头，需请巫师梯玛或端公念经作法，解难驱邪闭煞。

土家人忌在早晨说"龙""蛇""虎""狼"等凶猛的动物，认为早晨声音传得远，容易惊动并激怒它们，进而伤害人类，如果非说不可则用其他字代替，如：龙曰虫、蛇曰虬（音丘）、虎曰猫、狼曰狗等。忌端着饭碗站在别人背后吃。任何时候和场合都忌谈别人"血疮"（隐私）。忌拿生理缺陷开玩笑。忌砍伐古树，因为它是要被保护的神树。被雷劈的古树被认为是妖精树，有"树长三百年成妖精"之说，被雷劈的树不能拿回家做柴烧、做建材。

二 土家族民间信仰中的巫师

土家族梯玛被认为是通神有法术的人，专事祭祀活动。从其职能看，梯玛是土家族民众的巫师，是人与神之间进行沟通的中介，是沟通阴阳二界、实虚世界的使者。梯玛一方面代表土家族民众表达企盼，另一方面也代表鬼神传达神意。梯玛在土家族的历史发展过程中无疑是最重要的社会上层人物之一，起着广泛而重要的作用。部分学者认为，梯玛和土王原本为一体，因为在土家族的发展过程中有相当长的一段历史是政权和神权合一的时代。至明清两代，梯玛和土王才逐渐分离，梯玛专职民间宗教，土王专职政治，分别为各自领域的领袖。[1] 如今，在土家族的

---

① 张应斌：《土家族土王与梯玛关系管见》，《中南民族学院学报》（人文社会科学版）1994 年第 5 期。

一些民间故事中，我们似乎仍然能够找到巫师与土王两者关系密切的影子。在湘西坡脚村寨一带，土家族民间流传着英雄田好汉和向老官人的传说，他们二人一方面都是类似土王的统治者，另一方面也都是精通法术的巫师，在民间具有很高的威望。然而，在国家权力的强行干预下，梯玛的巫师职能逐渐退化，丧葬仪式的主持者往往被民间道士所代替，传统的土家族婚嫁由原来的梯玛主婚变为"父母之命，媒妁之言"。除此之外，梯玛还借用了大量汉族民间信仰的成分，融合了佛教和道教的一些神灵，这在梯玛作法时使用的神图中具有多神体系这一点上体现得较为明显。

土家族的职业巫师梯玛是没有脱离生产的民间信仰仪式的主持者。梯玛受人邀请，为土家族民众施行巫术，并从中获取一定的报酬。土家族巫师一般自称"老司"或"土老司"，可以结婚和世袭。湘西一带土家语保留完好的地区，巫师用土家语自称"梯玛"，鄂西鹤峰一带称"土师子"，以区别于汉族巫师"客老司"、苗族巫师"苗老司"。据说早期的梯玛是指骑马祭祀的女巫，清代"改土归流"之后，官方鉴于男女之别，严禁女性担任梯玛，后来梯玛逐步转变为由男性充当。① 同时受汉族地区宋代以来民间巫师被称为端公的影响，梯玛在汉化程度较高的土家族地区，如鄂西一带也称为端公。传说端公是圣公圣母显灵附体之人，可以沟通神灵和人的关系，是神灵的代言人。《梯玛神歌》记载，梯玛班子的内部都有较为明确的分工，有蜂子梯玛、抱人梯玛、骡子梯玛、赶肉梯玛、药匠梯玛等，这些具有不同分工的梯玛在其各自领域擅长不同的法术。

梯玛是土家族地区民间信仰的领袖。梯玛主持祭祀、治病、跳神、驱鬼、求雨、许愿、还愿、解结、婚姻、诉讼、求儿女、解纠纷、赶白虎、占卜、问事（问死人的事）、摆手舞等民间信仰仪式，在地方事务中权威很大，受到土家人的尊敬和崇拜，人们过年杀猪时都会送他两斤肉，谷子收获后也要送上少许。

梯玛的传承方式分为阳传和阴传两种。阳传一般是师徒传承，民间传说因梯玛捉鬼"煞气"重不传儿子，但实际情况多是父传子，或传给

---

① 李绍明：《川东西水土家》，成都出版社 1993 年版，第 232 页。

家族近亲，从不传外人。做法事时所需的经文都是口传心授，全凭记忆，"神歌"大都使用土家语传唱。如果一个人突然上蹿下跳，等他从发狂迷乱中完全清醒后，就会跳梯玛，然后再请师傅举行度职仪式，他就可以掌坛作法，这就是民间认为的"阴传"，即不学自会的神职人员。梯玛要通过度职仪式成为掌坛师后，做法事才会得到民众的认可。梯玛度职不能由本坛的梯玛掌坛，必须请附近的掌坛梯玛来主持。经过附近的掌坛梯玛度职后，他就可以掌坛梯玛班子。通常，每个梯玛班子有2—5个成员，在班子中由其中一位曾经度过职的掌坛师负责主祭工作。一个梯玛班子就代表着一个坛门，他们一旦接受了土家族家户的邀请，掌坛师就会邀约本坛成员一起去作法。

梯玛在做完法事后，土家族家户给他的报酬一般都是实物，也是平时祭神所用的五谷、猪头、猪肉或者一只鸡，数量由主家决定，不能与事主家讲价，即使事主不给任何报酬也要替事主家做法事消灾免难。民谣唱梯玛"不种田不种地，五谷杂粮吃二年"。梯玛有神图、司刀、八宝铜铃、牛角、竹卦、凤冠、法衣、八幅罗裙等一整套法器，在后文介绍"玩菩萨"仪式中详细介绍。

明清土家族地区的方志中对土家族梯玛活动多有记载。湖南龙山县苗儿滩一带的土老司向成伯讲述了土老司是在清朝雍正五年土家族地区"改土归流"后才有的。据说当时土家被打败后，领袖"桩把龙"（土家语，意为"没有脑壳"）被清朝皇帝就地斩首。但他的坐骑将他的尸身驮回土家地区，尸身一直不倒。皇帝有感于他的威灵，敕封他为八部大神，并在龙山县水把洞修建了八部大神庙，诏谕土家人"桩把龙"专管阴间。后来"桩把龙"的儿子成为土老司，专司地方上与鬼神相关的法事。

土家人认为十病有九邪，遇到大人伤筋骨、神志不清、口吐白沫或小孩抽筋、发高烧等怪病时，就请老司用法术来驱赶邪气。如鄂西南地区鹤峰一带流传，过去当地冉姓老司的画水巫术医治各种怪病很灵验，一次一个五六岁的小孩突然肚痛，他用空白酒瓶装满泉水，并且用他的手指在瓶口处画了一些东西，边画边念念有词。随后，他让小孩把瓶中的泉水饮尽，小孩就不再肚疼了。还有一种名叫"九龙水"的画水巫术，能将角刺、铁钉、竹筷化成水吞进肚中。其过程大致为：将一支平常所用竹筷砍成三截，放入装满凉水的碗中，用他的手指在瓶口处画符，并念"吾人弟子刚出门，出门碰到个饿死鬼，此水到喉咙，万物化成水"的咒语，然后将竹筷和水吞下，把碗中剩下的水向东方泼掉。整个过程都要求心诚，默想符、口诀的含义，否则就会不灵验。类似的巫术还有挽手诀（如祖师诀）、画符、念口诀等。

除梯玛外，土家族从事民间信仰祭祀活动的还有仙娘、春官、扛旱龙船先生、阴阳先生、地理先生、道士、巫婆和神汉等。这些人按不同的祭祀活动分工，各司其职。而且，就是普通的土家族民众也可以做相对简单祭祀仪式的主祭人。例如，猎人在打猎前可以自己祭祀梅山神，普通民众也可以自己祭祀与日常生活紧密相关的土地神、五谷神、门神、灶神、四官神、地脉龙神及家先等，这些简单的祭祀都可以由家庭主人主持。

三　土家族民间信仰的主要仪式

（一）还傩愿

"傩"是旧时迎神赛会、驱逐疫鬼的仪式。仪式上供奉的是傩神，即传说中的伏羲兄妹，尊称为傩公傩母或傩神爷爷和傩神娘娘，以缅怀他们再造、繁衍人类的功德，祈求他们护佑子孙后代。傩事一般分为"冲傩"和"还愿"两种。前者指清宅、祛病、驱灾，通过法事清除作祟的鬼怪，以正压邪；后者指祈寿、求子、小孩顺利成长，感谢傩公傩母的庇佑，旨在取悦和酬谢神灵。梯玛还傩愿仪式是土家族驱除邪恶、酬神还愿的大型民间信仰祭祀仪式，土家语叫"服司妥"，届时内容多、时间长、规模大，要杀牲祭祀，众多梯玛参加。土家族有"一傩冲百鬼，一愿了千神"的说法。

土家族还傩愿仪式由傩祭和傩戏两部分构成。傩祭是还傩愿的核心，是土家族傩文化的重要组成部分，一般需要三天三夜，小型的也要一天一夜；梯玛班子成员少则六七人，多则十几到几十人不等。活动程序主要有请神、迎神、敬神、酬神、娱神、祈神、送神等，以期讨神灵欢心来帮助人们驱除妖魔鬼怪。傩祭中还有以下惊险的特技表演：

上刀梯　土家人通常会给年幼体弱的小孩许下过关愿，当小孩年满12岁时，家中要举行还愿仪式中的上刀梯法事。刀梯一般有12把、24把、36把刀之分。上刀梯前梯玛要行祭、请师、画符、念咒，再背小孩爬上刀梯。据说小孩只有翻过刀梯后，才会顺利成长。

开红山　只有家人遭受特大灾难时才会举行这项仪式，据说其源于土家族远古时期杀人祭祀的习俗，由于过于残忍，后改用人血祭，成为一种变异了的人祭活动。届时梯玛用尖刀刺破自己的额头取血献祭傩神。

舔红铁　土家人认为多次流产的妇女就得请梯玛作法安胎的"钉胎"仪式——舔红铁。梯玛将铁齿烧红后用口咬住，在孕妇房里走三圈，再将其钉在孕妇的床脚边。仪式最初在事主家里进行，后来为了便于民众观看，改在公共场合举行。

踩犁铧　梯玛将烧红的铁犁铧用手端起，在地上不停地转动，并口含桐油喷到铁铧上产生火焰，以此来驱鬼除邪。

土家族傩戏是由傩、傩舞、傩祭发展而来的。傩舞是土家先民同大自然作斗争时，化装护面、模仿飞禽走兽而产生的原始舞蹈，当它与傩这种驱鬼消灾的神秘祭祀仪式相结合后，增添了祈求人畜平安、风调雨顺、缅怀先祖、劝人去恶从善以及传播生产生活知识的内容，成为宗教祭祀剧。傩戏在土家族地区也称傩堂戏、傩神戏、傩愿戏、神戏，分正戏和外戏，由于师传和地域的差异而派别众多，但演出中都有请神、酬神、送神几个程序。正戏一般由掌坛师主持，他兼具导演和演员双重身份。傩面具也是傩文化的重要组成部分，作为角色身份代表的面具，通常由柏杨木雕凿而成，通过不同色彩区分不同人的角色和性格特点。傩舞在整个傩祭和傩戏的过程中都扮演着重要的角色，掌坛师身穿法衣，左肩搭排带，左手拿牛角，右手执师刀迎神，头戴观音玉佛冠，下围罗裙，右背插神鞭作法。傩舞有"踩九洲""踩八卦"和"将军打马"等。

武陵地区的土家族傩文化保存完好，呈现出较为原始的风貌。湖南保靖县昂洞乡的土家族，凡家中有人生病就会许傩愿，病好后在农历九月初九到年底期间择吉日还傩愿。届时杀12头牲畜，共做七天法事，前四天在堂屋中敬菩萨，后三天在外面搭台唱傩戏，最后一天还要打"加官"，向主人家亲戚讨喜钱。

湖南辰州的土家人凡遇诸事不顺，或遇病痛，或无子嗣，即认为是邪鬼作祟，许下傩愿请求傩神庇护。还傩愿时请土老司演傩戏。如果是家中某人遇见邪鬼，则请土老司在堂屋里表演驱鬼逐邪的傩戏。在堂屋中间的地上，放置一张大的方桌，上面摆放各种法器、香烛，把傩坛设计成带有飞禽走兽、花草树木的图案。在傩坛的后方有一个幕帘，幕帘上挂着各种傩神的图像。傩坛的前面扎有彩门，彩门的左侧站的是鼓师，右侧站的是锣师。土老司在堂屋中间跳，傩坛后放置一张小方桌，桌子上面供奉判官和戏神，桌子的下面供猎神。表演傩戏时，气氛神秘，表演的形式有唱有跳，以锣、鼓、钹为伴奏乐器，跳的动作包括翻跟斗、单边跳和旋转跳等。傩戏的程序大致可分为请神、酬神和送神三个部分。傩戏中有一种以求子为目的的喜傩愿，在一定的造势活动之后，土老司会登坛向傩公傩母呈递《求子上表疏》。主人紧跟在土老司的身后，向殿前的傩公傩母行三拜九叩大礼，并且演唱《求子歌》。歌词中表达了夫妇无子无嗣的痛苦："不说儿女都还好，说起儿女好悲伤。家有金银要人收，有田有地要人耕，日月如梭催人老，老来无子靠何人？人生在世难免病，卧在牙床谁奉迎；恳请神灵多保佑，早为事主赐麒麟。"[①] 此外，在鄂西南地区鹤峰县一带，土家人为了自家小孩健康成长，在小孩刚满一岁时就请土老司向傩神许愿，等孩子成长到12岁时再还傩愿，表演傩戏也是其中的一部分。

（二）捉麻阳鬼

据说麻阳鬼为邪神，土家人凡遇生怪病或见怪事、遇火灾或见天上流星都要请土老司来赶鬼，赶走麻阳鬼后必须还愿，否则将来还会受到侵扰。赶麻阳鬼时土老司头戴斗笠，身穿蓑衣，手提大箩，在堂屋中安放3个神龛，杀12头牲畜，主人手执各种牲畜的头、脚、尾跟随其后。法事需进行三天三夜才能把麻阳鬼送走。[②]

（三）赶白虎

不同地区的土家人"赶白虎"的仪式有所不同。在湘西酉水流域龙山县一带，凡12岁以下的小孩都有被白虎招魂的可能，每年秋收过后家长要请土老司举行赶白虎的仪式。土老司在事主家门外坪坝上插一支竹竿，上挂一只公鸡，然后到屋内作法，直到公鸡鸣叫，才表示赶走了白虎。

而在溇水中游慈利县的赵家岗，民间有"白虎当堂坐，无事必有祸"

---

① 刘冰清等：《辰州傩歌》，中国文史出版社2006年版，第14页。
② 转引自《土家族社会历史调查》（修订本），民族出版社2009年版，第15页。

的说法，认为冲犯"白虎神"，家中会诸事不顺，必须请土老司将之赶走。法事现场，土老司首先使用白色的纸张扎成一只老虎和一只船，再把一面写有"收瘟摄毒"四字的布旗插在船上，并且摆上香案。准备就绪后，手拿一副竹卦卜测，口中念道"白虎当堂坐，无事必有祸，请出洛阳去，消灭保清吉。浩浩荡荡，渺渺茫茫，伏为太阴，吉为太阳，如今一清洒，肃静十方"，同时事主在一旁焚香烧纸。家中法事完毕，再到十字路口搭一个草棚，把装有"白虎"的纸船用一把尖刀钉在十字路口的中心，再用脚轻踢尖刀，使之向外（表示"白虎"向外去了），最后把草棚、纸船和纸"白虎"全部焚烧。主人回家时，要一路向前，严禁向后看，如此才能把"白虎"彻底驱赶走。据慈利县江垭镇皮垭村的土老司回忆："我们这里凡是患病、家遭不幸等都认为是家中进了白虎神，或是魔鬼缠身，都要请土老司驱赶。驱赶的时间多是下午或晚上。土老司头缠一条黑巾，身着蓝衫，先画一个子午符号，再拿一杯净水。土老司用口将净水喷在铜铃上（铜铃三至六个），一手拿铜铃，一手拿师刀、牛角，边唱边舞，其步伐是三步半，唱词基本是请神、唱祖源歌、驱邪、送神等方面。唱词与大庸（市）永顺（县）一带大同小异，新中国成立前我们与他们的土老司一起跳过。"[1]

（四）放马脚

土家族地区若有人疯癫，则请土老司接龙王三神，做"放马脚"的法事。土老司打鼓、敲锣、翻跟斗，扮演其兵马的徒弟们和在场的青年人都跟着做，等大家身体都颠倒后就问土老司死的人何处去了，土老司作答。

（五）请七姑娘

20世纪50年代以前，鄂西南长阳县一带有"请七姑娘"的习俗。民国时期编撰的《长阳县志》有关于土家族在上元节期间"幼女请紫姑神，问病、休咎、年岁，曰请七姑"的记载，1992年的《长阳县志》记载："元宵节当晚，幼女们往往三五成群集结请七姑娘，问灾祥。"据土家族民间故事家孙家香老人讲述，在元宵节来临前，土家族村民从山上砍来一支朝东生长的桃树桠子，再把它倒过来成人形。子时过后，盗取有齐

---

① 慈利县少数民族调查办编：《慈利县土家族资料汇编》，1986年印（内部资料）。

礽姑娘的人家屋后正对着神龛或齐礽姑娘坟地边缘长出的一撮茅草。盗取的时候，忌讳鸡和狗叫，不能让外人知晓。然后把茅草和桃树桠绑成十字架状，扎成一个小姑娘的形象，再给她穿上齐礽姑娘的衣服，脸上糊上纸，画上眉毛、眼睛、鼻子、嘴巴和耳朵，头上包个袱子，腰间挂有一串钥匙，打扮成七姑娘的模样。到了农历正月十五夜晚，由两个齐礽姑娘分别拽着七姑娘的两条腿，将她置于屋里的一张椅子上。端公开始做法、画符和念咒语，但不需要上香烧纸钱，也不必摆放贡品。咒语内容为："正月正，茅草青，请七姑，问年成。一问年成真和假，二问年成假和真。桫椤树，桫椤泉，缩到树上打秋千，高一圈，低一圈，黄如泉，紫路边，乌绿马，下西天。稻场上请，稻场上来，扬权扫帚搭高台。房屋里请，房屋里来，抽屉箱子搭高台。堂屋里请，堂屋里来，桌子板凳搭高台。灶屋里请，灶屋里来，锅盘碗盏搭高台。火垄里请，火垄里来，茶盘杯子搭高台。一片瓦，二片瓦，送给七姑要一要；一块砖，二块砖，送给七姑端一端。"

念过七遍之后，挂在七姑娘腰间的一串钥匙响了，表示她已经到场，事主就赶紧给她磕头，然后通过端公来问卜吉凶，比如问年成、病况、子女数等，得到想要的回复就作揖，否则就不作。询问过后，送七姑娘离开家门。最后由在此之前扶七姑娘的两个齐礽姑娘把神像送到逝去了的齐礽姑娘的墓地上焚毁①。

（六）还坛神

还坛神是曾经流行于鄂西南部分地区的一种民间祭祀仪式，只有供奉了坛神的土家族大户才能举办。坛神一般分为四个等级，从低到高依次可以分为"黑马童子、金花小姐""白马先锋、黄龙仙姐""红马将军、白鹤仙娘"和"侯伯老父、伯太娘娘"，而且可以逐级晋升。土家族民众要想知道自己的祖先是否曾经有人成为过坛神，且他们所供奉的坛神能否晋升，通常会有一定的征兆，例如托梦、深夜有异常响动抑或精神恍惚等，土家族民众意识到这些征兆后，就会邀请端公通过卜卦来判定。坛神一般"两年一还"或"三年两头还"。仪式在秋收以后进行，土

---

①　王丹：《残存在记忆中的信仰叙事：湖北长阳土家族请"七姑娘"习俗解读》，《湖北民族学院学报》（哲学社会科学版）2008 年第 2 期。

家族民众认为，"七月十五天门开"，因此请神仪式要在农历七月十五以后进行。完整的仪式由端公主持，过程分别为"预告、交牲、开坛、请水、扎灶、操神、封净、签押、祭猪、打印、造刀、交刀、迎百、回熟、问卦、拆坛放兵、发圣、开山、招兵、出土地、扎坛、开荤敬酒、记簿、勾销、打红山、送神、安神"这27个子环节，仪式一共要进行三天，这叫作"进出三天"。

还坛神在主家堂屋内进行，在神龛前方大概一米远的地方摆放一张大的方桌，桌子上面设有香火牌位，挂有张天师的画像，两边放有傩公傩娘木雕神像。桌下放一个簸箕，其内放有一个装满粮食的木升子，为地傩香位，供有三个小型木雕神像，中间为张五郎，左右两边是丫角九娘和小山太子。桌子后面的上方挂有七幅图，两边墙上的左右两处各有四幅，这称为"上七下八"。其中"上七"指的是：正中为"正坛"，有三层群神图，上层为三清四帝，中层是老君八卦，下层为五猖；两侧是龙鞭、天门和花瓶。"下八"有左右四对：天宫对地府，师坛对圣母，南斗对北斗，罗公对赵侯。此外，在大门外面的右侧还挂有一幅公曹，桌前铺有一床睡席。除了祭猪和招兵仪式要到门前场坝里进行，请水要去水井、土地庙进行，扎灶要去灶台进行，其他仪式都在坛场里进行。

（七）敬家先

家先为土家族普遍供奉的神灵，是祖先崇拜的表现，一般分为以下三种祭祀形式。

节庆祭祖　在过诸如春节、清明节、四月八和中元节等比较重要的节日时，土家族民众往往都要举行较为隆重的祭祀祖先的活动。在过春节时，土家族在祭祀土王后，还要在自家的神龛下安放桌子，将家先灵牌、香炉和蜡台置于桌上，焚香燃烛，磕头祀拜；过正月十五时，再将家先灵牌复归于神龛之上。在过中元节前夕，土家族各家各户会把酒馔放于自家门外的台阶上，不论男女老幼都跪于门前，呼唤家先回家过中元节，这就是"迎祖"。到农历七月十四晚，再用同样的方式送家先归天，这就是"送祖"。

婚育祭祖　每逢婚嫁、生育，都要告知家先以求得护佑。土家族女子在出嫁前都要"哭辞祖宗"，出嫁时也要举行较为隆重的祭祖告别仪式，届时新娘要跪在筛子上，象征希望祖宗准予放行让自己顺利出嫁；

新郎一般会在大门外设香案迎轿，以此祭谢女方家先。婚嫁酒宴上，要先盛一碗饭菜，由高辈分的长者以酒洒地，通过这种方式来祭祖，众人就围站在桌子的四周，祭祖仪式完成以后才能入席。在孩子出生满月后，还要举行生育子女的祭祖仪式，届时由夫妇两人怀抱子女向双方家先献祭酒肉，并行跪拜礼。

日常祭祖 土家族民众举行祭祖活动较为普遍，通常遇到乔迁、建房、生病、灾害、丧葬等事情，都要虔诚祭祀祖先，以求获得保佑。如湘西地区过年过节时要大敬，初一、十五小敬。有的吃饭时，短暂敬默后方可进行，不论在自己家中或是在亲朋家中都是如此。

（八）解结

解结是土家族较为常见的法事活动。土家族民众认为，一个人如果出现久病不愈、精神不佳、梦见死去的人等现象都是邪神附体所致，流传"邪鬼附身，冤鬼索债"的说法，需要梯玛卜卦测算中了什么邪鬼，根据邪鬼的不同进行的解结法术也有所不同，往往都要杀一只羊或公鸡以献祭，解结法术包括请师、驱邪和送鬼，耗时较长，而且具有显著的巫术色彩，有"含耙齿""端铧口"和"上刀梯"等一系列法术表演。解结还可以为家中老人驱赶鬼魔，添阳增寿。解结可以加在还愿仪式里进行，叫作"夹解"。①

（九）求雨

武陵地区极易出现天久不雨的旱情，导致人畜饮水困难。在庄稼面临绝收的时候，土家人将希望寄托在梯玛的求雨仪式上，各地求雨方式有所差别，湖南龙山县坡脚村一带，求雨仪式都由土老司主持。仪式前准备一条狗，以及狗粪、鸡粪等恶臭的东西。土老司在洞穴处放一双草鞋，当民众看到草鞋打架时就表示土老司在与龙王搏斗，如果获胜就会降雨。民众届时会使劲敲锣击鼓，为土老司呐喊助威。如果与龙王未见胜负，土老司就要开始敲岩打洞法术，将打死的狗以及狗粪、鸡粪等污秽之物扔进洞里，迫使龙王厌恶，降雨冲洗山洞。老年人大都笃信法术高超的梯玛求雨很灵验，一般上午作法下午就会下雨，最多等到两三天之后。

---

① 刘伦文：《母语留存区土家社会文化：坡脚社区调查研究》，民族出版社 2006 年版，第232 页。

（十）安白虎

湘西土家族认为白虎是在屋梁上的一个神灵，如果受到扰动就会给事主家带来不利，最典型的是小孩体弱多病，就要请梯玛来安白虎。龙山县卡科村的田氏梯玛前几年做过两次安白虎仪式，他说："安白虎就是给白虎安个位置，不让他乱窜。搞好了，腊月三十夜给师傅谢个鸡公。"万隆村的一田姓老人也常为村民安白虎，他安白虎时，提一只公鸡，拿几张纸钱，边念咒语边在纸钱上画符。咒语内容为："头顶乌云震四方，三点三治坐车轮。车子能量斩邪魔，金子能量斩妖精，耳字一扫定乾坤。抬头观青天，师傅在左边，一摸天地鬼，二摸地鬼神，三摸神鬼隔，四摸鬼神精，左摸左顺，右摸右灵，吾奉太上老君，急急如律令。出门等，出门等，头顶观世音，八大金刚前引路，十大元帅护吾身，脚踏病人床，邪神野鬼上法场，阴不超生，阳不超床，吾奉太上老君，急急如律令，一点乾坤大，横转日夜长，包罗天地转，祖师见灭藏，若有凶神恶煞，一点珍珠坐中央。"念完之后，咬破鸡冠把血滴在纸钱上并将其贴于床前。接着再画符，将鸡冠血滴在符上，并将符叠成三角形与活鸡头一起钉在堂屋内的中柱上，然后剁下鸡头。钉鸡头时要念咒语："此鸡不是非凡鸡，王母娘娘抱小鸡，某年某月鸡生蛋，某年某月鸡抱儿。甲寅年间鸡生蛋，乙卯年间鸡抱儿，生五颗蛋，生出五只鸡，一只鸡不算鸡，飞到天空去，天门土地不唤回，飞到天空做神鸡。一只鸡不算鸡，飞到茅山去，茅山土地不唤回，飞到茅山做野鸡。三只鸡不算鸡，飞到竹园去，竹园土地不唤回，飞到竹园做竹鸡。四只鸡不算鸡，飞到田头去，田头土地不唤回，飞到田里做秧鸡。玉皇赐我弟子手里，头一翘尾又低，身穿五色绫罗衣，日到桫椤树下啄食吃，夜到梭罗树上披毛衣。文官听得此鸡叫，代代儿孙做早朝，百姓听得此鸡叫，代代儿孙穿朝衣。别人拿来无用处，弟子拿来退煞气，天煞归天，地煞归地，天煞地煞年煞月煞日煞时煞，弟子一退一好，二退二好，百退百好，吾奉太上老君，急急如律令。"最后主人用鸡来招待梯玛。①

---

① 刘伦文：《母语留存区土家社会文化：坡脚社区调查研究》，民族出版社 2006 年版，第 233—234 页。

第三节　土家族民间信仰的田野考察

一　田野调查点状况

　　双坪村是湘西龙山县内溪乡的一个村落，距离县城 100 余公里。该村所在地原名"内七棚"，海拔仅 500 米，气候温暖潮湿。村内 240 余户人家，共 1100 余人，以彭姓、田姓、贾姓、杨姓土家族为主，杂居少量的谢、王等姓的汉族和张姓苗族，是典型的土家族聚居村寨。双坪村又可以分为四个小的自然村寨，包括塔竹坪（上坪）村、卡落坪（下坪）村、卡巴村和矮洞坪村。作为一个人多地少的贫困村，双坪村在改革开放初期家庭联产承包责任制实施时，有耕地面积 519 亩，包括水田 190 亩和旱地 329 亩，人均耕地只有半亩，属于人多耕地少的行政村。因此，该村绝大部分青壮年都外出务工，妇女和老人则留在家里做一些简单的农活以自给。

二　田野调查点民间信仰状况

（一）梯玛帮子

　　湘西龙山县内溪乡是土家族民间信仰及其仪式保存较为完好的地区。目前，有四五个梯玛班子在此地活动，但只有双坪村卡落坪彭武庚（已故，由其长子彭继龙继承其位）的梯玛班子仍然保持兴旺的局面。彭武庚梯玛班子以父传子的方式传承，他们的启坛公公是"龙盔彭法徒"，仪式中请师傅时总是把启坛公公列在首位。梯玛帮子能够记得辈分的祖师是"堂间户主阳寿彭法徒"，比彭武庚高四辈。据传彭阳寿 6 岁时学法，师从十分高明的河南端公，卡洛坪老坛的名气和这段经历有关。有一次彭阳寿想试一下法术，看到有人挑"窑货"路过就放了一支阴箭，结果扁担脆断"窑货"全部摔碎，从此不敢再用法术，卡洛坪老坛绝传。彭武庚的父亲彭显义原是篾匠，外出手艺路就"阴了"，一路跳回来，并且在屋后竹林中的洞里跳进跳出，找人来看说是"阴传"，又找师傅度职后就开始跳梯玛了。彭武庚自幼跟父亲学跳梯玛。20 世纪 50 年代政府禁止民间"做菩萨"，但私底下仍然"小搞"，即做"解"从未间断。直到 80年代"做菩萨"才重新兴起，基本每年都有，少时两三次，多则五六次，呈现出逐年增多的趋势。彭继龙和彭继勋兄弟都是从小跟随父亲彭武庚学法，彭继龙（法名彭法万）1998 年度职以来由于父亲身体欠佳，多半由他掌坛。距彭继龙家 10 米远的地方还专门修建了一座"秀生堂"，又叫祖师屋，占地约 4 平方米，四周的墙用水泥砖砌成，屋顶用水泥沙浆浇筑而成。①

（二）"玩菩萨"仪式

梯玛主持的"玩菩萨"仪式兼具祭神与娱人性质，是土家族民间信仰还愿仪式中的一种；又称为"做土菩萨"，程序复杂且耗时较长，最能检验梯玛的法力功底。虽然说是"玩"，但整个仪式过程都能体现出土家人对菩萨的敬畏之情。要说明的是，这里对土家族"玩菩萨"仪式田野考察的时间是 2004 年 9 月 26 日至 28 日，地点在湘西龙山县内溪乡咱竹湖村，梯玛帮子是双坪村卡落坪彭继龙梯玛班子，事由是咱竹湖村一个彭姓家中年幼的孩子多病，许愿一年后还愿"玩菩萨"。该仪式详细记录还可参见《梯玛的世界：土家民间宗教活动仪式实录》一书。

1. 仪式的时间与空间

"玩菩萨"仪式规定在农历八月至腊月期间进行，一般集中在两个多月时间内，期间冬月和腊月二十三（农历小年）后不能举行。土家人认为，农历八月十五以后进入丰收的季节，家中有新收获的谷物以及长大的牲畜才能请神、敬神；并且八月十五开天门后，才请得动神。按梯玛的规矩，每年第一堂"玩菩萨"都是在农历八月十三至八月十五期间进行。其余的是根据事主家的具体情况挑选吉日。

仪式大多数程序在事主家的堂屋内进行，部分在事主家屋檐下以及房前坝子边举行。一般事主家出现婚后无子，或惊吓失魂，或家中多灾不顺，如遇到久病不愈、精神不佳、发生心悸等病兆，须到梯玛家问卦许愿，端回"灰碗"供奉在神龛前。经过数月或数年后所许之愿实现时，事主必须请梯玛还愿，届时邀请亲朋好友，有的还会收取人情礼账，准备招待来客。

2. 仪式中使用的法器

梯玛的法器是"玩菩萨"仪式中沟通人与神、阴与阳的符号，是一

---

① 雷翔等：《梯玛的世界》，民族出版社 2006 年版，第 1—2 页。

个复杂的系统，具有极强的象征意义。田野调查中，按照功能大小以及使用者身份，法器可以分成两个层级。第一层次的法器是梯玛必备之物，在仪式中为梯玛直接使用，法力较大，大致有：

神图 梯玛神图俗称"案子"，是用皮纸或布绘制而成表现虚拟鬼神世界的图画，是仪式中所有法器中最神圣的器物，有大、中、小以及主设神挂图，附设神挂图和桥关神图等之分，卡洛坪彭氏梯玛的神图属于大神图和主设神挂图。正坛祭祀必须在事主家堂屋内左前方的板壁上挂主设神挂图，图中天上地下神灵共十台，称为"天、地、灵、神、火、山、鬼、人、走水、无格"，共有众神一百七八十个，主要有西西清帝、三清仙师、天公天母、天师天将、雷公风神、南斗六星、北斗七星、彭公爵主、白虎神、麻阳、家先堂、土地神、各路五猖等。附设神挂图有的绘制的是彭公爵主等土王神像，有的是八部大神。桥关图是用于求男求女和小孩渡关煞时象征各种关口的神图。调查中发现，神图作为一个标志性的符号与仪式中的某些神祇总存在一些矛盾之处，但在梯玛的想象空间中都能得到合理的解释。

司刀 全部用铁打制，刀柄刻有"南北星斗"字样，铁柄长 50 厘米，柄前连一直径约为 20 厘米的铁圆圈，铁圈上又套 9 个、13 个或 24 个大小各异的小铁环，小铁环随着司刀的舞动可穿梭于大铁环之间。司刀是梯玛在仪式中操持时间较长的法器，作法时不停地摇动，铁环相互撞击发出挚挚的声音，据说这种声音能够感召神灵进而驱避邪怪；或者占卜时，梯玛摇晃铁柄一端，然后扔到地上，根据大小环的分布形状来判断解释吉凶祸福，判断家中老年人的寿命以及年龄阶段上的关煞，叫作"看栏杆"。

八宝铜铃 用黄铜铸成鸡蛋大小的马口挂铃，分别装在长约 30 厘米、直径约 3 厘米的木柄上；上有 6 颗铜铃，左上叫穿心，左下叫过海，右上叫天宝，右下叫地宝，中上叫神门，中下叫鬼路。据传曾经有 8 颗，由于要请客老司和苗老司帮忙就赠予了他们每人一颗。铜铃的下端附有用彩色花布条制作的"龙须"，系在刻着马头的一端上，舞时要马头朝上，不可颠倒，梯玛将尾端紧贴在膝盖上，有节奏地用力上下抖动大腿，使其发出清脆悦耳的响声。

牛角 用水牛角做成，据说最好的是白水牛角，其威力最大；吹口处安装有用木或铜制成的哨子，能吹出激烈高昂或低沉持久的号声，用来沟通阴阳、威慑鬼神。还愿仪式中的每一个程序都要用到牛角，如梯玛出门进屋、路遇岔道都要吹牛角引路，仪式中还根据兵马行进情况不时吹奏。

竹卦（筶子）　梯玛有竹卦大、中、小各一对，都是用竹剖成两半制作成弯月状，竹卦是神与人之间"交流"的符号，用其占卜以预测事主家吉凶祸福、请示神灵准许。卜卦又叫"问卦"，问卦时，剖面相合用力扔到地上，如果剖面都朝上是阳卦，剖面都朝下是阴卦，一正一反是顺卦。

凤冠　也称"五佛冠"，梯玛在作法时把它系于头上。它由硬纸制成，上部做成锯齿状，下端平整。神像通常被绘制于五个锯齿状突出部位的下面。

法衣　法衣是梯玛作法时穿在身上的上衣，由红布制成，只是用黄布条镶边，胸前用黄布或黑布绣有太极八卦图。胸肩上左侧写有"千千天兵"、右侧写有"万万神将"字样。后背也绣有太极八卦，左右背肩分别绣有"日"和"月"二字，下摆开衩。

八幅罗裙　用赤、橙、黄、绿、青、蓝、紫和白色这八种颜色的布料制成。裙长一米有余，裙下摆吊有八枚铜钱，系在法衣里面的腰部并且底部垂至地面。梯玛作法时就穿着这件裙子，铜钱在梯玛作法时会由于相互撞击而发出响声。

第二层级的法器由帮坛的民众来掌握，除长刀由梯玛提供以外，其余法器由事主家自行准备，这些法器的法力比较小。大致有：

香炉　在仪式中被置于神像前端，里面装有桃木并且处于燃烧状态，帮坛的民众为确保"香火不断"会不断地往香炉里面添加桃木。香炉的烟火象征着事主家的子嗣，同时也是供神灵享用的人间香火。

天梯　在举行天梯仪式前，梯玛在事主家亲自制作或指导事主制作天梯。梯玛认为，天梯是神灵到天门的必经之路，也是神与人、天与地联系起来的中介。

长刀　梯玛所用的法器，由铁制作而成，形如宝剑，长 1 米左右，刀柄连一铁环，环上或尾端系五色布条。长刀主要用来赶鬼和驱邪。

太师椅　太师椅在仪式中被视为祖先的座椅，它是事主族流传下来的古老家具，一般都会把它放在神龛下面，椅子上会摆放一些较昂贵的衣物，有的也在其上放些纸钱。

茶婆婆座椅 茶婆婆是在举行仪式时，专为神灵上茶奉酒的两位超过50岁，并且儿女双全的妇女。茶婆婆座椅通常放在火铺屋中相对固定的位置，严禁他人在上面就座，否则法事就会不灵验。

3. 仪式中使用的语言

"玩菩萨"仪式通过程序化语言的对白来实现，仪式主要存留在湘西酉水流域土家族母语社区。在半个世纪以前，由于湘西酉水流域土家族的语言使用状况为单语状态，在那里居住的土家族日常生活以及举行梯玛仪式时统一使用土家语。随着社会的发展，尤其是人口流动带来的不同语言之间的相互影响，土家族母语区现在普遍兼用土家语和汉语，并且汉语逐渐成为主要的交际语言。现在梯玛在"玩菩萨"仪式中土家语与汉语交替使用，举行"敬家先""敬土王""敬天子龙王""请拜衣帕帕"和"请利虎利墨"等程序时都使用土家语。梯玛认为祖先在世时只会讲"土话"（土家语），因此后人举行祭祀仪式敬奉他们时也只能讲土话。但是举行"求男求女""选男选女""解钱""请师"等程序时可以使用汉语，因为这些是事主家对神灵的心意以及祈求，梯玛只是代表事主与神灵交流。

4. 仪式过程

"玩菩萨"仪式程序比较复杂，由请神、敬神和送神这三个部分组成。仪式可以具体分为敬家先、敬土王、敬天子龙王三个"敬"的子仪式，以及立坛、看栏杆、出兵、解钱、敬乌衣嘎白、解邪、求男女、渡关和安家先程序。到挑选"玩菩萨"之日，事主要在清早请人去迎接梯玛。梯玛也要事先到供奉祖师的"秀生堂"去作揖叩头以告知祖师自己即将前去的地点。迎接者背起装有法器的竹篓，梯玛出门、途中凡遇岔路口、到达事主家等时候都要吹牛角，事主在家门口放鞭炮迎接。到达事主家后，梯玛开始布置神坛。整个仪式中的准备活动占用了较长时间，包括打粑粑、推豆腐和杀猪宰羊以及打制各种纸钱。

梯玛进屋的当天，约在中午时分开始举行近半小时的"敬家先"仪式。通常，先在堂屋的神龛下面放一个大的方形桌，将四个下面压有一张纸钱的酒杯和一双筷子置于其上，把两把太师椅置于桌子两侧。其次，人们会在堂屋里宰杀一头猪，用蘸有猪血的草纸祭家先，当地人把它称为"杀养牲"。"养牲"是对猪羊牛的称呼，整个仪式要杀 4—7 头"养牲"。敬家先只能杀猪；敬土王时要用两头"养牲"，其中一头也必须是猪；敬天子龙王可以用宰杀羊的方式进行祭祀。通常，用羊的场合可以用猪替代，反之却不可以。掌坛梯玛用土家语吟唱，内容大致为请事主家的家先回家，告诉他们事主家在这三天举行"玩菩萨"仪式，今天宰杀了猪来供奉他们，明天就请他们到火铺屋休息。给他们准备好的祭品是刚砍成几个大块并且放到开水锅里煮到半熟的猪肉。临近晚上就在堂屋里打粑粑，由两个辅助的人用木槌在碓窝里打，将熟糯米捣碎后，由梯玛、陪神和茶婆婆做成粑粑。他们通常把粑粑制作为两种：其一是象征儿女的人形"儿粑粑"，有二女五男，是求男求女仪式的象征物；其二是全部做成小圆糍粑，是敬神的主要供品之一。

次日凌晨，掌坛梯玛开始吹牛角，示意仪式的参与人起床。茶婆婆们开始煎豆腐和烤粑粑。梯玛等人在神龛前着手搭建"土王屋"。"土王屋"有一米多高，在方桌上方由若干根竹竿支撑着，上盖一床竹席。靠神龛的墙壁前置两把太师椅，太师椅上垫着床单，椅子上各放一只置有比较昂贵衣服的茶盘，象征土王夫妇。土王屋的方桌上放着热豆腐和粑粑，掌坛梯玛烧香打"拜拜"，请土王们吃早饭。然后，梯玛让参与仪式的乡邻也来吃。接着，刀手去杀两头较大的猪或者猪羊各一只以祭祀土王。杀养牲时通常会用准备好的蘸有鲜血的草纸敬土王表示献牲。第二天一大早，把大盆猪羊肉摆在土王屋的方桌上，由掌坛梯玛主持敬献仪式，刀手们支起案板将猪羊肉切成小块，把所有切好的肉均匀地分装在三十六个碗中，再把这些碗摆到供桌的相应位置。吃完早餐后，掌坛梯玛跪在桌子前，事主跪在其后，开始进行"敬土王"仪式。梯玛主要用土家语吟唱，有时也偶尔夹杂汉语，吟唱的内容为请土王菩萨们来享受供品，诉说主家许愿和即将还愿的具体细节，同时表达事主的虔诚，包括用汉语进行的"迁瘟"唱辞，大概持续 10 分钟，内容为敬瘟官老爷们，送到路口请其离开。

"敬土王"仪式完成后，"土王屋"就会被拆掉，人们把桌子移到门前场坝并正对路口布置敬天子龙王的祭台。之所以要在户外祭祀，据说是由于天子龙王高大无比以至于不能进屋。一张大方桌，两边放置与敬土王时相同的太师椅，掌坛梯玛给天子龙王上香，过程与"敬土王"基本相同，不同的是在竹竿上挂一只猪前腿，要连着头带着七根肋骨，这块肉在仪式结束后归梯玛。据说天子龙王曾经吃人肉后来"改口"，要在方桌下置一个装满谷物的小筛子。中午时分，掌坛梯玛用土家语吟唱约30分钟，其他的梯玛以及帮忙的人在堂屋里布置正坛，有的则坐在屋檐下打制天钱。

正坛布置在关着的大门后，只在右边打开一单扇小门以供出入。大门后挂有神案，摆张大方桌，四角绑上竹竿，顶端插有两根缠有红纸的篾条。大门正面挂有用红纸剪成的象征天上神仙住居的神案，神案两侧挂有用红纸剪成的天梯。桌子上放有一个"香炉"。在大门左边的角落放有一张桌上摆有一张木质靠背椅的条桌。背椅上置有一个装满谷物的抽屉，左边还插着一杆秤，四角各插一挂纸钱，正中插一个红纸剪成的纸人纸伞。方桌前面铺有一张用于举行正坛仪式活动的竹席。

到下午时，仪式开始。先进行"解钱"仪式，人们分别往天子龙王、土王、青天、乌衣嘎白和家先这五位神的府邸送钱。"解钱"仪式前梯玛先捉马制马，用一条长板凳象征马，将衣服做成娃娃的形状捆在长板凳上，表示给娃娃捉魂。五位神灵的住地都得分别前往再返回，凡是所经过的地方都要一一唱全。人们在交钱的时候往往要说清楚原因，因为只有神仙清点完钱财后，才会考虑是否满足事主家的心愿。整个解钱法事耗时较长，唱词基本上使用汉语，其中夹杂少量土家语。

正坛仪式持续进行，梯玛们必须轮流上场，另外八个归梯玛差遣的帮手也是如此。仪式中途的两次吃饭也只能蹲在竹席上吃，显得非常拥挤。然后，用"儿粑粑"作为象征物，到天上的"七姊妹堂"求男求女；用踩犁铧的方式解邪；请天地公保佑小孩安全渡过12岁的"童限"渡关。梯玛黎明从天上回来后开始散兵，撤掉正坛的所有布置，然后烧"天钱"。烧过"天钱"后，正坛仪式结束。

第三天凌晨，赶"白虎"清场。在门外的场坝里置一张上面有一把椅子的方桌，将一根竹竿绑到桌椅上，竹竿上悬挂一只捆绑的公鸡，梯玛念念有词并夹杂手势，驱赶白虎。

仪式结束后，梯玛收拾法器和要带走的祭品及酬物，吃完早餐后便向事主家告别。事主家则需要按照惯例派遣人员帮梯玛背法器、祭品及酬物送梯玛回家。届时，事主家放鞭炮，梯玛们则吹牛角。在回去的路上，梯玛把仪式中用到的"桥栖"插在水沟里，就像搭桥一样，但有的可以拿回去放在祖师堂。回到家以后，掌坛梯玛要在祖师堂燃放鞭炮，敬献祖师。

5. 仪式中的神系

"玩菩萨"仪式中的神系可以说是一个非常庞杂的象征系统。在还愿仪式中，包括一些较小的子神灵系统，某些子神灵系统则游走于几个大系统中，这与仪式中的每一节小仪式形成同构的关系。

以彭氏梯玛"玩菩萨"神系为例，梯玛大部分的法事要面对神图来进行。彭氏梯玛"玩菩萨"神系可以分成天界、地界、阳间与阴间四个系统，这种空间结构中的二元对立是彭氏梯玛"玩菩萨"神系结构的主要特征。仪式中神图上众多神灵通常按照尊卑等级排列，其主要神祇包括祖先神、道教神和鬼怪精灵。神灵大致可以分为道教诸神、"张天师"系列、祖先神系列和"五猖"系列这四个等级。

第 三 章

武陵地区苗族的民间信仰

第一节　苗族族源

　　苗族是一个分布较广且人口众多的民族，主要聚居于贵州、湖南、广西和湖北等地。历史上，苗族的先民不断迁徙，与周边众多少数民族以及汉族交错杂居，形成如今大分散、小聚居的分布格局。据 2010 年全国人口普查统计，全国苗族总人口约为 942 万人，在我国少数民族总人口中的数量排名第五。根据语言的亲疏关系来看，苗族可分为东部方言、中部方言和西部方言三大方言区。

　　关于苗族的起源，凌纯声、芮逸夫在《湘西苗族调查报告》中运用大量的史料否认了古代的九黎、三苗、蛮等集团与苗族族源的关系，认为"今日之苗为古代之髳"[①]。但学界普遍认为苗族直接渊源于九黎、三苗部落。苗族先民生活于现今江淮平原一带，种植水稻饲养家畜，已进入农耕时代，部落首领蚩尤、驩头相继作五兵、制刑法、定宗教，出现国家雏形，虽然形成与中原地区炎黄部落和华夏族相抗衡的强大力量，但最终还是或大败于涿鹿，或被放逐于崇山，族群被迫南迁。

　　苗族发展于荆楚和武陵地区。商朝末年，以鬻熊为代表的楚（或称荆、荆楚、南蛮）代替了三苗在南方民族中的主体地位，活动于现今鄱阳、洞庭两湖以南的江西、湖南的崇山峻岭之中。荆楚在西周末年至春秋战国时期最为强盛，成为楚国的主体居民，疆域东连吴越、南及南越，西及巴国、黔中。秦朝吞巴并蜀灭楚后，当地的原住民溯澧水、沅江而

[①]　凌纯声、芮逸夫：《湘西苗族调查报告》，民族出版社 2003 年版，第 1—16 页。

上，迁逃到武陵山区的"五溪"一带。到汉代，"武陵蛮""五溪蛮"或"盘瓠蛮"等不同称呼频繁出现于《史记·西南夷列传》《汉书·西南夷两粤朝鲜传》《后汉书·南蛮西南夷列传》之中。魏晋南北朝时期，史书记载多按地域划分"蛮类"。"梁、汉、巴、蜀、武陵、长沙、庐江郡夷，皆为盘瓠蛮子孙"。其中的长沙郡，包括现今湖南湘江、资水两流域；武陵郡包括现在湖南的津市、湘西、常德、怀化，湖北的恩施州，重庆的黔江，贵州东南部的三穗、岑巩、黎平、镜屏和镇远，贵州东北部的思南、玉屏、松桃、印江、铜仁、江口、沿河等县，此外夜郎、牂牁地区也有苗族分布，这些地区至今都是苗族的主要聚居区。出于对战祸、赋税的躲避，"武陵蛮""五溪蛮"再度向西、南方向迁徙，一支沿着舞阳江西上，迁至思州（今岑巩县）以及思南等地；另一支沿着沅溪（今清水江）西上，迁至黔东南地区，进入贵州、四川、云南、广西等山高谷深、江深岩险的山区。

"苗"作为族称最早出现在唐代樊绰的《蛮书》卷十中："黔、泾、巴、夏四邑苗众……祖乃盘瓠之裔。"在宋代，它已有固定的族称，朱辅所著《溪蛮丛笑·叶钱序》记载道："五溪蛮，皆盘瓠种也，聚落区分，名亦随异。沅其故壤，环四封而居者，今有五：曰苗、曰徭、曰僚、曰僮、曰仡佬，风俗气习，大抵相似。"《元史》不同篇章频繁出现"生猫""猫蛮""苗蛮""苗酋""苗寇"等与"苗"有关的记载。明清时期，苗族居住区虽然已经相当分散，但随着统治者在西南地区开辟苗疆、收赋纳贡的深化，围绕土地问题引发的矛盾激化，不断爆发大规模的苗民大起义。此时的苗已成为以贵州为中心的西南一带，包括现在云南、四川、湖北、湖南、广西等省区非汉族群体的泛称，说明这一人们共同体已经形成。

在《苗防备览·苗疆全图》一书中，提到苗疆的地理范围是"沅江以西，西江以南，辰江以北，及湘、黔交界以东范围以内"[①]，大致与以武陵山脉为中心的湘鄂渝黔边区的武陵山区的地理范围吻合，可见苗族是武陵地区世居且分布地域较广的少数民族之一。现在苗族按衣饰颜色款式分，有红苗、黑苗、白苗、花苗、青苗、长裙苗、短裙苗等名称；

---

① 凌纯声、芮逸夫：《湘西苗族调查报告》，民族出版社2003年版，第29页。

按地理条件和方位分，有高坡苗、箐苗、平地苗、水东苗、水西苗、清江苗等名称；按地名分，有克孟苗、牯羊苗、谷蔺苗、紫江苗、平伐苗、八番苗、播州苗等称呼，因而有"百苗"之说。①

　　纵观历代苗族的分布范围和区域可知，由于频繁而大规模的迁徙，使苗族的分布呈现出聚族而居、立体居住和大分散小聚居的特点。

　　一是聚族而居。一方面有较大的聚居区，体现在自治州的行政区划中，如黔东南苗族侗族自治州、黔南布依族苗族自治州、湘西土家族苗族自治州、湖南城步苗族自治县，这些自治州、县都与临近的其他州、县相连，形成大的苗族聚居区；另一方面，在杂居的地方，大多是自然村寨，很少与其他民族合村共寨。黔东南苗族村寨都是单一的民族成分，他们同姓同宗居住。

　　二是居住呈立体分布。由于受到封建王朝统治者的镇压，为了族群自保便迁徙到其他地区，只能在半山腰和高坡上定居，地理位置优越的地方早已有原住民居住。

　　三是大分散小聚居。苗族出于生活生产的需要，采用了聚居的居住方式，但是在全国范围内仍呈现出大分散的局面。900多万的民族人口主要分布在黔、湘、云、川、桂、鄂、琼七省区，没有形成像藏族、维吾尔族、壮族、回族等大聚居的特点，整体上呈现出与汉族或其他民族交错杂居的分布特点。

　　由此可见，苗族的历史悠久，人口众多，且很早的时候就居住在大致与以武陵山脉为中心的湘鄂渝黔边区的武陵山区。

第二节　苗族民间信仰的历史状况

一　苗族民间信仰的内容

（一）自然崇拜

雷　雷神是苗族的至尊大神，苗民凡是遇到疾病、久旱无雨或久雨不晴，都要祭祀雷神，以期庇佑。在武陵地区苗族广为流传的洪水神话中，无论版本如何，雷神都是可以呼风唤雨且遇火就神力无比的天神，

---

①　龙国辉：《苗族文化大观》，贵州民族出版社2009年版，第16—17页。

唯有盐和鸡是雷神克星，所以在供奉雷神的食物中禁止放盐和鸡肉。

太阳　在20世纪50年代以前，鄂西南地区建始县杜家坝一带的龙姓苗族普遍认为太阳神操控着苗民生前的安宁和死后的去向，所以每天都要祭拜。全家人在太阳升起之前，朝东方跪拜作揖三次，同时唱《太阳歌》："太阳出来满天晴，昼夜行来不住停。行得快来催人老，行得慢来道不清。家家户户都先过，哪个敬我太阳神。有人敬我太阳神，永世不入地狱门。无人敬我太阳神，打入地狱门。太阳冬月十九生，家家户户点明灯。每日朝朝念三遍，一家大小得安宁。祝念此经千万遍，逍遥自在上九天。"①

番薯　鄂西南地区部分苗族会在农历八月十五晚上祭请番薯神。届时，寨民聚集在村寨跳舞的地方，点燃柴火，肩扛板凳，手拿竹椅，环火旋舞，并高歌颂扬番薯神的恩泽，敬请番薯神来坐自家竹楼内的板凳，以催生番薯。

核桃树　每年腊月三十，鄂西南地区建始县当阳坝一带龙姓苗族先用斧头在核桃树下端砍几道口子，然后把猪肉放入口子内部，请核桃树"过年"，希望来年多结核桃，并保佑一家人平安顺利。传说中利川市吴姓苗族过去有在核桃树蔸旁过年的习俗，后因树蔸在腊月三十被火烧死，才改在家中过年。这说明核桃树在鄂西苗族心目中有重要的位置。

五谷　湖南吉首、泸溪、古丈等地的苗族从每年十月初开始，要进行为期十五天左右的祭祀"五谷神"活动，民间又称为"吃斋豆腐"或"吃斋糍粑"，以酬谢五谷神给人们带来的丰收。届时，苗寨要轮流主持"跳香"活动，以祭祀性的群众舞蹈来愉悦神灵，祭品为豆腐或糍粑②。湘西有的苗族如遇五谷不丰、六畜不旺、生小孩、肚子疼等情况也要祭五谷鬼，白天在正屋内右角置桌子一张，上摆酒、肉、饭各五碗，分成三行，将黄蜡、竹筒放在桌子的后面。仪式由苗巫主持，所念咒语因情况不同也会稍作改变。③

大树　苗族认为山野大树、围合村寨的大树、风景树以及古树等都

---

① 龙子建、田万振等：《湖北苗族》，民族出版社1999年版，第179—181页。
② 游俊、李汉林：《湖南少数民族史》，民族出版社2001年版，第321—322页。
③ 凌纯声、芮逸夫：《湘西苗族调查报告》，民族出版社2003年版，第110—111页。

是神树，家中无子嗣、小孩生病、诸事不顺时都要带酒、肉、香纸等祭品供奉，甚至还有将家中孩子拜祭给神树的习俗；同时，寨民对神树保护备至，不断附会神话传说以强化其神性。如黔东南地区有一株奇特的杉树，传说是苗族起义军于清朝雍正十年所栽，历经数百年仍葱郁繁茂，具有镇水和降雨的"神力"，每逢久旱不雨或山洪暴发等灾害发生时，寨民都会杀猪宰羊来敬奉。又如，在黔东南地区有一株一百多年树龄的银杏树，高30多米、直径约12米，民间流传它曾进京考取状元，有人看到过它的"顶子"，听到它夜深人静时发出"嗷嗷"的叫声。①

山 贵州一带部分苗族每年农历三月初的龙日要举行祭山仪式。届时寨民带若干食物和一只公鸡，聚集在一片固定的山林中，在大树下摆设酒肉，由鬼师念词祈祷，杀鸡敬祭山神，祈求其保佑全寨人畜平安，万事如意。

巨石 苗族认为山中巨大的怪石为神石，并认为神石具有消水、降雨的神力，凡遇山洪暴发、久旱不雨、气候异常寨民都要前去焚香化纸、杀猪宰羊祭祀。

岩洞 苗族认为岩洞是神灵居住之所，具有赐子赐福的神力。贵州印江县的郎溪洞、丹寨县的龙泉洞都会受到苗族民众杀猪宰羊焚香化纸的祭拜。

保爷 在贵州苗乡凡社会地位较高、出生年月吉利、家境状况殷实、社会背景较好的人被称为"保爷"，他们会为前来拜寄的小孩更名，据说如此可以使得小孩顺利成长，更名后他们会接受小孩父母带来的鸡鸭鱼肉以及美酒等礼品，并回赠碗筷、衣服及钱等。②

跨溪桥 苗族相信人的灵魂可以投胎转世，如受到溪流阻隔就不能顺利到达投生地点，所以缺儿少女的家庭就会建造跨溪桥，民间称为"修阴功"。桥长数米至十数米，宽为1—4米；桥身由3—5棵原木刨平后搭建而成，原木根部必须朝向主人家大门，便于灵魂投胎。每年正月初一为建桥的吉日，届时要杀猪宰羊宴请前来祝贺的亲友。一年之后如得贵子，数日内喜报亲戚，盛宴庆贺。

---

① 龙国辉：《苗族文化大观》，贵州民族出版社2009年版，第51页。
② 同上书，第52页。

家桥 苗族地区传说建"家桥"可以接财进宝，确保人畜平安。以三根成人胳膊粗、长约20厘米的杉树，刨平后并列铺于大门内的地面上，该杉木板称为"家桥"，"家桥"建好后，杀大公鸡一只，取三尾鱼及酒饭等物，焚香化纸献祭。类似功能的还有阴桥，请巫师在山坳的路中选择适当地点，夜深时背着村民挖一个坑，内置鸡蛋三枚，将准备好的木板架在鸡蛋之上，覆土以恢复路的原状，焚香化纸后，阴桥即可起到确保家庭人畜平安的作用。以后每年农历二月初二，备少许鱼、肉、饭祭祀即可。但架阴桥也被认为是保护了自家而会给村寨带来鸡犬不宁的灾难，所以被人们认为是一种见不得人的缺德行为。一般情况下，架阴桥只能秘密进行，否则会受到村民的反对和指责。①

（二）图腾崇拜

盘瓠 盘瓠是我国南方苗瑶少数民族普遍崇拜的图腾之一，武陵地区的苗族认为神犬为其民族祖先。在《后汉书·南蛮西南夷列传》中记载了盘瓠蛮的族源传说，同一母题的传说还有黔东南、湘西和川西一带流传奶夔爸狗（即神母狗父）的传说，几乎各个苗族聚居区都建有盘瓠庙、辛女祠。如湖南麻阳苗族自治县境内保存的盘瓠庙宇遗址，在锦江两岸就有18处，漫水村田姓盘瓠庙修于明朝永乐年间，已有近600年的历史，在庙宇里面有石砌的供案，上面修建了三块石碑，左右两侧的石碑上写着"新息大王"及"四官大王"，正中的一块写着"本祭盘瓠大王庙"；石砌供案的两侧有一对"龙头"，大门上有一幅"椎牛祭祖图"，一幅画是周围有雀鸟、中间立着一只龙犬的扇形浮雕图案。庙的两侧建有长廊，停放着两只龙舟，庙前是椎牛的场所。再如湖南泸溪县境内的辛女岩，相传是高辛氏女于此化身为石，后人在此建有盘瓠庙来纪念盘瓠和辛女，明朝时每年农历七月二十五至二十九，各苗寨的人们均要来此处椎牛、杀猪以祀。

鄂西南一带的苗族大都是清朝乾嘉时期从湘西和黔东南等地迁来。盛家坝、白果、芭蕉等地的苗族聚居区都存留着盘瓠庙的遗址，沿袭着年节喝稀粥祭祖、小孩戴"狗头帽"（帽形似狗头，上有两耳，嵌有十八个银菩萨或称十八罗汉、响铃、挂牌等银器）的遗俗；而从四川迁来的

---

① 龙国辉：《苗族文化大观》，贵州民族出版社2009年版，第52—53页。

苗族在团年之前，将丰盛的食物倒在木槽中，让狗先吃，据说狗先吃哪样东西，次年该样东西就会昂贵，然后由家中老人们大喊一声或暗地里学一声犬叫，在盆中全家直接用嘴啃食食物。① 武陵地区苗族祭祀盘瓠的习俗可追溯至唐代，《太平御览》卷七八五引《唐书》载："黄国公冉安昌者，盘瓠之苗裔，世为巴东蛮帅，与田、李、向、邓各分盘瓠之体，世传其皮，盛以金函，四时致祭。"苗族在祭祖大典椎牛或椎猪的仪式中都有专门祭盘瓠的部分，祈求盘瓠保佑消灾赐福、家族兴旺、五谷丰登。

妈妈树（枫树）、妹榜妹留（蝴蝶妈妈）　在《苗族古歌·枫木歌》中，有这样的歌词："还有枫树干，还有枫树心，树干生妹榜，树心生妹留。"歌词表达的意思是，枫树心和枫树干生出了妹榜妹留，她是苗族远古始祖姜央的母亲。贵州苗族的传说为：远古时代有一个绝嗣鬼师，一天在大枫树洞中发现留相、榜相两姊妹（现在通称为卖榜、卖留），她俩共生了 16 个蛋，孵化成人的六个蛋中只有"昂""拉"才是苗族。因此枫树和蝴蝶也是苗族的图腾。苗族在造房屋时以枫树木做中柱，认为它是祖先的安身之处；黔东南地区的苗族在"鼓社节"活动中，认为以枫木为鼓才能唤醒祖先的灵魂；黔东南苗族禁止捕捉蝴蝶；湘西苗族四月八"跳花节"杀牛祭祖时，蝴蝶妈妈被尊为最高的祖神，必须在枫树旁宰杀献祭的牛；稻田发生虫害，在田中插枫树条可以驱赶害虫，保护谷物生长；小孩生病还要祭祀枫树，祭祀用的神香必须用枫木粉制作。《山海经》中记载了枫树与蚩尤的关系，"有宋山者，有赤蛇，名曰育蛇，有木生山上，名曰枫木。枫木，蚩尤所弃桎梏，是为枫木"。

鹡鹏傍留（神鸟）　武陵地区部分苗族奉"鹡鹏傍留"为图腾，认为其是苗族的始祖神，专司生育。相传"那罗引勾神"受"务罗务素神"的指点请羽毛美丽、心肠最好的鹡鹏傍留帮忙孵化 12 个宝蛋，它不吃不喝，直到年老、羽毛退落才孵化成功，使得大地物种繁衍下来。

竹子　贵州使用西部方言的部分苗族将竹子奉为图腾，认为同属一片竹子的人都来源于一位从奇特的竹笋里长出来的祖宗——"多同"。传说远古时代竹林里有一棵竹笋，长到一人多高时就开始横长，10 个月后竹子破裂出来一个胖娃娃，被拾笋壳的妇女正巧碰见抱回家抚养，取名

---

① 龙子建、田万振等：《湖北苗族》，民族出版社 1999 年版，第 16—19 页。

"多同"。在《后汉书·南蛮西南夷列传》中提到过竹王三郎的故事："夜郎者，初有女子浣于遯水，有三节大竹流入足间，闻其中有号声，剖竹视之，得一男儿，归而养之。及长，有才武，自立为夜郎侯，以竹为姓。武帝元鼎六年，平南夷，为牂柯郡，夜郎侯迎降，天子赐其王印绶。后遂杀之。夷獠咸以竹王非血气所生，甚重之，求为立后。牂柯太守吴霸以闻，天子乃封其三子为侯。死，配食其父。今夜郎县有竹王三郎神是也。"

龙　苗族认为龙是最大、最有本领、最高贵和最神圣的动物。"龙"是武陵地区苗族中的大姓，苗语称为"vongx"。湘西、黔东北的苗族相信他们是龙身人首"龙人"的后代，至今保持着"招龙""接龙""安龙（谢土、安龙神）"的习俗。湘西凤凰的苗族奉"龙"为家道兴旺、消灾祛病的保护神，在堂屋内挖一小坑，内放朱砂和一碗水，上盖石板，谓之"龙室"，是龙的栖身之处，平时忌震动和搬动，以免龙受惊离去。黔东南苗族龙以水牛的形象出现，举行"抬龙"仪式，保佑人畜兴旺，避免瘟疫灾害，服饰、龙舟上都有"龙角"的图案，清水江一带过龙船节；在《苗族古歌·枫木歌》中，龙被视为水神。"谢坟"、备龙场、晒龙袍、烧龙、炸龙等崇龙节俗在部分苗族地区盛行。[①]

牛　《苗族古歌·跋山涉水》唱到牛对迁徙逃难的苗族先民有救命之恩，"渡过江水后逃啊逃，来到斗那义慕大江岸，到了斗那义慕大江边，放出水牛去渡水，渡了三次没渡出，渡了五次才成功"。牛成为苗族的图腾。牛是苗族民间信仰仪式中规格最高的献祭牺牲；堂屋门楣和神龛处都要放置水牛角，是镇宅辟邪的神物，保佑家人平安顺利；服饰、配饰、兵刃等都有牛角的形状出现；在大喜日或重大节日，用牛角敬酒表示最高的敬意。

鄂西苗族有过"牛王节"（农历四月初八，牛王菩萨的生日）的习俗。相传很久以前，洞庭湖是一个大浪冲天的天湖，凡人无法渡过，但湖的另一边有大量的稻谷，苗族试图渡湖寻找谷种，历经艰险还是无法实现。天上的神牛知道后，深夜到谷地里滚得了满身的谷粒，但被守谷神发现，情急之下神牛跳进天湖，游到岸边时只剩下鼻尖上的几粒谷种。

① 刘丽：《中国崇龙习俗研究》，硕士学位论文，湘潭大学，2010年。

神牛因偷仙谷被贬到凡间，专门耕地钉耙，从此苗民才吃上了仙谷饭。由于谷种少仙谷产量不多，神牛就吃草，把仙谷饭留给人吃。为了纪念神牛偷仙谷种的事，苗族在每年四月初八以丰盛的饭食、烧香叩头祭祀牛王。各地关于牛王的传说众多，如建始县景阳一带牯牛儿碑的故事、东乡古坟岭杨姓和廖姓争宝地的故事等。①

凤 贵州的部分苗族有崇凤的习俗，祭祀用的神物"葫芦神杆"顶部为凤鸟状的饰物，服饰中的"花衣"即百鸟衣也是以凤为原型制作的。日本人类学家鸟居龙藏 1902 年在贵州考察时发现的"凤头鸡"或"凤头苗"，虽然后来被证实他们是半个世纪前遗留下来的汉民屯堡人，但由于其长期与当地苗民交流融合，服饰方面深受苗族影响，他们名字的由来就是因为头部发饰与凤头相似。②

蛇 《山海经·海内经》记载："有人曰苗民。有神焉，人首蛇尾，长如猿，左右有首，衣紫衣，冠旃冠，名曰延维，人主得而飨食之，伯天下。"后人解释，"委蛇""修蛇"就是一种很大的蛇。苗民即三苗，说明在三苗时期苗民就把蛇当作图腾，认为它可保佑人，统治天下。③

熊、猴子 在少数边远山区部分苗族崇拜熊和猴子。据说，由于他们始祖是吃熊和猴子的乳汁长大的，因此后人对这两种动物存在好感，不伤不杀它们，即使是在遇到猴子破坏庄稼时，往往是避而远之或视而不见，任其横行。④

（三）祖先崇拜

家先 祖先崇拜在苗族社会中最为普遍。苗族认为祖先虽死犹生，其灵魂永远与子孙同在，保佑子孙办事顺利、人安畜壮、家境殷实、宗族兴旺，黔东南苗族逢年过节必以酒肉供奉，甚至日常饮食也要将少许饭菜倒在地上并滴少许酒（黔东南苗族谓之"良打"）来敬奉祖先；有的地方全家人吃饭前要把筷子放在饭碗上叫一声"祖宗吃饭"，稍等片刻才开饭；家家户户在室内设置神龛祭祀先祖，神龛位于火塘上方，靠近

---

① 龙子建、田万振等：《湖北苗族》，民族出版社 1999 年版，第 192—196 页。
② 钟金贵：《中国崇凤习俗》，硕士学位论文，湘潭大学，2005 年。
③ 龙子建、田万振等：《湖北苗族》，民族出版社 1999 年版，第 28 页。
④ 龙国辉：《苗族文化大观》，贵州民族出版社 2009 年版，第 50 页。

"扭乃"（苗语中称中柱为"扭东"，意为最高的那根柱子，紧挨中柱次高的柱子叫"扭乃"，即妈妈柱，由枫木做的柱子旁设有火塘，火塘由数块砖或瓦搭成，苗语称为"夯果"），火塘的东方即"家先"或"祖先神位"。

湖北苗族在堂屋的神龛上供奉"×氏堂上历代祖先"或者"×氏堂上历代昭穆祖先"，也有供奉"天地君亲师位"，极少直接供奉祖先牌位，一般摆放神灯、蜡台、香碗等祭祀用物。杨姓苗族还在神龛上供奉篾簧簧，据说其先祖逃难时，为逃脱敌人的追捕，躲在一个以篾簧簧为壁的茅棚内才幸免于难。恩施宣恩小茅坡营苗族的祖先神位在火炕的后面，姓张的苗族还在神龛上供奉"黑神"（当地民间传说"黑神"即民族首领张仕杰）。[①]

央公央婆（姜央兄妹）　苗族创世史诗《苗族古歌·洪水滔天》中讲到蝴蝶妈妈生出了姜央兄妹、雷公及一些鬼怪，姜央和雷公为了争当老大争强斗狠，雷公被关进铁笼，用计逃出后施法降了九天九夜大雨，大地被洪水淹没。姜央在屋边栽有一兜葫芦瓜，与妹妹妮姬姐藏进葫芦里得以存活。为了繁衍子孙，兄妹开亲。妮姬姐生下了一个肉团，姜央把肉团砍成九块，撒向九座山变成九批小孩，世上才重新有了人烟。姜央兄妹被后世尊为再生始祖，敬为"央公央婆"。类似母题的还有"奶傩芭傩（傩公傩母）""东山老人，南山小妹""盘哥与瓠妹""楼公楼婆神"等。苗族地区大都会定期举行祭祖盛典，湘西有"敲棒棒猪""椎牛""还傩愿"，黔东南有"吃牯脏"，黔中地区叫"敲巴郎"，黔西北、滇东北有打老牛习俗。

火塘灶神　据说黔东南苗族先民迁徙过程中需要火种做饭，正值大雨连绵，三位祖先四处寻找火种，历经艰难万险才找到，为了不使火种在寸中熄灭，三位祖先紧抱一团，并最后在大雨中牺牲。后人为纪念他们就按他们紧抱护火的形象打造出火塘上常年放置的铁三脚架，用来支撑煮饭炒菜的锅。象征祖先的铁三脚架在苗族心目中十分神圣，禁忌脚踩，被认为是祖先神灵的栖身之地，许多祭祀活动都在它前面进行，逢年过节便要祭祀。

---

① 龙子建、田万振等：《湖北苗族》，民族出版社 1999 年版，第 28 页。

蚩尤 "九黎之君号曰蚩尤。"①《史记·五帝本纪》的黄帝纪中也有蚩尤涿鹿之战失败的记载,《山海经·大荒南经》中记载,"黄帝杀蚩尤于黎山之丘,掷戒于大荒之中,宋山之上,后化为枫木之林"。蚩尤战败被杀后,九黎部落联盟退居南方,作为该族的首领和祖先受到后人的祭祀。云南东北部一带的苗族在山林中举行"还泰山"的祭祖仪式时,所念巫辞内容大都涉及蚩尤战败的经历;文山地区的"踩花山"仪式最初也是祭祀祖先蚩尤的。湘西、黔东北地区的苗族,祭祖仪式上都要杀猪供奉蚩尤;腊尔山一带的苗民在中堂旁边右侧的一角还设有名为"夯比"的神龛,即为蚩尤的祖先神位,通常横悬置一尺长、半尺宽的木板,上放置盛半碗水的碗,逢年过节在这里供奉烧香。鄂西建始县的龙姓苗寨在半山中建有一座"太山庙",小于一般住房,每逢年节"团年"前,寨民都会带酒肴到该庙祭祀祖先蚩尤。

张仕杰(黑神) 鄂西宣恩县长潭的张姓苗族在神龛上供奉"黑神"。相传张姓祖先住在湖南长沙一带,首领张仕杰很会打仗。一次,周边与张家有仇的外姓人组织人马前来攻打并放火烧寨,寨民惊慌失措,张仕杰不顾73岁高龄召集寨民扑火、应战,最终因寡不敌众,只剩张家10个兄弟姊妹逃到鄂西安家落户,因张仕杰临终时被烧得一团黑难以辨认,寨民就雕了一个黑色的神像供在神龛上,流传至今。②

(四)鬼神信仰

"湘楚之俗尚鬼,自古而然",古老的祭祀仪式"庆古坛"中就用"摇鬼板"来祭鬼。在苗族人的传统观念中只有鬼没有神,但鬼有善恶之分,善鬼在苗语中叫"无滚",住在天上(即苗人传统观念中的阴间);恶鬼叫"挫滚",多为死于非命、不能上天或立即投胎转世、游荡作祟人间的鬼魂。清朝光绪年间的《永绥厅记》中记载,苗族崇拜的有"三十六堂神"和"七十二堂鬼",湘西《苗族古老话》转述,"三十六堂神"中有二十堂为"客神",如玉皇大帝、三清教主、南海观音、太白金星等。凌纯声、芮逸夫研究过四十堂祭鬼仪式,认为苗族的近百堂鬼神大都包括其中,十六堂属于苗教,源于本土,二十四堂属于客教,受汉族

① 《尚书正义》卷19《吕刑》,见《十三经注疏》上册,第247页。
② 龙子建、田万振等:《湖北苗族》,民族出版社1999年版。

影响较深。

1. 善鬼（神）

白帝天王　白帝天王曾经是湘、黔、川边界一带苗族地区最大的神祇之一，主司断讼折狱，是苗民心目中道德和司法的最终裁判者。在《苗防备览》一书中，有关于苗族民众争讼雪冤、入天王庙盟誓洗心的记载："当其入庙吃血，则膝行股栗，莫敢仰视，理屈者逡巡不敢饮，悔罪而罢。"过去苗乡多建有天王庙，又称三王庙、三侯庙等，据说湘西乾州鸦溪的最大，被民众视为圣地，周围乃至川、黔、滇、桂的苗民都不远千里来到此祭拜天王。小暑节之前和之后的"开斋"和"封斋"习俗，以及"白马渡"和"洒尸坡"等地方风物传说，以及小暑节前辰巳两日为屠杀打猎的祭日，都与白帝天王信仰相关。关于白帝天王的身世大致有杨姓兄弟、竹王三郎神、汉田疆三子等受汉族影响较深的多种说法，"白孩子"则是湘、鄂、渝、黔地区苗族流传的神话传说。

飞山圣公　湘、黔、桂、鄂相连地区的部分苗族认为他是很凶暴犷悍的神，凡得怪病医治无效、孕妇难产或久病忽然病情加重，都要祭祀他以求平安，杨姓苗族还将他当作祖先加以供奉，都尊称其为飞山圣公。苗寨大都建有飞山庙，并在农历二、八两月初二，合寨祭过土地之后去祭奠飞山圣公，由巫师主持，将五杯酒、四沓纸钱放在飞山庙前。庙内香炉中插上三炷香和蜡烛，横搁倒挂四串银钱的一根细竹。巫师身着便衣，背后插一炷香，手拿师刀和筶子，先念咒卜筶斟酒说明祭祀原因；再将内置四堆牛肉（或猪肉）和一碗盐辣汤的小簸箕放在酒杯前，巫师念咒请神来受用；接着巫师给每家念咒卜筶；最后烧纸送神，全寨人共食酒肉。[①] 据考证以十峒首领和诚州刺史形象出现的杨再思史无其人，他只是宋代以来飞山地区杨氏在家族传说中创造出来的精神领袖和宗教形象，后经过国家敕封、与苗族原始信仰结合，成为苗族信奉的神灵。[②]

马王（伏波将军）　马王就是东汉时被赐封为"新息侯"的伏波将军马援，他曾奉命征讨武陵地区"五溪"一带的苗族，威名显赫。后人在他征战的地方修建马王庙，湘西麻阳县的盘瓠庙中还立有刻着"新息

---

① 凌纯声、芮逸夫：《湘西苗族调查报告》，民族出版社 2003 年版，第 113 页。
② 谢国先：《试论杨再思其人及其信仰的形成》，《民族研究》2009 年第 2 期。

大王"的石碑神位，鄂西官坝的陆姓苗族还将对家族祖先有救命之恩的马伏波供奉在家庙——伏波庙中，定期祭拜。

孟获和孔明　贵州一带的部分苗族信奉孟获和诸葛亮，与三国时期"七擒孟获"的故事有关。清初陆次在《峒溪县志》中记载："苗人……祀神，多书孔明天子之位。"① 同治年间徐家干的《苗疆见闻录》中记载："苗人崇视孟获。台属黄茅有孟获庙岭，向日香火极盛。"②

鲁班　湘西地区的苗族尊鲁班为棺材神，如生病或遇到怪异现象都要祭祀。白天在堂屋大门内侧右边放五杯酒、五堆米粑、一碗肉、一升米、五沓纸钱、一个簸箕，把一只双足两翼捆住的公鸡缚在斧上，与一把锯子并排靠在门槛上；用木板做一个长约30厘米、宽约10厘米的小棺材，用一根小棒作为杠子横在棺材上；巫师身着便服，手拿师刀和筶子，念咒卜筶迎神，斟酒说明祭祀原因，请神收领祭品，保佑家人；然后帮忙的人解开鸡足牵鸡走遍房屋中每个地方，巫师随后，烧纸后亲友离开；接着帮忙的人携带祭品到岔路口，将小棺材焚化，并烧纸钱。祭品都归巫师，其余用具必须洗净后才可以带回事主家。③

土地（土地公、当坊土地神、土地菩萨）　苗语称为"西达"，意即"土地鬼"，鄂西咸丰白姓苗族将其分为天门土地、梅山土地、桥梁土地、青苗土地、淡方土地、奇南土地、长生土地、管山土地等多种。④ 苗族认为土地公是能够保佑全寨人畜平安、风调雨顺的地方神祇，该地都建有用岩板与石头砌成或者木头搭建而成的简易土地庙。相传土地生前精于占卜，凡有造房修庙都请他挑选吉日。但由于他至死也没有选到吉日，也就没建成自己的房屋，最后死在岩板底下，临终时嘱咐寨人，除了杨公祭日其他时间他都可以接受祭祀，乡人可怜他没有居所就砌一矮屋供奉。⑤ 每年的二月、八月的初二（二月初二更为普遍）全寨共祭，将刀头肉一碗、酒两杯、筷子一双、香纸若干放置在土地庙前的空地上；庙内点一对蜡烛、三炷香；巫师穿便衣，左手摇刀师，右手执筶子，面对土

---

① （清）陆次：《峒溪县志》。
② （清）徐家干：《苗疆见闻录》。
③ 凌纯声、芮逸夫：《湘西苗族调查报告》，民族出版社2003年版，第125页。
④ 龙子建、田万振等：《湖北苗族》，民族出版社1999年版，第119页。
⑤ 凌纯声、芮逸夫：《湘西苗族调查报告》，民族出版社2003年版，第113页。

地庙背后的地上也要插一炷香，念咒卜筶请神，斟酒说明原因敬神，烧纸送神。平时每月初一、十五或逢年过节时，各家各户都会敬酒肉烧纸上香烛单独祭祀。

贵州榕江、黎平和从江等县一带，还在"务堆"敬奉土地奶奶或土地婆婆。"务堆"设在村寨中心，挖一个数尺深的土坑，坑中仰置一口铁锅，锅内放置少许银箔、一枚鸭蛋、三尊石制人像等物，然后用大锅覆盖填上泥土或小石块，将其垒成土丘，丘顶须植一株常青树或一兜芭茅草示为标记，即成全寨所敬仰的"保护神"。每逢佳节，村民们必杀牲重献，尤以苗民的春节和"吃新节"时的祭祀最为隆重。①

筷子菩萨　贵州部分苗族在立家主（均为男性）时，必须立筷子菩萨，即用一根长约 5 米、直径约 1 厘米的刺竹为主柱，环捆 5 块的大竹片、30 块小竹片，一双竹卦捆于一端，再将麻丝挂在主柱和竹片上，形状既像一个长满胡须的老翁，又像一把筷子，是家主的护身神，要将之挂在堂屋中柱的上端，不得随意挪动，直至家主寿终或病殁时，才能取下来焚毁。立筷子菩萨的仪式过程中，事主家儿子必须用稻草装扮成鬼，女婿装扮成儿媳，杀一头母猪献祭，且由专门的巫师念咒祈祷。②

灶神　苗族家庭一般都会做一个牌位放在灶屋内，放牌位的位置比较讲究，一般放在较高且干净利落的地方，在腊月二十三这天送灶神上天，腊月三十迎灶神，当日香纸敬奉，还要摆放供品，与土家族祭祀灶神相似。

麻阳大王　苗民认为生奇病、见怪事、遭火灾或见流星等都是祸事的前兆，如不祭祀麻阳大王，就会大祸降临。祭祀麻阳大王时，将桌子放在大门外的空地上，上面摆放三碗插有筷子的酒肉、放食盐与辣子的水一碗、一个放少许米的碗（谓之"马粮"）、相互叠压的纸钱三沓、夹在纸钱里的香三炷，桌前置一把上铺手帕的矮椅。巫师穿便衣，右手执筶，念请神咒、向前撒米少许，如此三次，卜筶如得胜筶则神已降临；再念劝酒咒，诉说请神缘由，并祈祷保佑；最后念送神咒、撒米三次。仪式中，事主家一直在旁烧纸。

---

① 龙国辉：《苗族文化大观》，贵州民族出版社 2009 年版，第 52 页。

② 同上。

公安神（五智神、公安三宝神、斋神） 公安神为掌管与苗族生活相关诸事的神灵。苗族如遇生疮生疖、水荒火灾、六畜不旺、五谷不丰等不顺之事便敬公安神，有一品、三品、五品、七品、九品、十二品等不同的祭法，必须依次逐年增加品级，循环进行。敬奉品级由桌子的数量来表示，即一品一张桌子，三品三张桌子，以此类推。只有祭十二品时必须请三位巫师。进奉的食物均为素食、忌荤食，主家和巫师都要在前一日漱口并斋戒。凌纯声、芮逸夫在20世纪30年代前往湘西调查时，最多只有七品的祭祀，分为若干小节进行，没有见到九品和十二品规格的祭祀活动。

四官神 四官神被视为苗族的财神，对四官神敬奉的时间没有特殊要求，但要在正屋内靠大门的右边进行。敬奉四官神时在桌上放置四碗酒、少许食盐、一碗肉、三炷香及若干纸钱，巫师穿便衣，右手执筶子站在桌前，念咒、卜筶、斟酒依次请神、敬神、送神，还需在锅内焚化纸钱，将灰烬倒入火炉。①

阎老大神 苗族如果家中有人去世，唯恐家人的哀哭之声惊扰了类似于汉族阎王的阎老大神，就需要祭祀求其原谅并保佑家中进财。将一张方桌置于屋内靠大门的右边，上放纸钱七沓、糠一碗、酒七碗、米粑七堆，桌后立一根挂有七串银锭的竹架。巫师右手执筶子站在桌前，念咒、卜筶请神，斟酒说明敬神原因，稍事休息，主人用熟牛肉若干块分七堆放在桌上，再放盐辣汤一碗，内插七双筷子的饭一碗。巫师继续敬神，再卜筶、烧纸、念咒送神。类似的还有严堂大神，只是供奉的食物和布置都较为简略。

罗孔山神 罗孔山神苗语称为"帕渣"，是专司人魂魄的神灵。凡是有人久病气血虚弱或见到怪异之物，苗族认为是魂不附体所致，这时就要祭祀罗孔山神。祭祀以家户为单位，白天在大门内置一方桌，其上放五杯酒、五个（或五堆）米粑粑、五沓纸钱、一碗燃着的糠。祭祀过程与祭祀阎老大神的相同。②

梅山神 相传在湘西"九里地方"的梅山，有杨一、杨二、杨三、

---

① 凌纯声、芮逸夫：《湘西苗族调查报告》，民族出版社2003年版。
② 同上书，第125页。

杨四、杨五将军，铜麻七郎、铁麻八郎、矮子双郎等人，称梅山大圣或梅山大王，统管梅山各路精灵鬼怪，专管猎人野兽的生活，苗族叫 kob xid（科觋），苗族猎人对其极为信奉。如果手足酸软病痛，是在山野经行道路时踩到梅山神装的套所致，必须用酒肉祭祀才能平安无事；进山围猎前，常念《围山咒》或《隔山咒》，祈请梅山神围山助猎。①

2. 恶鬼

苗族中的恶鬼众多，在《苗族社会历史调查资料》中就有东方鬼、西方鬼、凶死鬼、雷公鬼、牛鬼、母猪鬼、家鬼、落水鬼、过路鬼、吊死鬼、火鬼、水鬼、扁担鬼、缩头鬼、饿肚鬼、痛肚鬼、老虎鬼、变婆鬼、舅爷鬼、绝种鬼、太阳鬼、月亮鬼、刀伤鬼、迷魂鬼、马郎鬼、伙伴鬼、花脸鬼、人马鬼、姊妹鬼、酿鬼、把凭鬼、落岩鬼、地羊鬼、米花鬼、勾魂鬼、游尸鬼、私儿鬼、替死鬼、蛊鬼、干痨鬼、麻风鬼等百余种。而在苗族东部方言区，根据《永绥厅志》卷六的记载也有七十多种鬼。贵州台江县羊达寨据说有 43 个恶鬼集团，当地苗族巫师对其姓名、大小、个数、活动地点、习性、作祟的方式都了如指掌。

高坡鬼（高坡魂）　苗族认为高坡鬼凶猛异常，类似鬼魂的还有山林魂、平地魂、岩洞魂、溪水魂、癫狂魂等。祭祀高坡鬼的活动白天举行，一般在山坡高处，祭品为七面旗、七根标架（标架用竹子做成，呈三角形）、七沓纸钱、上插香烛的米一升、一块刀头肉、七堆米粑、七碗酒，盐辣汤、鸡肉、饭各一碗。法事举行过程中，主家用鸡敬奉，法事完毕烧掉标旗，参与人员一起就地食用祭品。苗族认为祭祀高坡鬼可以祈求保佑、预防危险之事发生。

五姓伤亡鬼（伤亡鬼）　它是苗族吴、龙、廖、石、麻五姓中因伤而死的人变成的邪鬼。苗族如遇不慎摔伤或被砍伤用药无效者，或见到怪异现象者，都被认为是伤亡鬼在暗处作祟，需请巫师作法驱除。届时需五碗酒、一碗肉、中间一堆插三炷香的五堆米粑、五沓纸钱的簸箕一只；用稻草扎一小人，拿纸糊好，上绘眼、鼻、口，一根标架和一面小旗系在其背后，以一条绳拴在其脖子上，绳的两端钉在地上，绳上挂做成手形的小旗八面，再剪三种长方形花纸，各用竹篾夹紧，做成五面纸

---

① 谢国先：《试论杨再思其人及其信仰的形成》，《民族研究》2009 年第 2 期。

牌，草人和纸牌都靠在门槛上。巫师穿便衣，左手摇师刀，右手执筶子，对簸箕而坐，依次请神、敬神，然后稍事休息。此时将一切祭品搬至屋外空地上用稻草垫底重新布置：草人用泥或石块支撑，前面也铺稻草，置上插一炷香的一堆米粑、一碗酒，面向巫师。巫师面向西方、蹲着重复一遍室内的法事，完成后不烧纸钱。休息片刻后，主人将煮好的肉切成小块分成五堆放在原处，再放上插五双筷子的一碗饭，盐辣汤一碗，草人前放饭、肉、盐辣汤各一碗，巫师再蹲到原处，念咒卜筶烧纸送神。[①]

波斯神 凡患冷热病，言语支吾，心神慌乱不定的人需要用猪肉香烛祭祀波斯神，这是赎小魂的一种，苗语称"了贵"。请巫师摇师刀，诵咒通呈即可[②]。

朦胧鬼 苗族打官司时先要祈求鬼神来朦胧对方以使自己取胜，该鬼神被称为"朦胧鬼"。打官司时先要请巫师占卜确认是否允许保佑，允许的话，将内放五碗酒、中间一个插三炷香的五堆米粑（每堆三个）、五沓纸钱的簸箕放在正屋内靠大门的右边，簸箕外放一碗燃着的糠。巫师穿便衣，右手执筶，面对簸箕而坐，念咒、卜筶、斟酒，依次请神、敬神，直到卜筶确定该鬼应允保佑才烧纸送神。[③]

五鬼 五鬼是苗人心目中的邪鬼，苗族凡是生病求早日康复，或冲犯鬼怪求其及早离去，都要祭邪神——五鬼，称为"退五鬼"或"推送五鬼"。在白天将内放五碗酒、五堆米粑、一块刀头肉、一碗清水、数枚铜钱、五沓纸钱、一升米、五个鸡蛋和一只装有公鸡的簸箕，放在正屋内靠大门的右边。巫师穿便衣，右手执筶，左手摇师刀，面对簸箕而坐，法事过程与祭祀鲁班仪式相同。法事完毕，巫师将鸡、蛋、米粑装入其带来的布袋内，立即回家，如果要返回事主家吃饭，口袋必须挂在屋外，禁止带入屋内，其余器具等都要洗干净才能带回家中。

白虎 苗乡有"五鬼五个头，十人遇着九个愁；白虎五个爪，十人遇着九人了"的谚语，认为白虎会咬人，爪会抓人，凡是遇到它都会不

---

① 凌纯声、芮逸夫：《湘西苗族调查报告》，民族出版社 2003 年版，第 120—121 页。
② 石启贵：《湘西苗族实地调查报告》（增订本），湖南人民出版社 2002 年版，第 432 页。
③ 凌纯声、芮逸夫：《湘西苗族调查报告》，民族出版社 2003 年版，第 121 页。

吉利，要赶紧送走。其具体祭祀方法与祭五鬼基本相同，只是祭品中不用鸡蛋。退煞与祭白虎完全相同。①

口舌鬼　口舌鬼苗语称为"告祝"。苗族如生病、犯鬼神、与人发生口角、遇田土婚事纠纷等，认为是无意中走到做口舌鬼的人家，需请巫师做三节法事以退口舌鬼，称为"出告祝"。法事白天在屋檐下进行，铺稻草，上放五杯酒、中间一堆插有三炷香的五堆米粑，五个纸旗。第一节法事中，主人将煮熟的牛肉切成小块分五堆放在草上，加一碗盐辣汤。巫师穿便衣作法，右手执筶，左手摇师刀，念咒、卜筶、斟酒以请神、敬神。第二节法事中，巫师站在原处念咒请神吃肉和米粑，念毕与帮忙人一起吃供神祭肉，吃剩的牛肉放在原处后主人才可以吃，之后上饭五碗，再添牛肉五堆。第三节法事中，巫师念咒祷告求神保佑主家，再请事主同寨的亲友到家里，待巫师烧纸送神才可离去。如果亲友中有知而未来者，事主以后就不能到该家走动，否则口舌鬼会随之去亲友家。

茶神（簸箕茶神）　苗族认为凡是患眼疾用药无效者都要祭茶神才能解除。茶神属斋神，有早、中、晚三种祭祀方式，相传此神怕羞或因衣服破旧忌别人笑，敬拜时不能出声，否则不会出现。祭早茶神的作法是：用一端燃烧的细木作香，放在地上，巫师穿便衣，手执师刀、筶子，蹲在内放五碗茶、五堆米粑、五沓纸钱的簸箕前，念咒，卜筶，斟茶请神、敬神，如卜得茶神能医治患者后，巫师再用茶一杯，口向杯内念咒，将茶水擦于患者眼上。然后请事主家同寨的亲友聚集家中，烧纸送神后离开。祭日茶神与祭早茶神的作法相同，而晚茶神只是在屋内进行，作法时必须熄灯灭火。②

风鬼　苗族认为久病不愈是风鬼作祟，需要在山坡的岔路口有风的地方祭拜。用公鸡一只、米一升（上放数枚铜钱并插三炷香）、刀头肉一碗（上置少许盐及一双筷子）、酒五杯、米粑五堆、纸钱五沓，除公鸡外其余的都放在簸箕内。巫师右手执筶，左手摇师刀，念咒，卜筶，斟酒请神、敬神，帮忙的人将宰杀煮熟的鸡装满一碗后放入簸箕内，再放上一装满米饭的碗；上插五双筷子。巫师念咒敬神、烧纸送神。最后所有

---

① 凌纯声、芮逸夫：《湘西苗族调查报告》，民族出版社 2003 年版，第 121 页。

② 同上书，第 123 页。

参与者一起在原处同食祭品。

泉鬼 湘西苗族在赶场或其他地方喝过井水、河水而得病，就认为是被泉鬼摄取了人的魂魄，需请巫师来赎魂。白天在大门外或空地上，将一张桌子放在地上，桌上摆酒、肉各五碗，香三炷。苗巫手执筶并不占卜，只念咒："日前主人在井边喝水，恐怕是井公井婆，将他的魂魄捉去，生起病来。手痛脚痛上下走动很难，看见石阶，就要心跳。现在拿酒肉来赎魂，用金银来赎魂，请你们快把主人的魂魄放回来，使他早早复原。"念毕，烧纸送鬼。

疱鬼 苗族如遇脚上、腿上生疱日久不愈，便认为是疱鬼作怪。就要用酒肉各五碗，线香三支，请苗巫白天在正屋中祭鬼。巫师右手执筶，口念求鬼使病人快愈的咒语，卜筶以阴、阳筶为凶，还需念咒再卜，胜筶主吉，才能烧纸送鬼。

太婆神 苗族以前凡遇家事不顺、没有子嗣或其成员病情加重等情况，就会以家庭为单位择吉日祭祀太婆神，祭祀时必须家里只有一人知道，病人和其他人都不得被告知。夜深后，关着门但不闩上，舅辈和巫师持刀枪凶器破门而入，鸣枪喊杀，让家人惊慌逃走，让他们以为是土匪闯入，待平息后巫师再作法。由于方式特殊，加之20世纪三四十年代匪患严重，民众后来很少再祭祀此神。①

天狗 如果家中未成年的孩子患病医治无效，认为是犯了天狗煞，需要备肉、酒、粑粑等祭物请巫师鸣锣击鼓来解天狗。生病的人要全身上下缠裹布匹和符箓神像。

精怪 苗族遇到牛在厕内以粪盖身、猪吃猪仔、两蛇交尾等怪异现象，便认为牛、猪、蛇是凶兆的精怪，要请卜卦者推算，如与看到的一致，就请巫师打锣驱赶精怪。法事从早晨持续到中午，分为请鬼、敲竹筒、悔罪、送鬼四节，每节巫师都要念大量的咒语，内容大致为请鬼到来，接鬼驾，说明原因，用梳子、剪刀等物代替主人受罪、祈祷鬼保佑主家平安顺利等。

（五）巫崇拜

苗族大都相信巫术与占卜，远古时期部落或个人狩猎、采集、耕作、

---

① 石启贵：《湘西苗族实地调查报告》（增订本），湖南人民出版社2002年版，第434页。

征战、生死、婚嫁、社交及起居饮食等一切行为都与巫术相伴,至今在苗族中仍盛行不衰,他们试图通过巫术的方式,以达到趋吉避凶的目的。

1. 放蛊巫术

春秋时期就有"虫为蛊,疾如蛊"的记载,汉武帝晚年的巫蛊之祸足以说明巫蛊在中原地区的兴盛,但随着社会历史的发展,巫蛊在苗族中沿袭至今。蛊,苗语称"欺",俗称"草鬼",据说是人工培养大量毒虫,放在一起相互为食,最后存活下来一种毒性最强的虫。根据用途的差异可以培养出不同的蛊。苗族认为放蛊是被称为"草鬼婆"的妇女所为,一旦习得放蛊之术必须在一定时间内放,否则自己会很难受。巫蛊一般为黑巫术,目的是使人生病甚至死亡,在苗乡关于中蛊的传说举不胜举,放蛊和草鬼婆都是为人不齿、避而远之的话题。

据石启贵的考证,中蛊的症状大致有:肠鼓转动、大便内有绦虫或细虫、大便内有血液、肚子咕噜、胸腹膨大时痛时止、大指与食指间呈现红色状。① 还有一种恋爱巫蛊,据说蛊妇多能使丈夫欢喜。

2. 画水巫术

画水巫术是广泛流传在苗乡的一种巫术,由巫师通过特定咒语、固定的手法和相关的禁忌来完成。例如,忽然晕倒要画将军水;因饮食不慎骨鲠在喉要画鹭鸶水;严重烫伤皮肤要画雷山水;或砍伤要画隔山水;出血不只要画担血水;受刀伤或手指被刀砍要画封刀口水。

3. 符箓

符箓本是道教的法术之一,因武陵民族地区的苗民深受道教影响,又与自身独特的生态环境相融合,形成本民族的符箓。苗乡符箓大致有桃符和纸符两种。前者是用桃木或樱桃木锯成六寸长的短节,劈开成块,用墨和银朱画符,插在门下;后者是在裁成长条的黄纸上,也用墨和银朱画符,贴在门上。符箓都是用来斩魔驱邪、消除灾害的,必须经过巫师念咒之后才会有效。至于符箓上的字据说是天神的文字,只有巫师才知其神秘性。

4. 探鬼术(俗称"过阴")

如家有病人或六畜不兴、五谷遭灾、办事不顺等事情发生,苗族认

---

① 石启贵:《湘西苗族实地调查报告》(增订本),湖南人民出版社 2002 年版,第 521 页。

为有鬼怪作祟，需请鬼师举行"过阴"仪式。届时鬼师以布盖面，正面放置一碗米、一碗水、一对竹卦的小簸箕。鬼师喝一口凉水，渐而进入昏迷状态；须臾，似发疟疾，全身颤抖，口中发出习习之声；通司适时点捻火，递与鬼师，鬼师将捻火送入口中咬熄，一连数次，谓之"吃火"。继而鬼师全身抖动起来，口中冒出连珠似的与平时不同的话语。据说是鬼已将阴灵集中起来，等待出征。通司及时向鬼师传达事主的要求，要鬼师命令阴灵努力"侦察"，探明鬼的来路，了解其作祟的目的。鬼师说说唱唱，大约一个小时过后，才判别出作祟鬼的来历。接着在通司的引导下，鬼师"收兵"，沿着"出征"的道路返回。最后由一人口含凉水喷到鬼师面部，解除其昏迷状态，过阴结束。

5. 祭鬼术

鬼师在过阴时，向鬼许下杀牲大愿，如若病人病情有所好转，事主还要杀牲献祭，大至牛、马，小到鸡、鸭都可，称为祭鬼。届时鬼师穿便装，用竹卦即可施法（东部方言地区的苗族巫师祭鬼时还用到竹卦、纸旗、纸人、竹筒、黄蜡等物）。行祭时，按照鬼及其集团个数奉献祭品，如果行祭的鬼集团有 12 个，则须摆设 12 份祭品，参与者仅限 12 人，小孩不能参加，以免触犯禁忌招致不幸。祭祀过程分为杀牲（谓总供祭，又称生祭）和将牲肉煮熟后供祭的熟祭（谓之"回熟"）两部分，每祭必行两次。鬼师念咒的内容大都为和解贿赂之类的话。贵州台江县的鬼师在祭鬼的时候，念道："你到家里来找东西吃，要吃什么东西，他家（指病人家）已准备了黄牛 1 头，白银 12 两，布 12'补'，12 个大箩筐米，12 根杆子（即梭镖）。大家到坝子上，那里是个干净的地方，我们才能交东西给你……"苗族认为当鬼的食欲得到满足后就会高兴从而宽恕事主，不再作祟。

6. 神判术

在苗族社会如发生地界、财产、盗窃和婚姻等纠纷事件，双方争执不下，经寨老、理老等权威人物调解仍无法解决时，便求助于"八奶"（指太阳鬼）或白帝天王来判断是非曲直。常见的神判术有：

煮油捞斧（俗称捞油锅） 苗族历史上为解决纠纷有"捞油锅"的说法。争执双方各派若干人会集于约定地点，就地挖灶置锅，将油倒入锅后，放入一把无柄斧。原告为"煮方"，鬼师念咒请"红雷"鬼助火，尽量把锅里油煮沸，油温越高越好。被告者为"捞方"，鬼师念咒请"白雷鬼"帮助降温，油温越低越好。当油煮沸时，在众目睽睽之下，"捞方"代表卷袖洗手，预先将两三斤米装于袖中，极敏捷地趁米落入锅中的一刹那，迅速将斧从锅中捞出，以捞者的手是否烫伤为标准，若手被烫伤，则判为输方，反之则为赢方。现在，苗族的"煮油捞斧"的神判术已不复存在。

砍鸡剁狗　因事争执的双方到约定的地方，经鬼师念咒之后，双方赌咒发誓，大意是谁要是非礼、偷窃、霸占他人财物必死于非命。被告提供鸡或狗，原告持刀猛砍鸡颈或剁狗颈，必须一刀毙命才表示吉利。争执双方发誓三年之内，若谁家死了人就为输家，部分地区的苗族以砍杀后的鸡头、狗头朝向来判断输赢。

喝血酒　争执的双方都向鬼神发誓，谁非理，他家就"断子绝孙"或"九死九绝"等。誓毕，杀猫或鸡将其血滴于酒碗内，通过喝血酒证明自己清白、有理。《黔南识略》云："相争者多以吃血盟誓，名为点血，延巫请神以盟之，吃血后永无反复。"《苗疆风俗志》亦云："其人入庙则膝行股栗，莫敢仰视，理曲者遗巡不敢（血酒），悔罪而罢……盖苗人畏鬼甚于畏法也。"类似的还有赌咒、发誓等。

7. 招魂术

巫术进行时将一支三角形的木杈交由一个身体健壮的青年握着，木杈经巫师念咒之后便成为"神使"，神使知道病人的魂魄被鬼怪窝藏在岩洞、大水井的某个地方。当手握木杈的青年跑向恶鬼窝藏病人魂魄方向的时候，苗巫师便率领一批手持木杈的青年敲锣打鼓紧跟其后。当找到鬼怪窝藏病人魂魄的地方，手持木杈的队伍便停止向前。巫师开始念咒与鬼神交涉，如若遇到恶鬼必须采用武力，一般用石块攻击岩洞或大水井，把病人的魂魄夺回来，洞内及水井旁的蜘蛛往往被当作病人的魂魄，将蜘蛛用纸包住并将其放在病人的床上，表示魂魄归体、百病消除。事主家摆设酒席，封好酬礼，表示感谢。

8. 占卜术

石头卜　石头卜俗称"吊石头"。巫师坐定后，用草绳拴一块石头，双手将其悬于两膝之间，呈静止状态。当巫师念到某鬼某事时，吊的石头向一定的方向摆动，则认为得到某鬼某事的相关情况，即可判断吉凶。

草卜　草卜是鬼师探鬼的巫术。其作法有两种：一种叫"比草"，取事主衣服布筋一条，芭茅草茎脉若干根，每根草长约 25 厘米，巫师在念咒唤鬼的同时，用右手的中指和食指夹着一根草茎折成三角形，或者用拇指随意将草折为五折（不能折断），一连折完三根后，依痕迹将它们折成三角形，再把这些三角形重叠在一起，视三角形的角度大小来判断是何方鬼神，或者凶吉情况。另一种取糯谷草 5—7 根，念完咒语后，把草的中部拧成一段，然后于草的两端任意打结若干，撒开后视草结的朝向来判断某鬼某神，并确定祭品等。

鸡卜　俗称鸡卦，种类繁多。①鸡眼卦。取公鸡一只，请鬼师念咒后杀鸡，祛毛洗净即置于锅内用清水煮熟，然后将鸡置于桌上，以鸡眼的好坏来判凶吉。两只鸡眼都无损为最好；一只好一只损坏次之；两只都损坏为凶。黔东南地区的苗族多用此来预卜青年男女的婚姻。②鸡骨卦。杀鸡将其煮熟后，取鸡大腿上段剥去鸡肉，以大腿骨上的小孔或显现的斑点对称情况与多寡来卜凶吉。两只腿骨上各有 3—4 个对称的小孔或斑点为吉；若有 1—2 个或 5 个以上的小孔和斑点则为凶，故民间有"三朋四友五冤家"的说法。③鸡嘴卦。杀鸡将其煮熟后，取鸡嘴里两条相连的软骨，将其置于酒碗中并用筷子使劲搅动，若鸡的这两条软骨保持原状为吉；若有变形或撒开成一字形则为凶。④鸡头卦。杀鸡将其煮熟后，取鸡头去其头皮，以鸡的头盖骨有无青色或伤痕来判断，若有清色或伤痕为凶，若无为吉。

竹卜　取一段长约 4 厘米、拇指粗的竹筒，斜切一端，将其剖为两半即成竹筊。鬼师作法时，口念咒语，将竹卦摔于地上，以竹卦的仰伏来判断凶吉。若竹卦均为伏状为吉；一仰一伏状次之；均为仰状为凶。

蛋卜　苗族鬼师在探鬼或预卜凶吉时，取鸡蛋一枚，用锅烟灰或木炭在蛋壳上画一个简易图形，念咒之后将鸡蛋用清水煮熟，剖之为二，去掉蛋黄，以蛋壁上有无明显影像来判断凶吉。若影像头朝蛋的两端、脚朝内为吉；若影像的脚向蛋的两端、头朝内为凶。

米卜　米卜的做法主要有两种，一种是鬼师取大米一碗，置于簸箕内，念咒语招应鬼神，许以祭品；咒毕，一手执米碗边沿，沿顺时针方向迅速旋转，视米碗内所出现的纹路来判断鬼神或吉凶。另一种是鬼师取大米一碗置于簸箕内，用一小块布包一小撮大米，束成一个带柄的小球状。鬼师在念咒的同时，手持米球不断地来回哈气，迅速将其粘在米碗上，以粘住米粒的多少来判断鬼神所需祭品。

9. 赶尸

赶尸是曾经兴盛于湘西苗族的一种巫术，由特定的职业赶尸人——赶尸匠来完成。据传赶尸匠都身强体壮、长相凶恶，赶尸时身穿道袍，手摇摄魂铃，趁夜间赶路。传说上古时期，蚩尤所率的九黎部落与黄帝部落大战于涿鹿，死伤惨重，他十分悲痛，便与大巫师商量如何将死去的将士运回故土妥善安葬。之后，大巫师便念咒语，让死尸站立起来，然后用绳索将尸体串起来，摇动着赶尸铃，将尸体赶回了家乡。据相关文献记载，赶尸匠被人称为"老司"，同普通人一样"日出而作，日落而息"，只有在接到赶尸的委托时，才前去从事赶尸活动。老司穿着特别，不管是三伏天还是寒冬腊月，都要穿着一双草鞋和一身青布长衫，腰间系一黑色腰带，腰包藏着一包符，头戴青布帽。夜里行走时，老司在尸体前面带路行走，不能打灯笼，手中不断地摇着摄魂铃。有的老司还会带徒弟上路，边走边敲锣，提醒夜间行人避开，警告有狗的人家把狗关起来。尸体都戴着高筒毡帽，额上压着几张符垂在脸上，尸体数量多时要用草绳串联起来，相隔六七尺。赶尸是一项艰苦的工作，由于路途遥远，沿途上还设有"死尸客店"，只住死尸和赶尸匠，店门一年到头都开着，两扇大门板后面是尸体停歇之处。赶尸匠赶着尸体，天亮前到达"死尸客店"，夜晚悄然离去。遇上大雨天不好走，就在店里停上几天几夜，直到天气好转再把尸体运送到家乡。"赶尸"的传说在当今苗族东部方言区普遍存在。

（六）禁忌

1. 日常生活禁忌

苗族成员平时在家里不准吹风打哨，尤其是在晚上，否则各种鬼神就会乘凉风入室，降下灾祸，家人就会被鬼缠身。

苗族的家神供在火塘东边，这个地方除本家家长外，一般人都不能坐。火炉必须对准中柱，不设置在中堂。火塘上的三脚架不能踩。当主人在火塘上做饭时，无论柴火烧到什么程度，客人都不能动手弄火，否则火上蒸煮的一锅饭菜就不能食用；客人在时妇女不能从火塘处经过。忌随便移动家中神台上的香火及香台，若有移动必须杀一只公鸡祭祀。

忌震动堂屋中央放的石板，因为石板下放有象征龙栖身地的一碗清水的小坑，否则龙就会受惊离去致使主家招灾。忌抚摩、移动堆放在堂屋正中或角落象征祖先灵位的水牛角。

年节期间忌讳在外面破皮见血，否则就得请苗老师安家先。忌讳外人随便进入门口挂有草标的人家，草标暗示主家正在驱鬼作法，不允许别人打扰。妇女忌讳晚间梳头，否则会招致不祥，民间有"一夜梳头九夜愁"的俗语。忌讳坐房屋的门槛。忌跨越扁担，否则挑担人的个头会变矮。清早起来到吃早饭之间，忌说龙、蛇、虎、豹、鬼等字眼。

以前鄂西南地区的苗族家庭不喂鸡，吃鸡蛋前要对其清洗，传说碰到鸡屎会瞎眼睛。黔东一些地区的苗族忌讳公鸡早叫、母鸡啼叫，否则要请巫师将鸡杀死。60岁以下的人忌讳吃死在鸡舍内的鸡。

苗族忌讳外人的牛进入正屋或猫死在家中，若外人的牛进入正屋，牛主或主家须出钱出物，请巫师为事主家做"洗屋"仪式。

部分田、石、席、杨等姓苗族忌吃狗肉，更不能以狗肉招待客人；部分苗族还忌吃蛇肉。恩施市东乡的廖姓苗族忌吃水牛肉。

鄂西南地区巴东县的潘姓苗族正月、四月、十月都不能洗被子。

苗族戴白帕的人就标志着家中或亲友有人死亡，所以平时忌讳戴白帕。部分苗族成员忌在陌生的水井中喝水，如太渴难忍则须打一草标丢入井中才可饮用，为防止水井鬼缠身患病。忌用脚踩踏掉在地上的饭粒，忌上厕所时掉落粘在身上的饭粒，或者妇女给婴孩喂奶时将奶汁喷溅到饭菜内、让吃奶的孩子用手抓取饭菜，否则就会"遭雷劈"。

苗族忌从围坐在一起的众人面前走过去，尤其是姑娘、媳妇忌从别人面前特别是老人面前走过，如有事不得不走过去，必须先打招呼道歉。如有子女、姐妹在场时，忌谈论对方、男女关系或说流话、唱情歌。待人接物时，忌用一只手接送东西，这样是不礼貌的，必须双手接送。

忌倒洗脸水、洗脚水时淋到或溅到他人身上，如无心做了，须请别人到家里吃饭，并赔礼道歉。

忌出门做生意、读书、参军刚出发即碰到女人。忌年轻人抢鸡头、鸡肝、鸡腿吃，鸡头、鸡肝等要让给老人，鸡腿要让给小孩。忌打骂不慎摔坏碗碟的小孩，认为这是难免的，只有那些没有妻子儿女的光棍才很少打破碗碟。

忌晚上理发，否则父母去世时自己不在身边。

忌夫妇在别人家里同床，如同床，离开时须给房东一只鸡、一瓶酒。

湖南苗族封斋期间忌吃鱼、虾、鸡、鸭、鳖等，又忌伤害飞禽、走兽、虫类；忌讳直呼其名，否则天将降灾。

2. 生产禁忌

忌戊日挑水。从立春至社日（立春的第五个戊日）每逢天干的五个戊日都忌挑水和动土。相传，"土王用土事，不能动土"，否则生产中会发生不吉利的事情。

播种期间凡是接触尸体的人都忌讳撒播种子，看见死尸当天绝不能再看种子，否则就会影响种子的发芽生长。

吃年饭时第一碗饭忌泡汤，否则来年春耕时就会遇大雨。

正月初一早晨忌讳吹火，否则当年生产的庄稼就会被大风吹倒；全天忌讳做针线，否则农作物就会遭钻心虫。

栽不完的秧苗未经拔除，忌讳翻犁，否则就是不爱惜庄稼，会触怒雷神，遭到雷击。

未过白露忌用新米汤浆衣物，否则来年秧田就会生产较多的藻类植物，影响秧苗的生长。

忌在春天第一次听到打雷的三天之内犁田、挖土、播种；忌春播之后、过吃新节之前吹芦笙；忌午日（有些地方称午日为虫日）犁田、挖土、播种，否则招来虫灾。

忌干活回来扛着锄头、钉耙进家，因为这样就像埋完死人回来一样，不吉利，只能拎进去。忌把未洗干净的锄头、钉耙拎进家。

忌犁田途中休息时把犁铧插在田里；忌挖土休息时把锄头、钉耙插在土里。

秋后抬粪撒在泡冬水田或开春抬粪撒在秧地田，忌在寅日和酉日进行。忌在除未日、丑日等以外的其他日子开秧门。忌妇女天亮后去扯秧开秧门或扯秧开秧门途中遇到妇女。

忌年轻人种棕树，否则自己及子孙以后会像棕树一样一层一层被剥，预示以后将受穷受苦。

湖南部分苗族忌立春后听到雷声，闻头雷响忌三日，闻二雷响忌两日，闻三雷响忌一日，忌日内不能挖土耕田及做其他农活，否则庄稼必遭虫灾和天旱。

3. 生育禁忌

部分苗族孕妇忌跨越绳子,否则生下孩子的脐带就会过长;忌看别人染布,否则以后生下的孩子会被染得红一块紫一块的;忌看别人劈柴,否则生下的孩子从小使刀弄斧,会伤着手脚。鄂西南地区潘姓苗族孕妇忌坐门槛、门墩、堂屋桌子前,并且其丈夫忌用刀斧砍门槛,以及在墙上钉钉子。

忌女方自己的母亲给女儿接生,否则孩子会没奶吃。忌在娘家分娩,否则对娘家不利。忌乱扔胎盘,胎盘必须放在陶罐内,盖好后,埋在屋基下,孩子在成长的过程中才会情绪稳定,吃奶、吃饭不呕吐。妇女生育后未满月忌由中堂走过、洗衣做饭、到别人家走动;如果犯忌,要捉鸡或鸭甚至一头小猪,带酒、饭去别人家赔礼道歉。孩子出生三天之内,要用芭茅草打一草标挂在门口,用来驱鬼避邪以及告诉外人不能进入刚出生婴儿的家庭,如有要事必须进去,离开时须用水瓢在水缸里舀一点冷水喝,这样产妇才有奶给孩子吃。忌夸奖婴儿长得肥胖可爱,只能讲反话,以提防鬼神加害,使其夭折。

4. 婚嫁禁忌

部分苗族忌姑姑、姐姐送亲,俗话说"娘娘送侄女儿,穷得舔石板""姐送妹,穷三辈"。新娘到婆家时,只能走侧门,忌从大门进;屋里不能见火(火要用围席罩住),家中的人也要回避,以免碰热脸,招致日后不睦。

苗族有毛头丫头、二道婚、孕妇都不能进洞房的禁忌。结婚三日内不同房,回门后新人才能同房。

苗族青年提亲时忌途中老蛇拦路,否则婚事不成。忌嫁娶当日遇见有人办丧事,否则夫妻不能白头到老。迎娶新娘时,忌听到打雷,否则会发生灾祸;忌新娘和迎娶者跌跤;忌途中遇到另一支迎娶队伍,如迎娶队伍相遇,应争先行或往高处行走,以先行或高处行为吉,为避免发生冲突,两队的新娘要交换一块方巾;忌挑东西断扁担,否则今后可能会断子绝孙。办婚宴时,忌打破家什碗碟,否则夫妻将会不和睦闹离婚。

忌让父母、兄弟不全的小姑娘接新娘的伞。忌让父母、子女不全以及丧妻的男人杀猪操办婚事。忌在吃鼓藏当年内嫁娶。

新娘在举行断甑仪式之前忌端婆家的甑子；仪式中吃饭时，忌移动所坐的板凳，否则会被认为有二心，不图一夫到老。忌新娘第一次回娘家跌跤。

5. 丧葬禁忌

非正常死亡者忌在堂屋内办理丧事，即便在堂屋办理，只能从侧门进，忌走大门，只能土葬。凶死在异乡者，忌被抬回家停放，只能埋在外地；如回乡安葬，只能直接入土。

停尸时，忌把头垫得高于脚掌。入棺前忌外人到场，给亡人洗澡、穿衣、入棺皆由亲人操持。给亡人穿的衣服，件数忌双数，否则还要死人。除金银首饰外，忌将铁、铜等金属器物入棺埋葬。

孝子忌吃油和甑子饭，棺木入土前，忌直接与泥土接触，要用孝帕垫着。忌在死者两脚之间正前方守灵（只能在死者左右两侧）。给死者洗身的白酒和温水，忌乱倒在门口、路上，以免人畜踩着，否则会烂后人脚板。从人死之日到安家先之日，村寨中与死者同姓的人都不能用针，否则不吉利，招魂之日后才可。

部分苗族在丧葬时禁止有哭声。忌在未日、丑日办丧事（有的地方忌戌日、亥日）。

忌男死于白天、女死于晚上及死于66岁，如死的时辰或年岁"不合适"，安葬时除杀猪外还必须杀羊来作替身。

忌猫跨越死者身躯。死者生前铺床的稻草，必须在抬死者上山安埋之后烧掉，忌留存。

忌出生年份、日子、时辰均与亡者相同的人向死者遗体告别和安葬死者，否则不久也会死。

年轻人死后忌葬在能看到其寨子的地方，否则其鬼魂会到寨子里寻找替身。

老人死后忌把放在家里的钱拿出去用，否则家里的钱财会像流水一样留不住，可将一些钱放在邻居家，需要什么托邻居去买。

6. 节日禁忌

部分苗族端午节时要戴帽子，当天敬菩萨之前忌吃粑粑、进菜园、见窝麻菜、用淘米水喂猪，否则蛇会爬上家中神龛。

正月初一，忌将洗脸水泼地、挑水、向外倒脏水、扫地，否则会把家中的财喜扫去，正所谓"银水不外流，装在聚宝盆"；忌说不吉利的话，如"血""死"等，否则一年开端的兆头不好；忌拿针、吹火，只能吃豆皮、粑粑。

湖北建始苗族妇女过年前后三天不许出门。过苗年时，晚上忌见血、讲与血相关的话题，过苗年的当天晚上不能开口说话，直到鸡鸣后才解禁。苗年期间忌挑粪到田里。苗年第一、第二天上午，忌妇女进入邻居家。从大年初一忌从外边带回食物，不进他人家户玩耍、谈笑。

二月二祭桥时，忌打骂小孩。祭桥节前后几天忌背小孩外出，否则小孩会丢魂。

湖南有的苗族忌过小年，从立春算起逢第一个子日便是小年，从子时起禁忌，全家老小不言不语，都休息，白天关门闭户，不上工及耕作，直到晚上亥时末才能解忌。

7. 自然禁忌

忌见流星，看见后一定要吐口水才能消灾免祸。忌看到日食和月食，它们都是凶兆，要敲盆、打板凳、放枪等，使其复原。

忌小孩用手指月亮，否则耳朵会被月亮割伤。

出现彩虹时，忌去挑水，否则全家老小不得安宁；忌下河游泳否则会得浮肿病。忌砍伐保寨树以及捡其落下来的树枝烧火，否则会断子绝孙。

8. 动物禁忌

忌鸟雀拉屎落在人身体的任何部位，否则会生病。忌开春干活时一开始就听到阳雀的叫声。忌路上遇双蛇交配，如遇上须请巫师作法后才可进家，否则会招来灾祸。忌见老蛇蜕皮或进家，遇到前者要立即脱下自己的外衣，并且说"我比你脱得快"，才可避免灾祸；遇到后者，无论是否将蛇打死，都要用一只鸡请巫师作法。

忌狗生独崽或爬房顶，如后者发生，必须请巫师杀此狗以祭鬼神。

忌公鸡在酉时后、寅时前鸣叫或母鸡打鸣。如有此类情况，须请巫师在屋外砍下鸡头，用一根竹子穿着，鸡嘴向东，插于地下以祭鬼，才能消灾免祸。忌外人家的母鸡或母狗来自家下蛋、生崽。忌母猪睡槽。忌看见穿山甲。

忌深更半夜听见牛叫马嘶，或喜鹊、乌鸦在村边树上鸣叫不止，或看见老鹰、乌鸦在屋顶上栖息，这样就预示着要发生火灾或死人。

9. 立房禁忌

苗族忌选择房子地基时与邻居闹纠纷，否则以后办什么事都不顺利。忌砍梢部已断的树木作中柱和大梁。

早晨上山砍树作大梁忌遇女人，砍来作大梁的树扛到家后须架在木马上，忌放在地下；木匠砍削好后仍架在木马上，忌让人跨越。湖北咸丰苗族建房砍伐时梁木树只能往上倒，不能向下倒，更不能从梁木上横跨。锯木材时，锯子大进小出，锯子不能后退。抬梁木时不准落地。

忌立新房时将穿枋、柱子、大梁等弄断，或有人受伤流血，或打破碗碟等器物。

湖北建始苗族建房时不准吹口哨，巴东一带苗族妇女不准上房。

10. 语言禁忌

鼓藏节禁忌语。从杀鼓藏猪（过去杀牛）开始，某些语言忌说。禁忌语和委婉语对照如下：杀猪（逗官、诓官），杀猪刀（鞭子），出血多（田水好），（给猪）盖上稻草（盖被子），烧掉稻草（太阳照），点火（出太阳），刮毛（给当官的脱衣），割取胸脯肉（开仓门），板油（棉花），吃饭（刨沙子），盐巴（灰），吃胸脯肉（吃仓门肉），吃饱了（仓满栏满了）。

祭祖、驱鬼、敬神禁忌语（委婉语）：驱鬼敬神（整修道路、做好事），财宝进屋（牵牛牵马进屋），鸡（尖嘴的），鸭（扁嘴的），猪（吃糠的），狗（守寨的），牛（吃草的），酒壶（葫芦瓜），鼎罐（甑子），锅子（水塘、水井），菜刀（锋利的鼻子），小孩（寨上的柱子），砍牛刀（茅草叶）。

关于不洁事物、危险事物的禁忌语（委婉语）：生殖器（样子好看的），有癫痫病（醉酒），老虎（老马、花脸的、赤脚公公），蛇（藤条、花绳子），血（浮萍）。

关于生育和妇女生理现象的禁忌语（委婉语）：出月经（洗衣），怀孕（阻拦、阻挡、身体重、不白坐、身子不是空的），分娩（捡小孩、一人分成两人）。

关于疾病、死亡的禁忌语（委婉语）：生病（疲倦），病情好转（天晴），小孩夭折（丢去了、消失了、逃走了），青壮年人死亡（走客、出

嫁），老年人死亡（老、老走了、不在了、倒下了、九十、一百了），棺
材（老木），挖坟坑（修屋基）。

狩猎的禁忌语（委婉语）：打猎（上山），枪（火筒、黑管），大野
兽（毛粗的），打着大野兽了（树桩滚下来了）。

其他禁忌语（委婉语）：酒发酵好不好（那个乖不乖），游方（玩
耍），放耗子药（放糖），肚子饿（肚子空、蝉的肚子），家畜死（发
财），小孩肥胖可爱（丑陋极了、臭屎臭尿）。

二 苗族民间信仰中的巫师

苗族社会的巫文化自成体系。苗族各地因方言的不同而对巫师有着
不同的称呼，湘西地区称为"巴代"，黔东南地区称为"固相西"，川、
黔、滇交界地区称为"笃能"等。巫师一般多为成年男性，少数为女性，
他们是苗族祭祀仪式的主持者及传统文化的传承者。苗族村寨一般都有
本寨的巫师，一两人至三五人不等，他们都是没有脱离农业生产的农民，
平时在家从事生产劳动，只有寨民相请时才去做法事。

巫师在古时可分为通神巫师、祭司、专业巫师（包括地理先生、巫
医、相命师、占卜师）、通师，俗称女巫男觋，必须经过神授或师传才能
担任。巫师所做的法事种类众多，以期消灾解病、祈求人顺年丰、预知
未来，使用的法器主要有面帕（遮脸的包头帕）、木鼓、芭茅杆和竹竿
等。巫师还有特殊的技能，如踏火堆、吞火、踩铁板、上刀梯、坐钉椅、
插五针、捞油锅等。综合各种资料，武陵地区苗族民间信仰的职业巫师
大致有以下几种。

（一）苗巫

苗巫是湘西苗族民间信仰仪式的主持者，俗称苗老师。在做规模较
小法事，如祭祖、赎魂、祭疱鬼、退古树怪、洗屋、洗猫儿、超度亡人、
祭五谷鬼、暖牛笼、交牛等时，多穿便衣，但在吃猪、椎牛等较大规模
的祭典时，要戴冠穿袍。使用的法器有黄蜡碗、铃铛、竹筒、卜答、短
剑及纸旗纸伞等。在东部方言区苗巫被称为"巴代雄"。

（二）客巫

客巫是湘西苗族客教的宗教仪式的主持者，俗称客老师。在做大法
事如还傩愿、安龙神等时穿神袍（青色或蓝色长衫）戴神帽。做祭土地、

飞山、麻阳大王、四官神、高坡鬼、伤亡鬼、朦胧鬼、茶神、鲁班、罗孔，退五鬼、白虎、退煞、口舌神，架地桥、暖傩等较小的法事时穿便衣。法器有牛角、师刀、柳巾等。在东部方言区苗族客巫被称为"巴代札"。

（三）仙娘（仙姑）、神仙

女为仙娘，苗语叫"蒲勾娘"，男为神仙，一般仙娘居多。他们都是能通鬼神的人，如果有人生病可以通过走阴查访确定是哪种鬼在作祟，再由家人根据确定的结果请相应的苗巫或客巫来举行仪式。

石启贵在《湘西苗族实地调查报告》中对仙姑走阴有详细的记述："室有病者，命在垂危，全家眷属急如星火，于是仙姑决疑，特问津焉。其法用小桌一张，上摆香米、金钱及酒杯三个。有将桌上铺布桥（放几尺布料于桌上，给仙姑架桥之用）。仙姑正坐桌之上方，其面以青帕遮之。开首便请仙妹仙女、七姑娘娘，口唱歌曲，头摆左右，两足'登车'，上天寻找病家祖先。良久觅着。有准验者，概知病家祖先之姓名别号，说话如死者生前之口气然。首先可告病者情状，怕与不怕，吉凶祸福。又告是何鬼神作祸，有何神鬼救济，俾便求祈禳祷祭之。若问寿年长短者，仙姑须往阎王处查生死簿，是否将病者名字勾销，有无票差恶鬼诈搕。如名字已钩，病者无救，仙姑即告述之。有无子者，仙姑可向阎王代邀赐子，并告知禳解方法。限于何年何月，见生男女。各事问毕，例用肉酒饭等摆于桌上，按祖先名一一请而食之。仙姑方退车回来矣。"①

（四）卜卦先生

卜卦自古就有，苗族地区的卜卦主要是问事之休咎，大致有占卦，包括竹卦、米卦、水卦、茅卦、蛋卦、车手卦等，还有卜课（占卜术）、算命、看相、堪舆等四种。

（五）草鬼婆（蛊妇）

苗族盛传巫蛊之说，如果有人偶染病痛长期不愈，就被认为是草鬼婆放蛊所致。相传苗族社会进入父系时代，男子在祭祀中逐渐取代了女性的地位，女性不甘权力的丧失就到神灵处哭诉，神灵为了平抚她的怨气就授之战胜鬼神的巫蛊之法。草鬼婆在妇女之间传承，可以是母女或

---

① 石启贵：《湘西苗族实地调查报告》（增订本），湖南人民出版社2002年版，第519页。

普通女子。苗族一般以眼起红丝呈网状型，或姿态劣拙、品貌不恭等来辨别是否为蛊妇。据说蛊妇要定期向动植物、自己的孩子、外人放蛊才可以维持较长时间的安宁，否则会异常难受。

石启贵在《湘西苗族实地调查报告》中列出中蛊的情形有以下几种：织布松紧不均还断线的；到他人家不出三天主人生病的；早晚餐到他人家后主人肚子疼痛的；弹棉花及纺车不时断线的；缝衣断针系线头绪不称的；喊了妇人就肚疼不安的；医疗病人来家探病的；路途相遇后头昏呕泄的；品貌不端为人鄙视嫉恨的；夜里梦到有送食物的；煮饭不熟有带生的；工作疲劳，忽然目眩晕倒的；小孩啼哭不止的；多吃肚胀呕吐不适的。[①] 中蛊之后，需请巫师或仙娘解蛊，病人才能痊愈。

（六）鬼师

在贵州苗族地区，专门与鬼神打交道的巫师称为鬼师。巫师与鬼师既无共同的教义和祖师，又无固定组织形式，彼此之间也无隶属关系，一般说来都是独自进行活动，只有在少数的特殊场合，才互相配合，共同主持宗教仪式。他们之间互相尊重，友好相处，未发现相互歧视、攻击、中伤和倾轧等现象。

苗族的鬼师几乎都是歌师，他们不仅传承成套的古歌、歌谣，还可以创作新歌词；略精草药，为病人"神药两解"；通晓民族的历史、古理古规、风土人情。鬼师替人驱鬼带有尽义务的性质，法事完毕只收取少量的祭品（鱼、肉、米之类），有的和参与祭鬼的民众就地吃喝一顿了之，没有报酬。鬼师大都无师传授，都是平时经常参加祭鬼活动，逐渐熟悉了各种祭鬼仪式和咒语，年龄到 40 岁左右，老鬼师病逝后就可单独主持仪式；还有生了重病之后，便说"神灵"附体就去给他人禳鬼祛病，就成了鬼师。传说苗族的第一位鬼师名叫"相告"，现在鬼师驱鬼时还常常提到他的名字，求其英灵协助驱鬼。苗族鬼师分为两种：一种只会杀鸡宰鸭主持比较简单的祭鬼活动，被称为"小鬼师"；另一种是能懂得绝大多数祭鬼活动和通晓"古理古规"的，称为"大鬼师"。实际上，二者没有严格的界限和标准，只凭民众的感觉区分。

贵州苗族鬼师苗语叫"旧戛孬"，即过阴师傅，会"化戛孬"（俗称

---

① 石启贵：《湘西苗族实地调查报告》（增订本），湖南人民出版社 2002 年版，第 521 页。

"过阴""探鬼"），可以调动和指挥无数的"阴患"（阴灵）为其"侦察"鬼情，特别是军阀、元勋、首领、寨老、头人等死后，其阴灵更被认为是探鬼的"强将"，如果过阴之后病者康复，则被认为是探鬼准确。通司，是鬼师"过阴"时的助手，只要口齿清楚、善与鬼师交涉探鬼事宜的青壮年男子均可临时性担任，完全为事主家帮忙。待"过阴"结束后，与主家一起会餐。

三　苗族民间信仰的主要仪式
（一）椎牛（还大牛愿）

椎牛不仅是苗族民间信仰中最为隆重、规模最大的一种祭祀仪式，还是集舞蹈、歌曲、鼓乐于一体的欢庆盛典，贵州地区苗语称为"龙湟"。举事主家需要有雄厚的经济基础，举办原因多为人到中年尚未生育男孩或家中有人患了重病，经巫师占卜指明是牛鬼作祟，需要献牲还愿。

湖北宣恩小茅坡营苗寨的最后一次椎牛活动是 1931 年，事因缘于村民冯远太事先许了求子愿，等儿子冯大云满一周岁时还愿。他请湘西龙山县苗沟石顺年苗老师作法，前后进行了十天。许愿后，买了一头幼年水牯牛做祭品养了起来，愿望实现后，牛眼发红，征得母舅家同意之后就举办还愿仪式，再据参加者的数量多少来置办黄牯牛、猪、公鸡及所需祭品。还愿时在场地门前排法案，设阎王殿，选三个虔诚的男性穿法衣饰阎王，两位苗老师在阎王背后念巫辞。法案前立两根将军柱，柱上按苗老师指点刻有各种纹案并套一个可以活动的大篾环，用筋藤把牛鼻子、牛角捆在篾环上，柱周围用石灰画一圆圈，牛只能在圈内转。杀水牛仪式进行时，四个枪手（杀牛之前选四个男性至亲，一般为儿子的舅舅）穿上号衣，各立固定方位，右手仰执标枪。苗老师第一场法事结束后，枪手把牛捆好，顺转刺杀，边转边刺，等巫师杀牛法事做完，四枪手一枪将牛刺死，牛死时头必须朝向事主房屋，敬神仪式结束。水牛被刺死后，苗老师必须做送牛上天祭神仪式，边念咒边代表主人亲朋送牛上天，此时所要敬的尊神据说是阿普蚩尤。另一桩拴的黄牛，不再举行仪式，在杀水牛后直接由一枪手将其椎死，同时其他枪手杀死猪，不够待客还要多杀猪。水牛刺死后，一、二枪手得后两胯，三、四枪手得前两胯，当场把水牛连皮割下，其余牛肉、猪肉才归事主，公鸡归苗老师。

前七天由苗老师举行法事，第八天举行椎牛仪式，并开始与亲朋举行庆祝活动，即椎牛会，事主接收道贺的亲朋送来的彩礼。庆祝活动结束后，苗老师再安家先，整个仪式才算完毕。①

贵州苗族的椎牛仪式程序大致与鄂西地区的苗族相同，只是仪式集中在三天之内进行，每晚夜幕降临，村上的男女青年要进行"调鼓"活动，苗语叫"乜挪"，意即快速击鼓，前来祝贺的亲朋载歌载舞，表明有人家要举行吃牛祀典。一般选择秋收后的吉日，半个月前请族中兄弟四人，分别去给各亲友报信，亲友须送红布一幅于报信者，表示谢意。前十二天，忌见各种污秽之物，如死猫、死狗、死人等。湘西苗族的椎牛做法与湖北、贵州等地的苗族相似。

（二）还牛愿（还小牛愿）

还愿时需一头牛、一只鸡，在白天或夜晚都可举行。场内立一木桩，四周栽刺秋木四根与中柱用藤索相连，上扎纸人，巫师身披一匹白布，手执法铃，念巫辞完毕，让一枪手用枪打纸人，以示赶走恶鬼，同时另一至亲倒披蓑衣用刀砍断三根刺秋木（留一根由苗老师砍），砍后把刺秋纸人烧掉，以示执行神的旨意对恶魔惩治，同时还要献生和献熟。献生是杀牛、杀鸡祭神，献熟是把熟牛肉切成巴掌大的块状加上五脏之尖用篾条串起来，再和五个米粑粑一起摆在神龛前，安抚历代亡人及巫师的师父。法事结束后，砍木人得巫师做法事用的那匹白布、项圈，巫师得去头母鸡一只。

（三）还猪愿（吃猪）

湖北苗族在巫师推算许愿后，用一尺长的杉木皮，吊在神龛或火炉上，显愿后取下，再决定何时杀猪还愿。还愿时，首先要献身，中柱上方挂一段青布，旁边摆上盖纸钱的十个碗，苗老师祭祀神灵，之后把猪抬出去杀掉。杀猪后还要献熟，三只蹄爪加尾巴、下牙巴骨、肚内五脏各割一点为十尖，并割六寸长一指厚十四条肥肉，用篾条串起，煮熟后放入簸箕内，下巴骨放在顶罐上，由巫师安抚历代祖先亡人。同时还要选一男性至亲背肉，即把敬了神的肉背回去，表示代亲人免灾，背肉途中不能见到与主人家同姓的人，否则会把灾祸传给对方；如果不小心见

---

① 龙子建、田万振等：《湖北苗族》，民族出版社1999年版，第196—198页。

到了则要在自家外面将肉吃掉，吃不完的食物都要野外埋下，表示彻底消了灾，总之肉不能进屋，否则就显示出事主家的不诚心。苗老师得一只作为酬谢的蹄爪。①

湘西苗族的"吃猪"仪式主要是祭祀祖父母等家鬼和雷鬼。法事会持续四天，共分十四节进行，依次为第一天进行起场仪式，第二天进行祖父母及家鬼、祭雷鬼等二节到六节，第三天做七到十二节，第四天做最后两节。整个仪式由巫师主持，事项繁多。主体部分即第三天的法事基本上和湖北苗族还猪愿相同，只是事先要预备猪四只、水牛肉若干斤，牛肉煮熟后切成片串成肉串，其中七片一串的十四串，九片一串的十八串；还要请来本家母族妻族的亲戚，母舅和妻舅在祭典中均称后辈。②

与还猪愿相似的还有苗族的祭门神仪式，苗族有结婚生育子女之后分家的习俗，分家后各从自己的门出入，门有门神。据说远古时候，有一位老人被老虎追赶，当他跑进自己的小茅屋拉上了篱笆门才幸免于难，老人非常感激那扇小小的篱笆门，于是杀了一头猪来祭门。后来凡子孙分家另立门户时，都要杀猪来祭门，祈祷门神保护人和畜的安全。各地祭法不同，祭品有公鸡、小公猪、小母猪、小狗等多种。

（四）接龙、招龙、安龙、谢坟

接龙 中华人民共和国成立前只有相当经济实力人家为求家道兴隆举办接龙仪式，一般情况下都是全寨合办。在接龙前的半个月内，寨上的男女老少，都聚集在事主家中，敲锣打鼓，吹奏唢呐，谓之"闹龙"。到接龙之日，以一两只肥猪、用若干个糯米粑粑制成龙形作为祭品。事主邀请多个容貌清秀、身材窈窕的少女、少妇作为陪客，她们都身着民族盛装到场参加，还要请母舅参加，随同祭主的儿媳一起到村外接龙。祭堂设在祭主家的堂屋，由巫师主持祭祀。有的地区在接龙时祭主儿媳身穿绣花衣裙，头戴特制的大银冠，乘坐轿子，母舅身穿长袍头戴乌纱，骑大马在前开道，与寨上的若干个女青年共托一匹长七八丈的白布（或白绸），一起到村外的水边接龙，回到家后开始祭祀。最后将象征龙宝的鹅卵石埋于大门地下，接龙仪式结束。

① 龙子建、田万振等：《湖北苗族》，民族出版社1999年版，第196—198页。
② 凌纯声、芮逸夫：《湘西苗族调查报告》，民族出版社2003年版，第92—96页。

招龙 传说每个村寨都有 12 条性别不同的龙保佑寨民平安兴旺，龙若离开，寨民就会感到身体乏力。经过巫师确定如果是寨龙出走，全寨就要在龙日（辰日）进行招龙仪式。届时以一头大肥猪、酒、饭等为祭品，在寨中的广场上举行。事先将两段圆木制成满身画麟、口含元宝的"木龙"置于广场中，广场两侧各栽一条双脚木凳，再用竹子夹白纸剪成的小纸人百余个立在广场周围。其程序为：①喊龙。是日天明时分，派两个人到凡通向本村的每条道路上去喊龙。一人手持纸人若干，一人手持芦笙。行至本村与外村的交界处，插纸人一对、撒稻米数粒，高呼："龙啊，起来吧，随我们吃肉喝酒去！"然后吹着笙走回村寨。如途中遇到山坳或山坡时，再次插纸人、撒稻米、高呼。回到祭场，将纸人插满广场。②祭"戛酬"即山神。据说"戛酬"是住在"戛掌卡麻"的三位男性。鬼师坐在小凳子上念咒祈祷，将煮熟的鸡肉、猪肉分成三堆陈设，配以酒、米饭献祭。鬼师向"戛酬"提出要求后，请其享用祭品，之后再念咒送走"戛酬"。③祭龙。以猪为牺牲，杀猪时只能按照惯例用火把将猪毛烧掉，须将猪肉砍成十三块，煮熟后置于两条木龙背上，并配以猪的肝、肺、肾、心等为祭品。鬼师戴着"磨西"（竹篾编织，其状与礼帽相似），身着长衫，坐在小凳上念咒请龙回来。咒语要把本村周围数十里内所知道的水塘、河沟都念到，每念到一处都说："有龙没有？有龙即随我们吃肉喝酒去！"同时把本家族的和本村附近已死的知名人物都要请到广场受祭。请龙留在本村的大山上、水塘里、水坝上，以保佑地方清洁，人畜平安，不能将其送走。行祭时，总有没有儿子的家户准备"接帽子"和"接凳子"，接到的话就会添子嗣。祭毕，寨民聚餐，参与祭祀的妇女都身穿盛装，并跳芦笙舞、进行"游方"等活动。①

安龙（谢土） 做过接龙仪式的家中，正屋中心地下置有龙神栖息之处——龙室。安龙是为了使龙安于龙室，保佑家道兴旺。仪式开始前以龙室为中心，用石灰粉向外画八卦，卦内写中央二字，卦外画一个圆圈，圈外再画弓箭五个、写九宫八卦四字。用碗二十三只，其中酒十一碗，米五碗（每碗内插一香一烛），米粑五碗，豆腐、刀头肉各一碗；再用十沓纸钱，圆圈内每卦上放一沓，九宫及八卦字上各放一沓；诉箱六

---

① 龙国辉：《苗族文化大观》，贵州民族出版社 2009 年版，第 67—71 页。

个，四方每弓箭上一个，中央弓箭上一个；再用簸箕一只，放在圆圈内，簸箕内铺上谷粮，上摆五杯酒、五堆米粑、内装茶油的一只灯碗（以灯草五根点成五个火头），再插五支香，内夹大、中、小纸马三张，叠在一起，前二香后三香夹住，又放朱砂一块，另燃香五支，插成五处。在正屋中间近大门处的弓上放一张方桌，上摆五碗酒、五堆米粑、一升米（内插烛一对、香三支、钱币数枚），巫师印一方。桌前放巫师的安龙神经一本，清水一碗。

巫师穿蓝色或青色长衫，头戴道帽，右手执筶，念安神咒。念毕，巫师拍钹，同时帮忙的人打锣击铙，巫师再念请神经，念毕卜筶，卜到龙已降临，就斟茶（第一次用茶以后用酒）。念咒请龙收领祭品，为一家大小卜筶吉凶。再卜问龙神有几分力，胜筶为三、六、九分，阳筶二、五、八分，阴筶一、四、七分。胜筶从九问起，再卜，又得胜筶，则为九分。如不得胜筶则巫师说一数目：其数最大十五，最小七，或五，须逢单数。重卜又不得胜筶，则再说再卜。卜毕则念咒送神，倒去茶碗中的茶，改斟以酒。继续念咒，巫师手执竹弓一张，箭五支。念咒至东方，则一箭射东方龙神，帮忙人即将东方诉箱焚化。依次至其余各方，最末焚化中央诉箱。巫师再为纸马念咒，以大者裁成五张，依东西南北中五个方向贴在壁角。大者悬于梁上，最小者贴在中央。再以朱砂一块，放在杯内，和酒研细，将龙室之酒挖开，取出岩板，倒入朱砂酒，再盖好如旧。在上面烧纸并念咒，再焚化各处的纸钱送神。

谢坟　原因与谢土相同，做法大致相仿，只是地点在坟上。以坟顶为中央，只用17只碗，7只"诉箱"，朱砂放在升内。送神时，将诉箱在原处烧化。朱砂和酒研细后埋于坟尖上，即用一小木棒插成一孔，然后灌下，用土掩埋，在上面烧纸。

（五）打家先

湘西苗族如遇久病不愈，就要许愿打家先，在生病期间或病愈之后都可举行。事先主家须到母舅家请舅家七人（必须是六男一女），如果舅家人数不足，可由舅家转请他人补足，所请之人不得与事主同姓。舅家有日期禁忌：家中生小孩须过了满月之后；生猫要隔一个月；生猪、羊、马、狗要过十二天；孵鸡、鸭、鹅隔三天；家有丧事或主人见到别家丧事须隔十二天。如果舅家尚未过祭期，外甥家来报信时可以回绝。如果主人想病情快愈，不能延搁，可以另请不与自己同姓的人。仪式由巫师在屋内火塘旁主持，共分请神、打竹筒、交牲、送鬼四节，从早到晚进行，费时一天。巫师每节都需念咒，只是第三节中多了秘而不宣的口诀："帮忙的人拿木棍，当猪胸一棍打死，找去火烧，用水来洗！快点做！鬼等在此地，已有半日了。"①

（六）洗屋

别人住过自家房屋搬走之后要洗屋，否则主人家不兴旺。届时请苗老师白天在面对门外的屋内进行。用桌一张，上摆五碗酒、五块猪肉、上插三炷线香的五堆米粑、五块豆腐、六尺青布。巫师执筊摇铃，站在桌前口念咒语，念毕卜筊，得阳筊或胜筊为吉，烧纸送鬼；得阴筊，要重念再卜，直到卜得阳筊或胜筊为止。做完法事，巫师当场喝完供奉的酒，把其他祭品一起带走。

（七）超度亡人

湘西苗族家中有人去世，要替死者超度解罪。晚上吃饭后，在正屋门内的右角，布置用90厘米长的竹子一根，每隔30厘米处，削去一面，使竹竿弯曲成半圆形，两端插在地上。竹架前放一块长方形木板，上铺白布，布上放五只空碗，板前放酒、肉、饭各五碗，分成三列，黄蜡碗放在木板之后，旁置无柄锄头一把。苗巫坐在竹架之后，右手执一篾片敲打竹架，口念咒语。念毕停止搭竹架，并将竹架取去，摆设酒、肉、饭碗。巫师做手势，继续念咒，帮忙人即将纸钱焚烧。作完法事，巫师与主人共食酒肉。

贵州部分苗族认为人死后灵魂身负重担，犹如背着簸箕，不便行走，会回家作祟；又说苗家在历史上迁徙频繁，每次迁徙总是把麻团、簸箕之类的东西背着走，由于簸箕面积大，背着难于行走，故有为死者灵魂解簸箕之说，苗语称为"阿汪"或"打嘎"。届时事主家堂屋铺草席一张、簸箕一个。簸箕内放一个大粑粑，粑粑上放一只煮熟的鸡和一件衣服（亡者为男性用男衣，女性用女衣），表示亡灵享祭的地方。祭祀时，焚香击鼓，呼唤亡灵来享祭，亦请三、五代祖先之灵前来陪享。

---

① 凌纯声、芮逸夫：《湘西苗族调查报告》，民族出版社2003年版，第96—99页。

（八）暖牛笼（祭黑地土主）

湘西苗族每遇灾厄或失财等都会祭祀黑地土主。白天在正屋左边的柱子旁边，用桌子一张，一边靠在桌子上。桌上摆酒肉各十二碗，黄蜡一碗。巫师烧黄蜡，摇铃念咒。念毕卜筶，得阳筶则以后失财而免灾难，阴筶则遭灾而不失财，胜筶则两者都可免去。卜毕，烧纸送鬼。

祭祀黑地土主之后，若运气仍不好，只得买牛还愿来"交牛"。这牛还给鬼后，不能宰杀和出卖，只能任其自然死亡。其作法和布置与暖牛笼相同，只有巫师所念咒语有所不同。

（九）暖傩

苗人因犯傩神或架地桥之后，还未到还傩愿时，就先要暖傩。每逢九月九日（傩神下降之日）和三月三日（傩神上天之日）进行。白天用方桌一张，放在正屋后半间，上放五杯酒、五堆米粑、一升米、两沓纸钱、上撒少许盐并搁一双筷子的一碗肉。巫师穿便衣，头裹红帕，手执师刀与筶子，念咒卜筶，做完后烧纸送神。

（十）祭祖仪式

苗族在立神龛、杀猪、尝新、丧葬、清明节、亡人节、大年、苗年等时节时都会祭祖，属于日常生活的小型的祭祖活动。由于苗族内部支系众多，在祭祖大典的形式、规模、称呼和具体作法上也有所不同，主要的祭祖仪式有：

颇果　此为湘西苗族祭祖仪式，苗族东部方言称祭祀为"颇"，谓祖先为"果"，"颇果"即祭祖。

举行"颇果"仪式前，主人须将举行的缘由如家里有人生病等情况禀报母舅并征得同意，择定吉日后须回报舅家，使其做好准备参加；并确定好执事人、巫师和"刀手"。"颇果"仪式需时两天，第一天做好准备工作，第二天进行中心活动，主要过程有：

设坛装像：搭制一祭坛，上放一个焚香碗，坛前和坛的两旁悬挂着纸幡。用几根带叶的粗大树枝交叉构成密林形状，在树荫下装饰一尊女祖先的模型。

敲猪献牲：是时祖先神像两旁放置两张木椅，请舅父、母入座陪祭。祭坛两旁坐着四位负责向祖先敬酒的执事人员。巫师举行接灵法事，高唱招魂歌迎接祖先魂灵归来；接着进行献猪法事，把一只重六七十斤的猪牵到祭坛前向祖先陈述主人进行"颇果"的诚意；随即将猪倒翻四脚朝天，每只脚各绑在小桩上，然后由一人持粗棒猛击猪胸，汉语谓之"敲棒棒猪"；猪被敲死脱毛洗净后，由刀手将猪体肢解为"祭品肉""舅家肉""酬肉"和"聚餐肉"四个部分，再将猪的五体六脏各部位肉都割下一小块陈设祭坛之上祭祖，巫师作法请祖先享用。

禁肉出门：事主舅父将"舅家肉"背回家，请自己的亲族老少（已出嫁的女子除外），自带碗筷和米饭，聚集到一处会餐，务必当场把"业号"吃光，不允许留剩肉过夜。吃完后，将剔出的猪骨头投入河中，每人漱口洗手、冲洗碗筷之后才能回家，否则将会被老虎吃掉。

为祖饯行：由执事人把"聚餐肉"煮好后分别盛于钵内，每七八人围钵而食。同时巫师念着巫辞，规劝祖先回到老屋同儿孙们同住、享受早晚供祭；再作为祖先的代言人，说自己会随时来看望族人，并叮嘱族人和睦友爱才会人丁兴旺。

敲巴朗 敲巴朗为川滇黔苗族的祭祖盛典，苗族西部方言称水牯牛为"巴朗"，故杀牛祭祖谓之"敲巴朗"，分为每十三年举行的大祭，七年举行的中祭，三年举行的小祭。每次定于农历九月逢猪、鼠、龙日举行，为期一周。

仪式依次进行择牛、审牛、立鼓和杀牛献祭（群众高唱巴朗歌）等程序。杀牛献祭为仪式的高潮，鬼师作法念咒辞之后，由祭主女婿将牛敲死，执刀手将牛肢解为若干份，女婿分得一条牛腿。祭主将其余牛肉的一部分用来招待来客，余下的全部割成小块以竹篾穿成串，谓之"串串肉"，按照与来客的亲疏关系及其送礼的厚薄，回赠其 10 串或 8 串牛肉。

努略（努将略、吃鼓藏） 为黔东南苗族的祭祖大典，苗族中部方言称"吃"为"努"，"鼓"为"略"，俗称"吃鼓藏"。每十三年举行一次，活动起于子年终于寅年持续三年。

推选鼓主（俗称鼓头）：每届吃鼓藏都由民众民主推选已婚男子、家境必须中等以上、为人正派公道、其祖辈或父辈于上届举行祭祖大典以后去世、又未祭祀过他们的五人为鼓主，不能连选连任。第一鼓主称为"嘎略"或"嘎桑"，在祭祖过程中是被崇拜的偶像，其权力最大可总理全宗族事务，指定其姐夫或妹夫作来客们中的代表"歹幼勇"，"歹幼勇"

中的"嘎耶"（芦笙手）负责吹笙引路、"嘎当"负责摆设桌凳、"嘎贤"负责鼓社"玉碗"的秘密保存；第二鼓主称"嘎雄"，是第一鼓主的副手；第三鼓主称"鼎往"，专门服侍第一鼓主；第四鼓主称"鼎播"，专门服侍第二鼓主；第五鼓主称"嘎老"，负责念祭祖词。第一鼓主推选出之后，全宗族的男女老少吹笙结队去他家祝贺，鼓主当场"杀鸡看眼"，鸡眼闭着为不吉，再另选他人；鸡眼睁着为大吉，认为是祖宗选定的。当选上的人必须担任不可推辞，否则要受到"巴"或"令"的开除处分，不得参加集体活动、祭祖、吊丧、送丧，家中有丧事也无人帮忙。若有人与被开除者私自往来，也要受到严厉处罚。

选购祭祖牛　水牯牛必须头方颈粗、眼大而凸、鼻大而空、体大而壮、两角长短对称且粗大呈月牙形、木碗蹄，忌讳眼角、眼下、腹下有毛旋的牛。一般经济状况好的家户单独购一头，经济较差的几家或几十家合买，祭祖牛不得驱使犁田，要派专人为其割草，每天煮一至两斤米粥和着青草喂养，要喂饱喂足。

醒单鼓、接双鼓和砍树制鼓　单鼓苗语称"略操"，将一段长约 1 米的楠木凿空，两端蒙上牛皮而成的长木鼓，是始祖母"蝴蝶妈妈"的神位。祭祖结束后，择吉日将其停放到石窟里。醒单鼓在子年八月子日举行，告知祖先子孙们将要杀牛祭祖，请其前来与全族同乐。届时五位鼓主头戴"磨西"，身着大花长袍礼服，手持"砍牛刀"，张着雨伞；"嘎耶"吹笙开道，歌师唱祭祖歌，全宗族的成员一同前往藏鼓的石窟。在石窟前摆设酒、菜、饭和熟鸭一只，由歌师开歌致辞祭告祖先，约一小时后五位鼓主各执刀在石窟前晃动几下，以示为祖先砍斩棘开道；再由"鼎往"翻一下旧鼓后用杉树皮盖在鼓上，并击鼓几下；大家分吃祭品。次年 10 月，第二次醒鼓接鼓下山。"鼎往"用青布带背着象征祖先的央公、央婆鼓下山，沿途将两旁的荆棘砍倒，并将遇到的事情一概向鼓报告。其他人一路吹笙歌唱一起来到鼓房（用六根木柱支撑而成、立于鼓场中央三米高的茅草棚），各户备好酒、肉在鼓场迎接。"鼎往"背着鼓在鼓场绕场一周后将其放进鼓房。随之打"地刁鼓"，全族在鼓场吹笙、击鼓、唱歌、跳舞、斗牛。

双鼓苗语称"略崩"，为子孙鼓，是两具粗细不同"央公""央婆"鼓，做法与单鼓相同，长鼓约两米长，短鼓约一米长，专藏于第一鼓主家的鼓房内，将双鼓置于高约一米的木鼓架上，下置 12 个酒杯，一只土陶酒罐，一块野猪下颌骨和一张松鼠皮，一支小芦笙；上放一对鼓棍和交叉的连心杵棍，两具鼓身均披红挂彩。接双鼓在新鼓主选出后的 8 月，择吉日举行，届时由新选的五个鼓主、礼司、歌师以及有关人员，互相轮流到每家喝酒喝茶，告知祖先他们已被选定为祭祖执事。之后，五位鼓主身着礼服，头戴"磨西"到上届鼓主家"转鼓"。上届鼓主需杀鸭一只，以糯米饭泡酒祭祖先，礼司致辞后将双鼓交给本届鼓主，由四人抬着两具鼓，二人抬两个鼓架，五个鼓主随后护送，接着手持大刀开道，道路两旁插满剥皮的黄荆条和五棓子树木条；全寨各户都摆有酒肉、糯米饭作为接鼓的祭品，队伍每到一处向鼓祭奠一番。新鼓主家需杀一只鸭子，蒸一簸箕糯米饭，取酒一杯祭鼓，歌师唱赞歌。接双鼓活动持续一天。

砍树制单鼓须在子年的十月末举行。由第一鼓主家备糯米饭、活鸭活鸡各一只，全宗族各户献棉花条，各鼓主献青布条一根、棉花条三支、青纱线一条一并带上山，一旦选中当阳而挺直的楠木，便将棉花条、青布条及青纱线系在树上，杀鸡杀鸭，以血淋树干，以示敬祭。由一位有福者先动斧砍树，然后大家一起把树砍倒，使树梢倒向东方为吉利。当把制鼓的楠木抬到村边停放时，全村寨的人都去迎接。到第三年（寅年）五月，将楠木抬进寨里制鼓，每位鼓主都用刀向鼓树砍一下，并将砍下的木片带回家珍藏，据说可以带来财富。制作前，仍用棉条、糯米饭、鸭子祭祀一番，木匠方能动手制作。单鼓制成后，将其抬到第一鼓主家里供奉。

吃牲　杀牛时间在寅年十月乙亥日，如无该日就改为十一月乙亥日。杀猪时间在杀牛后次年十月。杀牛当年五月，鼓主要请审牛师来审牛决定取用什么作为供物，眼下、眼角、腹下有毛旋的牛是不能杀的，否则会发生不幸之事。审牛之后，请舅父或女婿来砍牛，确定谁来执刀，谓之"号牛"。杀牛当天，全宗族在天蒙蒙亮时到河滩上砍杀鼓主、民众的牛，以刀砍死为吉，鞭炮声不断。牛角由出资最多者保存，砍牛者除分得一条牛腿肉外，还要与掌牛鼻者平分牛的胸脯肉，审牛师二斤牛肉，歌师各一斤，牛头留给主人作祭祖供品，余下的牛肉则宴请宾客。要把牛尾、牛头及四肢等"六件"部位都放在牛厩里，牛嘴里塞三根茅草，表示牛尚活着。这天全寨进行喝酒、踩鼓、跳芦笙舞、"游方"等娱乐活动。

杀牛后宗族各户依次祭祖、赞牛角、分"角形排骨"、投火把、砍"巴略"（即砍鼓棚林）、掀客、过桥、背水养鱼、带竹抹花脸、舂米打粑、搓草绳箍房子、敬鼓等，历经14天的杀牛祭祖才结束。次年十月杀猪祭祖，仪式在第二鼓主家进行，内容与杀牛祭祖大体相同。不同之处在于，第14天（子日）的半夜要举行送双鼓和单鼓仪式。先送双鼓到未生育而愿意保存的人家去存放求子，最后送单鼓进石窟里珍藏，将两端的鼓皮剥下来，分给第一、二鼓主各一张。同时将"吉祥物"即央公央婆的木制性器官随同单鼓送进石窟内。送双鼓和单鼓的当晚，凡本宗族内已嫁和未婚的十四五岁以上的女子，均不得在父母家过夜，也不能参加吃猪的祭祖仪式。最后民众分别到第一和第二鼓主家聚餐。

第三节　苗族民间信仰的田野考察

一　田野调查点概况

我们选择的田野调查在武陵地区山江苗族社区。山江社区以山江苗族博物馆为中心，包括大门山村、东就村、黄茅坪村以及马鞍山村等苗寨。历史上，它们之间有着密切的经济、文化交流，民族文化具有同质性，形成了典型的苗族社区。

（一）地理位置

山江镇是一个较为典型的苗族聚居区，苗族传统文化保存较好。它地处湘西凤凰县西北，距离县城20余公里，东北与两头羊乡相邻，东南与千工坪乡相邻，西南邻板畔乡，西北邻腊尔山乡。2005年，政府对山江镇进行了行政区划调整，调整后的山江镇管辖1个居委会和21个行政村，总人口有2万余人，其中苗族人口比例占99%以上，总面积约104平方公里。

（二）自然环境

山江平均海拔在500—900米，地处凤凰县中低山区向高山台地的过渡带，属亚热带季风湿润气候，四季分明。山江降水多集中在上半年，夏秋炎热。山江植物资源丰富，有水杉、银杏和杜仲等三十多种名木。

野生药材资源也相当可观，有山竹、土茯苓和红根等。林产品主要有桐油、板栗、油茶及核桃等。山江境内较大的山脉有八公山、九龙山，溶洞有观娘洞。①

（三）历史沿革

在元明清三代，山江就被视为"生苗区"，游离于中央王朝和西南土司统治之外。《续文献通考》载："近省界为熟苗，输租服役，稍同良家，至年则官司籍其户口息耗登于天府。不与是籍者，谓之生苗，生苗多而熟苗寡，其俗各以其党自相沿袭，大抵懁忮猜祸，睚眦之隙，随至杀人。"②

元代政府在山江设置了属思州军民安抚司管辖的五寨司。明代延续元制，先后设置了属保靖宣慰司管辖的竿子坪长官司和五寨长官司；在山江周边，政府为了通过"开边拓土，驱苗夺业"的方式来"抚管夷民"，也设置了镇溪军民千户所。15世纪初期到17世纪初期，中央政府动员大量劳动力修筑了苗疆万里长城，山江就属边墙外的隔离区。到1700年，为了讨伐红苗，把卫撤掉改为隶州县，设凤凰厅属辰州，镇竿为厅治所在地。如今，属于山江管辖的马鞍山村和黄茅坪村就归镇竿镇前营管辖。1797年，朝廷平息乾嘉苗民起义之后，升散厅为直隶厅，苗疆的范围于是基本上得以确定。作为干嘉苗民起义的起源地之一的山江也位于苗疆腹地。中央政府对苗族实行苗防屯政的政策后，通过修边墙、建关隘及屯田练勇的方式把中央政府的势力逐步深入山江。山江最初被称为"叭固"，关于这个名称有两种传说，一种说法认为是因为寨边有个蛤蟆众多的蛤蟆洞；另一种说法认为是因为山江多干旱的山洞。1801年，中央政府在山江驻重兵，建立兵营，此地被称为"总兵营"。1949年中华人民共和国成立以后，政府在山江镇西北方向的山上修建了山江水库，山江镇便以此得名。

（四）社会状况

山江以农业和旅游业为其支柱产业，经济发展水平在凤凰县居中。山江农业人口占据总人口的大多数，农作物以玉米、土豆、水稻和红薯

---

① 凤凰县志编纂委员会编：《凤凰县志》，湖南人民出版社1988年版，第37页。
② 转引自《湖南地方志少数民族史料》，湖南省少数民族古籍办公室编，岳麓书社1991年版，第5页。

为主，经济作物以烟叶为主，全镇的烟草种植面积达 2600 余亩，种植烤烟是村民主要的经济收入之一。现在，山江很多青壮年都纷纷外出务工，以增加家庭的经济收入。此外，山江民众养殖的家禽家畜主要有猪、牛、鸡、鸭等，大都自给。

山江境内有凤腊、凤麻公路穿境而过，可直达凤凰县城，又与临近的吉首市、怀化市、铜仁市相连。21 世纪以来，随着凤凰县旅游业的兴起，发展观光旅游也逐渐成为山江发展经济的重要手段之一。以山江苗族博物馆为中心，以展示山江苗族传统民族服饰、民间信仰、住居建筑和歌舞等文化为主，山江打造了一批如老洞民族文化村和苗人谷等观光景点。游客的猛增极大地带动了山江当地社会的发展，山江苗族民众在农闲时就向外地游客出售富有自己民族特色的饰品或当地特产。

二 田野调查点民间信仰状况

（一）民间信仰对象

1. 自然物崇拜

枫树 《苗族古歌·枫木歌》中的唱词写道："还有枫树干，还有枫树心，树干生妹榜，树心生妹留。"大意是，枫树心和枫树干生出了"妹榜妹留"（苗语中对蝴蝶妈妈的称呼）。蝴蝶妈妈（妹榜妹留）是苗族的始祖姜央的母亲，在苗族民众心目中地位非常高。山江每年都在马鞍山村举行跳花节，举行的场地为一块能够容纳一万余人的圆形凹地。在圆形凹地的中心有一棵古老的保寨树——枫树，当地人把它叫作"仙树"。每年一到农历四月初八这天，当地人都会祭祀这棵枫树，通常会摆放五个粑粑、五碗酒、三炷香、三对红烛以及一碗煮熟的猪头肉，期盼它保佑全寨人平安健康。在日常生活中，当地人还会通过抚摸树干、摘取树枝叶来治疗某些疾病。该村村长龙生全说："在跳花节那天，整个树身都是闪亮闪亮的。而且每年参加跳花节的人数众多，承蒙古枫树的保佑没有发生过任何事故。"

五棓子树 爻是山江苗巫巴代做法事时需要使用的法器，通常以五棓子树或牛角制成。当地人认为，五棓子树是所有的树木中最有杀伤力的。当地有一个传说，清代时，当地最年轻的首领吴天霸组织人们攻打凤凰县城，起义队伍佩带的兵器——五棓子刀就是用五棓子树制成的。

在巴代法事的保佑下，起义队伍杀敌无数、刀枪不入。虽然起义最终因寡不敌众等因素失利，但五棓子树仍然是山江苗族心目中的辟邪物。

竹子 山江苗族几乎每一家都在自家屋檐处挂一束由十二根水竹做成的竹子捆，用来驱赶"仇鬼"，不准其进家门，竹子捆只有在巴代做过法事后才能悬挂。

泉水 马鞍山村有一口被当地人称为"打狗冲"的"挑不完"的井。据说，从前寨子里有很多琵琶鬼（当地的地痞流氓）到处偷鸡摸狗，偷到后就到井水处冲洗并蒸煮，所以这里被称为"打狗冲"。清朝时，总兵营驻扎了很多军人，当时天旱了很久，兵营长官就派兵控制了这口当地唯一有水的井，他们发现，士兵一连几天持续挑水后井仍未干涸，就称为"挑不完的井"。这口井的来源是马鞍山村头的一个泉眼，水量丰富，在后来自来水管道修成之前，这口井始终是周围民众的日常生产生活用水的来源。每到重要节日，当地民众都会带祭品到泉眼处祭拜，把泉水看作是神圣的。

天 每到农历三月的春耕时节，有田的苗族民众会事先请当地的阴阳先生算好日子，届时家中男主人会带四两煮熟的猪肉、半斤白酒和一些香、纸到田里祭祀，请老天爷保佑自家的农事风调雨顺、庄稼丰收。

土地 山江苗族把土地尊称为土地公公，每个村寨都有土地庙。"文化大革命"期间，所有土地庙都被摧毁，土地公公也被禁止祭拜。改革开放以后，人们重建了土地庙，土地崇拜又回到山江苗族的日常生活中。每逢农历每月初一或十五，当地人会带祭品来祭祀土地神，祈求风调雨顺、平安顺利。每年农历二月初二，马鞍山村会组织寨民集资用来购买猪、牛、酒、香、纸、蜡烛等祭品，再请巴代札（苗族东部方言区祭司苗语称为"巴代"。其中，做法事时说汉语的巴代称为"巴代札"，说苗语的巴代称为"巴代熊"）主持祭祀仪式。巴代札主持仪式所用的祭品为三斤六两牛肉、三对红烛和三炷香。大型祭拜仪式结束后，每家分别带香纸祭祀土地公公，请巴代札预测一年的运势，祭祀土地公公后全寨所有人在土地庙前分食祭品。

山 狩猎在山江苗族社会生产生活中具有重要地位。过去，民众进山打猎之前会请巴代祭神祈求山神保佑自己出猎顺利；捕获猎物后也要给山神上贡品表示对山神的感谢。虽然如今狩猎在山江已经没有从前重要，但山江苗族每个村寨仍有祭祀山神的习俗。祭山神是山江苗族每年都要进行的大型活动，整个祭拜仪式由巴代雄主持。每逢过春节、农历每月的初一、十五，当地民众就会到山坡上祭拜山神。以黄茅坪村祭山仪式为例，在过年前夕，村里有一定权威的人会组织寨民集资作为购买敬神物品的费用，然后再请巴代算日子。届时在组织者带领下，捐钱的每家派一人登上山江最高的山坡。人们在石桌上供奉准备好的猪头、猪肉、鸡、酒、水果、粑粑、香、红烛和纸钱等祭品，在桌子的石缝内塞满小纸钱，将一面红旗插在石桌前，燃放爆竹，点香烧纸，祭拜山神，保佑全家人一切顺利。据当地人讲，黄茅坪有两座高山，山上居住着土地公哥哥（负责保佑平安）和土地公弟弟（负责保佑发财）。

洞穴　洞穴对于历史上频繁迁徙的苗族来说是比较容易获得的遮风避雨的地方。如今，山江苗族仍然存在洞穴崇拜。东就村二组曾以附近的一个叫川洞的山洞为名，当地人认为川洞是龙王的府邸，洞口就是龙王的家门口。东就村每次举行求雨仪式都必在川洞的洞口进行，以此表示对龙王的敬意。

牛　山江苗族对牛也非常崇拜。在当地，人们对专为椎牛活动准备的牛都会精心照料。在椎牛仪式举行的当天，通常象征性地要给牛喝一碗酒。仪式结束后，组织者把牛肉分给各家吃，据说这样做会保佑各家一切顺利；把牛皮做成鼓敲打据说可以保佑出征胜利；把牛角挂在主人家堂屋中央据说可以用来辟邪驱灾。

龙　山江苗族普遍都崇拜龙。例如，山江苗族家家户户修建新房时必须请巴代札做"安龙"仪式，即在堂屋中安放由朱砂和酒制作而成的"龙眼"以镇宅。在此之前，他们还要到河边请龙以祭拜土地里的龙，期望它能够保佑全家平安。此外，当地人每逢久旱无雨，都会请巴代札做法事祈求龙王降雨。苗族本土文化精英龙文玉解释了苗族龙信仰的几个由来。第一个是卵生说：在苗族古歌中，提及苗族祖先姜央兄妹是由蝴蝶妈妈下蛋孵化而来；第二个是胎生说：苗族的始祖蚩尤是青蛇变成的，而龙也是由它变成的，所以认为苗族的始祖是龙；第三个是图腾说：远古时期苗族普遍以龙为图腾，有人认为苗族的龙经历了从自然龙发展到文化龙的过程；第四个是滋生说：据说螃蟹打水井时冒出的水滋生出了一个美女，她繁衍了苗族先民，成为苗族的女性始祖。

2. 祖先崇拜

频繁迁徙的苗族有着浓厚的祖先崇拜情结。苗族的祖先崇拜分为始祖崇拜、氏族崇拜和家先崇拜。马鞍山村跳花节时对枫树的祭拜就体现出山江苗族的始祖崇拜。在巴代札的"还傩愿"仪式中体现出对氏族祖先蚩尤和姜央兄妹的氏族崇拜。如今这两种崇拜已经逐步淡出山江苗族的文化，但家先崇拜始终兴盛，当地人逢年过节都会在家中祭拜家先，届时家人全部参加。每年腊月到春节期间，山江当地人会请巴代札或巴代熊主持杀猪仪式祈求家先保佑后代。每年农历二、三月，有的当地人还会带上香烛纸钱等祭祀用品请巴代到自家祖坟去做法事，事主会在祖坟前宰杀一头羊或猪以供祖先享用。这种在祖坟前较大规模的祭祀活动通常三五年或者七八年才举行一次，时间间隔长短的依据是考虑家庭经济状况，或者家中是否发生重大变故。

3. 其他神灵崇拜

观音　民国时期山江苗族很多地方建有观音庙，盛行观音崇拜。"文化大革命"期间，观音庙被拆毁，这种信仰也随之淡化。

财神　山江苗族商人在家中普遍有专门供奉财神的神像，在农历每月初一或十五都会祭祀财神。例如，山江镇中心的一个小卖部的老板娘龙芳芝在自家门前敬财神时，将豆腐和熟猪肉分别装在碗里祭祀荤神和素神（两者都为财神），点香烧纸以祈求生意兴隆。

飞山圣公　在山江寨门不远处的山中有一处飞山圣公庙的遗址，据说山江过去飞山圣公庙香火极盛，后来被毁于"文化大革命"时期，现在当地人的飞山圣公崇拜逐渐淡化。

（二）巫师

山江具有沟通神人法力的巫师有巴代、阴阳先生和仙娘三类，都是不脱离农业生产的民间信仰从业者。巴代负责主持仪式活动，后两者负责查算所需仪式的种类及举办的日期。

1. 巴代

作为山江苗族祭祀仪式的主持者，巴代连接着神圣世界与世俗世界，是苗族传统文化的传承者。巴代又分为巴代雄与巴代札两支，传承方式都有家传和师传两种，但以家传为主且传男不传女。师父可以传授希望成为巴代的徒弟，这些学徒大都是家中接连遭遇不幸，或祖上有坛位的巴代后人。一般认为，只有师父的亲儿子才能得到真传。但师父无子时，其众徒之一也可继承其衣钵。巴代只有在度职之后，才可以替人做法事。师父在收徒时要充分考虑徒弟的为人及其家庭是否正派等因素而不论民族如何，但一般只有懂得苗语的人才能学好。

巴代雄　现在，山江的巴代雄一共有九个人，大门山村的吴求仓是家传第五代巴代雄，据吴求仓讲述：

> 我们的祖师爷是几千年前无父无母的吴风太上老君，共有苗司、汉司、道士三个徒弟。三人勤学几年后有所成，即将出师门相约宴请师父。前往宴请的地方有一条河，过河之前，师父提议先休息，心里盘算着道士是官宦之后，背他过河就封道士为大师兄。可启程后，道士担心自己背师父，就慢腾腾走在最后，苗司首当其冲背起师傅过河，汉司走了六步，道士才走了三步。全部过河后，师父说到，道士太大牌（意思为架子大），读书识字，以后做法事时只能站着拿书逐字念，错一个字就会瞎一只眼，排行最小；汉司也是站着照文字念来做法事，但不会错字瞎眼，封为老二；苗司做法事时站坐随意，根据对内容的理解四字一句（也有六字、九字的）念经文，为最大，就是我们巴代雄。

巴代雄做法事时用到的法器通常有：竹兴，即招魂筒，由长约二尺的筒状竹子制成，苗语称为"兴东"，敲击可以发声，唱经文时用作伴奏；竹筶子，即父，苗语称"康"，由竹子、王椿子树或牛角制成，每个法事基本上都会用到，主要用于判断是否符合神意，若连续八次都得不到期望的卦象则表示无望；一尺长一寸宽的黑色布条，苗语称为"乃利"，在做完法事后，如果是好的就用布条裹到家里，不好的就赶出去；马铃，即唤魂铃，苗语称为"肯铃"，通常在大法事上才会用到马铃。马铃的最上端为太上老君像，三个"万"字的含义是做法事要做三次，上面的12条布是师父赐予的表示可以做一般的法事，若有主家赠予红布条则表示做过椎牛仪式；蜂蜡，无论大小法事时基本上都会用到，在法事开始前点燃三小块蜂蜡，配合第一手诀，目的是防止坏人暗中做法破坏法事。

做法事时，巴代雄通常都会头戴白蓝相间、深蓝色或黑色的布帕，上身着蓝色对襟褂子，下身穿深黑色裤子，这是山江苗族成年男子传统的民族服饰。

巴代雄要凭"脑壳"（苗语称为"答憋"）来记忆经文——魂经或魂话（苗语称为"倒怪"），在家设置"魂床"（苗语称为"总棍"，指祖先等灵魂的安身之处）。巴代雄要经过"开斗"度职仪式才可以主持法事，度职仪式进行八个小时左右，通常在农历正月和七月举行。届时，需要请七位师父来给被度职的人封咒，确定其所统领的在鬼神世界中一般为三千左右的兵将。被度职者回馈每位师父三斤六两肉、一只鸡，而且以后逢年过节都要到其家中拜访。

椎牛仪式是巴代雄主持的最大法事。在民国时期湘西山江一带苗王龙云飞请贵州巴代雄主持的椎牛仪式是目前可证实的最早椎牛仪式，当时椎牛的目的是祈求五谷丰登、一切顺利。近几年，山江一带苗族举办的三次椎牛仪式基本上都是政府组织的文化表演。

此外，巴代雄还主持其他法事，诸如"洗屋"和"打扮"家里。因猫死在屋中、死人放在屋中或客人夫妇在自己家中同床给家里带来霉运而导致家中不安定，巴代雄就用"洗屋"来消除晦气。"打扮"家里就是在自家门口挂一束由十二根细竹条制作而成的竹子捆把晦气的东西挡在门外，如果门前有沟，还必须把一面八卦镜挂在门上。目前，巴代雄主持的法事有 34 项，分别为椎牛、兴相、寻找亡人、寻找恶鬼、留农、开斗、高班力、丢邓七、新相、杀猪、洗屋、仇棍加、高相、棍东你、留表、煮丙留、恰棍相、力忙丢、打鸡坏、送丙年、兴绍、吃血、把光白、召桥、塔明清、送师傅、转把让年、旦二在棍东、喝血酒、放兵、收兵、兴高、追六、解匙，内容基本上可以分为祭祖驱鬼、求财求运、治病、求丰收等方面。念总经要在每项法事开头进行，是为了告知祖师爷太上老君，在总经念完以后再根据不同的法事念相应的经文。

巴代札 每寨一般有一到两个巴代札。以马鞍山村的龙再宽和黄茅坪村的龙海平、龙志庭父子为例，龙再宽是家传第七代，60 岁以后才开始做法事。龙海平是家传第五代巴代札，从小跟随父亲学习做法事。由于没有读过书，经文全凭记忆。龙志庭是家传第六代巴代札，初中毕业后就跟随父亲做法事。

对于巴代雄的祖师传说，巴代札也予以认同，但更强调自己兵马众多的武官身份。巴代札通常对作祟的恶鬼先礼后兵，在好言相劝无效的情况下才采取武力征服。巴代札所用的法器主要有铜铃、司刀、竹鞭、流金、竹筶、牛角、锣、钹、元帅旗和令牌等。做法事时，巴代札先用红色布帕把头部包起来，再戴上冠，身穿前后开衩的长袍，长袍开叉处绣有龙和波涛的图纹。

巴代札有用汉字记录的经书，做法事时可以照着经书念。他们的家里都设有神坛，龙姓是在进门的左侧，吴姓是在进门的右侧。驻扎着自己兵马的神坛主体是一块石头，坛顶是一只倒扣的碗，碗下放有符、五谷。要想成为正式的巴代札要经过"迁该"度职仪式，包括入坛、设坛、拜师等，届时被度职的巴代札在师父面前要踩犁铁、刺牛和上刀梯以示自己学法事有上刀山、下火海的诚心和决心。

巴代札主持的主要法事活动有：一是还傩愿。规模较大，目的是追祖庆丰、治病求子。二是追魂。山江苗族民众认为，如果一个人在生病后去医院医治仍然无效，拖延时间太久就会掉魂。追魂活动的规模据病情有大有小。三是求雨。如果遭遇天旱太久的情况，当地人就到山洞中有水的地方杀羊。四是祭土地公公。祭土地公公是为了保佑全寨五谷丰登、平安顺利。五是看病。先依据生病的日期确定病害的原因，再判断是用药医治还是做法事。六是看风水和日子。风水指阴地和阳地的位置；日子即结婚或建房屋要选的吉日。七是看姻缘。通过测算男女八字是否匹配推断他们日后婚姻是否幸福。

2. 仙娘

山江镇目前健在的仙娘只有马鞍山村的吴云秀（女，71 岁，苗族，没有上过学，不会讲汉语，与她的访谈都是由马鞍山村村主任龙生全翻译）。仙娘只有命中注定的极少数妇女才可以拜师学成。吴云秀 45 岁患上心脏病，同时还有些精神分裂症状。据吴云秀说，玉皇大帝托梦告诉她命里就应该拜腊尔山五叉河的师傅学仙娘，为人们做好事，于是自己便遵照玉帝旨意前去拜师学艺。她主要进行的活动是替凡人上天庭①寻找

---

① 注：当地人深信只有无恶不作的坏人死后才会下地狱，那是个充满邪恶的地方，仙娘是女性有些柔弱，一般是不下地狱的，即使下去了也有可能找不到要找的人，还会有回不来的危险。下地狱在武将巴代札的职责范围内。

已故的亲人，询问事情或表达想念之情。

据山江一带民间传说，仙娘一般会选择好日子较多的正月和七仙女下凡的七月举行祭祀仪式。届时，主家会在早晨八九点的时候，在灶台和神龛前都放一盏点燃的油灯，供奉灶公公和祖先；灶台前放置一张桌子，上面摆放三根香、三根红烛、一升米、纸钱（多少不限）、人民币（20—50 元不等）。吴仙娘先在大门前烧纸钱、上香敬拜她的师父，主家再在家里烧香烧纸，仙娘用毛巾把眼蒙上，手里拿一根烧着的香（香烧完后还没有上天庭说明这次就上不去了，只能另选吉日），坐在桌前，香、纸的味呛到嗓子、鼻子三次，喊师父的名字，在师父的带领下经过灶公公、祖先（家里神龛供奉的）、土地公公、表牛、表寨五关才能上天庭，再请总师父七仙女带路，五位神仙和师父陪同，寻找已故者的灵魂，直到找到为止。以仙娘为中介，主家可以和已故亲人的灵魂谈话，此时仙娘的声音、语气、神态和已故者一模一样，但她本人不知道交谈的内容，完全处于迷糊状态。过五关时，每到一处，主家就要在桌旁烧纸钱，还要说"灶公公、家里神龛、土地公公，我给您烧纸了，请您让仙娘上天庭找我的亲人"之类的话。同时，主家会在屋中龙眼①的位置再放置一张桌子，摆放三道素菜，神龛供奉几位祖先就放置几双碗筷，等和已故亲人交谈完，说"请祖先吃顿饭，辛苦仙娘和诸位师父了，一起吃饭"之类的话，家人包括叔叔、伯伯等围坐用餐。吃完饭后还要给每位祖先烧纸钱，说明谁烧了多少，他们就能在天庭收到。仙娘再按原路返回，慢慢才能恢复神智。供奉的食物必须家人吃，可以保平安。

平时，仙娘要在每月的初一、十五到土地公公（寨子的土地庙）以及山上有固定的地方烧纸、上香，敬豆腐、肉、酒、3 至 5 个粑粑，还要跪下磕头 3 次，在家给师父们烧纸上香。仙娘上天庭时没有特殊的法器和服装。

（三）山江苗族求雨仪式

1. 缘起

苗族聚居区多属于喀斯特地貌，雨水较少，经常影响着当地人正常

---

① 注：苗寨中家家户户在新建房屋时，在大门正对面神龛前面的地上请巴代安龙眼，放置一个装有酒和朱砂的小瓶，用来祭拜土地里的龙，保佑家里安宁。

的生产生活，如果天旱持续二十天以上就会对庄稼生长和人们的生活用水造成影响。每逢遇到天旱，村民们就会集资购祭祀品请巴代到寨边附近的山洞祈求龙王降雨。近几年，山江举行了好几场求雨仪式，这些求雨仪式都由村委会组织、巴代主持。

2013 年，东就村全年干旱少雨，入夏以来村里的主要经济作物烤烟都已枯黄。当地村民经过商议后决定像过去一样请村里的巴代举行求雨仪式，时间定在公历 7 月 21 日。村民每家出资用于购买祭品。这次求雨仪式共募资 1000 余元，购买了三十斤肉、一只公羊、一只雄鸡、三箱啤酒、一小桶白酒和一袋纸钱等祭祀用品。求雨仪式通常由巴代札主持。按照当地人的说法，身为武官的巴代札掌兵众多，在与神灵沟通无果的情况下可派兵威胁甚至强迫神灵降雨；而身为文官的巴代雄只能以祭品数量多少为筹码与神灵讨价还价达到降雨的目的。由于巴代札求雨曾经不灵验，该村请巴代雄求雨后却实现了降雨，村民就认为村寨附近的川洞应该归巴代雄管辖。这一次负责求雨的巴代雄龙尚金师傅因在 2010 年主持求雨仪式后一连下了好几天的雨，村民都很信任他，一致同意请龙师傅来主持今年的求雨仪式。

东就村每次举行求雨仪式都在川洞洞口进行。当地人认为，川洞是主管东就村一带龙王的府邸，洞口水源和阳光充足，此处乃龙王家门口，因此在此烧纸敬香可以体现出人们对神灵的敬重。当地有一个关于求雨时间的传说：东就村一带有乌龙山、嬷嬷山和川洞三座大山，大山里分别都有一个龙王居住的洞。有一天，龙王们之间由于积怨已久，就争着要做老大，后来只有川洞的龙战死。从此，嬷嬷山的龙和乌龙山的龙分别成为一大王和二大王，川洞后来的龙为三大王。川洞龙王由于排辈小，在施法降雨前要经过一大王和二大王的同意。虽然川洞一带久旱，但是当地人还是在嬷嬷山、乌龙山一带的人求雨过后才着手举办。

2. 过程

请神阶段：求雨仪式基本上可以分为请神、敬神、送神三部分。

仪式开始前要布置法事现场。11 点半，两个少年牵着羊先来到川洞。12 时 15 分，十多个背着祭品的村民也陆续前来，他们将背来的三块猪肉和啤酒放到洞内水中，在用石头垒的灶台上放置锅炒煮切碎的猪肉。12 时 40 分，龙师傅身着法事服装到达洞中，指导村民摆放祭祀的供品。他们在一张方桌上摆放祭品——左边放上两沓纸钱，一捆散开的香置于其右，一块放在碗中的熟猪肉在其正前方，熟猪肉的周围放着倒有少量白酒的五个碗。龙师傅把买来的三叠面饼摆放在酒碗之间的空隙处，桌前拴有一只小羊和一只公鸡。龙师傅在桌子的后方站着，左边不远处有放在碗里的插有两炷香的生猪肉。两沓纸钱放于饼右侧，前面放着两碗酒。

村民们普遍认为，只要求雨的师傅一来，不久即会变天。果然，求雨的师傅来到后，天色变阴。12时55分，求雨仪式开始。龙师傅取三颗蜂蜡放入火盆中，默念经文，挽指诀。巴代雄之所以要将蜂蜡放入火盆中，是出于这样一个传说：据说，过去巴代雄有一次做椎牛仪式时有人暗地里使戏法搞破坏，导致巴代雄把标枪误刺在他人身上。为了避免以后再发生此类事情，巴代雄才用蜂蜡用以封他人的法术。

站在桌前的巴代雄，左手执竹筶，右手拿铜铃，用苗语告诉祖师爷太上老君，弟子在做求雨法事，并念求雨经文："点上蜡香，摇响铜铃，随着蜡香飘飘而上；田里地里，谷子稻子，因为干旱不能生长；天上大神，洞里大王，收下我们准备的祭品，为我们下雨吧！"巴代雄唱完一段就打卦一次。巴代雄右边站着一位被称为"陪侍"的老人，由他将地上的筶子捡起来给龙师傅。若出现顺卦则表示有一位大王驾到，求雨成功就有希望。巴代雄届时就与陪侍一起双手合十鞠躬拜三下，在此之前还要摇响铜铃。龙师傅说，其他两位大王都非常爽快地答应前来，但是对三大王的邀请却并不顺利，龙师傅解释说三大王一直在请求一大王和二大王前来施雨。大概半个小时后，龙师傅打出了顺卦，他说一、二两位大王已经允许三大王前来。仪式到这里，标志着请神过程结束。

敬神阶段：下午一点半，当地人开始杀羊和鸡，褪毛后放入锅中煮到半熟，将其中各部分都象征性地切下一小块用以敬神。稍后，两位在巴代雄家负责煮饭的男子将煮好的两桶饭提到川洞，众人将两桶饭和熟羊、鸡肉分别盛放到碗里；在桌子和地上祭品的四周撒上纸钱若干，桌上多出四碗米饭和五碗熟肉，桌下则多了一个碗，里面放着内脏、蹄子和爪子，桌子前面的地上放着一块生猪肘肉。在敬地龙的祭品中，多出了一碗肉和米饭。下午3时，开始敬神。龙师傅念道："我们精心准备的食物，请您享用，我们的生计需要您保佑，请下雨吧！不知今天能下雨吗？能下几分雨呢？"并且用竹筶占卜多少供品下几分雨，龙王们是否同意。他想用最低的代价让大王们下最多的雨。经过讨价还价后，当地懂卦相的人说，龙王同意当晚下六分的雨。村民们于是非常期待晚上的降雨。

送神阶段：下午 3 时 20 分，龙师傅与龙王商定好下雨的时间和雨量后，继续念经请龙王享用祭品，享用毕再念经把他们送走，同时也告知祖师爷来享用供品。届时，在场的所有村民点燃香纸、作揖鞠躬祈求龙王如约赐雨。半个小时后，法事完毕，人们将祭品做成菜肴就地分吃，希望以此"沾点龙王带来的灵气"。

结果，在求雨仪式后的当晚，东就村的确下了雨，但是只有"一分"，雨量太少，旱情仍然没有得到有效的缓解。即便如此，在山江苗族聚居区巴代求雨有时没有灵验或者效果不佳，人们也只是认为这是由于敬奉给龙王的钱不足或神灵不讲信用，而不会对巴代表现出不信任，他们来年如果遇到天旱，还会请巴代求雨。

第 四 章

武陵地区侗族的民间信仰

第一节　侗族族源

侗族是武陵地区的少数民族之一，主要聚居在贵州、湖南、广西、湖北等省区，散居于全国其他各省市，分布面积较广。据 2010 年全国第六次人口普查统计，侗族总人口约 300 万人，较之 2000 年全国第五次人口普查侗族人口减少了 8 万多人，在全国少数民族中人口由第七降到第九位，占全国人口比的 0.2161%，是全国人口较少的少数民族之一。

侗族自称为 "干" (gaeml)、"更" (geml)、"金" (jeml) 或 "伒伶"，有些地方的侗族也被称为 "金佬" (jeml laox)、"金绞" (jeml jaox)、"金坦" (jeml tanx)，汉族称为 "侗家"，苗族称为 "呆故" (Daix guv)。据相关史书记载，武陵地区侗族的先民在历史早期先后被称为 "黔中蛮""武陵蛮" 或 "五溪蛮""僚" 或 "僚浒" 及 "乌浒"，宋代以后被称为 "伒伶""伒佬""伒偻"，而 "峒人" 或 "洞蛮" 是至明代才对他们的称谓。到了清代，他们被称为 "洞苗""洞民""洞家"，或被泛称为 "苗"。一直到中华人民共和国的民族识别时，才正式把他们的名称确定为 "侗族"。[①]

对于武陵地区侗族的族源，学界大致有武陵地区土著说、都柳江下游的梧州一带溯河而上迁来说、从温州经洞庭湖沿沅江迁徙而来说、融合外迁民族说四种。从侗族不同方言区流传的 "祖公上河" 以及 "祖公进寨" 传说中，可以推断出古代侗族先民的迁徙路线可能是由梧州溯江

---

① 参见《侗族简史》，民族出版社 2008 年版，第 13—15 页。

而上迁到古州，后来，一部分向东移动，经过通道北上到天柱、新晃一带，另一部分由古州东迁三江、龙胜一带然后定居下来。至于民间流传更为普遍的江西迁来的说法，明显受到明朝初年大规模移民屯田潮以及设置卫所屯军的影响，实际上是民族融合的反映。

侗族是从古代百越的一支发展而来的。早在先秦时期，越作为族称，与瓯、闽等相通，与中原的关系往来据《山海经·海内南经》《周礼·职方氏》《逸周书·伊尹朝献》《竹书纪年》等古籍记载最早可以追溯至夏、商、西周三代。考古材料显示，越人早在夏、商、周时期居住于长江中下游及岭南地区。越内部支系众多，最早大约在战国时期统称为百越。《吕氏春秋·恃君揽》《汉书·地理志》都有明确记载，散布在今华南各处，大致上从现在的湖南东部和南部，以东以南一直到达大海，包括现在的江西、浙江、苏南、皖南、福建、广东、广西以至越南北部的大部分地区。越人中发展最快且汉化程度最高的是春秋时期的吴国和越国阶段，以稻作农业为主，善于架舟用船，住房为干栏式建筑，具有父系家庭特征，葛麻纺织和丝织业发达，铸剑技术名闻天下，有断发文身、拔牙凿齿、崇拜鸟等习俗。

秦汉时期侗族先民主要源于战国于越的骆越。《晃州厅志》记载："厅治东接龙标，西驰骆越。"[1] 晃州（今湖南新晃一带）之西，即现在的玉屏、岑巩、镇远，西南则是三穗、天柱、锦屏等地，大致与武陵地区范围重合。秦汉中央王朝对西南民族地区统治的过程，如设置会稽郡、桂林郡、南海郡、象郡以及"和辑百越"，促进了骆越与中原地区的交往融合。僚的名称，最早约见于西晋陈寿所撰的《益都耆旧传》，大都指牂柯、兴古郡的民族，范围大致包括现在贵州省、云南省曲靖地区东南部，文山自治州和红河自治州的一部分，以及广西壮族自治区西部的右江上游一带。僚的名称常与其居住地名或其他民族名称连用，如侗僚。[2]《隋书》记载道："南蛮杂类与华人错居，曰蜒、曰俚、曰僚、曰伶，俱无君长，随山洞而居，古先民所谓百越是也。"其中的"僚"，是由骆越发展而来。宋朝沿袭唐代的羁縻政策，"峒"或"洞"成为羁縻州所辖属的行

---

① （清）《晃州厅志·驿传》卷二五，道光版。
② 王钟翰：《中国民族史》，中国社会科学出版社 1994 年版，第 315 页。

政单位，经常与"州"并称"州峒"，称辖区内民众为峒民。至于宋代侗族先民就有了相对明确的族称"仡伶"或"伶"，可见于史书。① 宋末元初，侗族先民部分地区的首领雄霸一方，中央朝廷先后在九溪十八洞派兵征讨，设置古州八万军民总管府和十五个长官司。明代时期的侗族分布很广，据《广西通志·诸蛮》《贵州图经新志》《明史纪事本末补编》等史料记载，岭南之梧州一带和湘黔桂交界地区都生活着侗族先民。清代泛称侗族为"苗"。

侗族有自己的语言——侗语。侗语属于汉藏语系壮侗语族的侗水语支，它和仫佬语、毛南语和水语等语言有着较为密切的亲属关系。以锦屏县南部的启蒙一带为分界线，侗语被分为南北两种方言区，两种方言区又各有三个土语区。其中，北部方言以锦屏"大同话"为代表；南部方言以锦屏的"启蒙话"为代表。②

第二节 侗族民间信仰的历史状况

一 侗族民间信仰的内容

（一）自然崇拜

燕子 侗族民众将燕子视为朋友，侗乡至今都有在堂屋或过道为燕子造窝、保护燕子的习俗。据说，侗族祖先造屋所用的杉木，乃是由燕子从昆仑山上衔得的种子生长而成，之后它还教会侗族民众使用杉木建筑房屋。为了报答燕子的恩德，侗族民众时时处处都将燕子视为最亲近的朋友加以保护。

狗 侗族民众对狗既爱又恨，一方面把它视为可以通神的灵物，另一方面将之看作侵犯月神的恶势力。以前每逢大旱不雨，黔东南思肠、天马、大有等地一带的侗民就会抬狗求雨，届时民众给狗穿上衣服，装扮成花姑娘的样子坐在轿中，由两个人抬着在村寨和田坝间游行，同时还要敲击鼎罐盖，念"风雨咒"，向天祈雨。每遇月食，民众认为是天狗

---

① 参见《侗族简史》，民族出版社 2008 年版，第 14—15 页。
② 贵州省民族语文指导委员会：《侗族的语言情况和文字问题》，《侗族语言文字问题科学讨论会汇刊》1959 年第 10 期。

吞吃了天上的月亮，全寨男女老少敲锣击鼓、敲盆打钵，发出震天响声来撵"天狗"以拯救月亮，直到月亮复现，才停止敲击响器，"撵天狗"的习俗一直沿袭至今。

古树　侗族民间一直流传着"古树保村，老人保寨"的说法。寨中的古树一般都被奉为"美烘徐"，即"风水树"，又被称为"保寨树""神树"，是村寨兴旺发达的象征和保护神，被当作神灵来敬拜。侗族地区有的人还会把年幼的孩子寄拜给古树，求其保佑孩子平安顺利成长。

香椿树　侗族普遍认为香椿树是树中之王，能够吓退邪鬼恶灵。凡是经济条件较好的侗族家庭通常都会以香椿木作原料，制作堂屋大门的门枋，用以避邪保佑家人。

黄杨树　黄杨树俗称"千年矮"，四季常青，生长旺盛，千年不衰。"萨坛"正中必须栽一株黄杨树，侗民称为祖母树，以示神树千秋长盛、永葆青春的灵性，祈求其保佑村寨人畜平安、风调雨顺。

秧苗　侗族地区与侗民生活密切相连的秧苗也被视为神灵，在四月份"开秧门"的时候，侗族民众会拿香纸酒肉祭拜秧神，之后才可以下田扯秧移栽，求秧神保佑五谷丰登。

葡萄藤　侗族认为葡萄藤具有神力，箍"萨坛"时必须用蔓跨过小溪的葡萄藤来固定"萨"的神位，使"萨"长久居住于神坛，庇佑寨民。

浮萍　浮萍极强的生命力喻示村寨人丁兴旺，浮萍随地而安、扎根生长，因此在侗族安神坛时浮萍必不可少，预示生命力顽强、村寨吉祥。

太阳　太阳是热量和光明的来源，侗民一直将太阳视为神灵来顶礼膜拜。黔东南大有乡鲁溪村的杨姓侗民农历年三十早晨太阳没有升起之前，在院坝上用12根灯草点灯，桌上摆12杯满清茶、糖果，燃15炷香插于东、西、南、北、中五方，然后燃烛、烧纸、放鞭炮祭祀太阳神。而思肠镇万家坪杨姓侗民是在每年农历六月十九清晨太阳还没有升起之前，扛大小桌子各一张登上高坡，大桌上放置小桌，小桌上摆放刀头肉、酒酿、盛清油并在周边放12根灯草点灯的一个圆盘、12个盛满茶的茶杯，燃10炷香分别插于东、西、南、北、中五方，然后燃烛、烧纸、放鞭炮，遥向东方念诵经文敬祭太阳神。

月亮　侗族还信奉月亮，黔东南思肠、大有、水尾等地区一带的侗族会在农历八月十五中秋之夜祭拜月亮，在院坝中朝月出的方向摆设香案，供上时令瓜果，如花生、柚子、柿子、葛苕、南瓜、毛豆角以及清茶、月饼、糖果等物品；然后燃香烧纸祀拜；祭完之后，全家人边吃敬供的食品边赏月。

风、雨　风雨关乎庄稼的生长，黔东南侗族地区在立夏时节要备办刀头肉、酒酿、粑粑豆腐，请巫师到河边敬祭风神、雨神，祈求风调雨顺、五谷丰收。祭完之后，将供物开锅煮熟后全寨人一起食用。

水、河、井　水是生命的源泉，侗族每年岁首，或妇女首次下河、到井里汲水，或新娘到婆家第一次汲水，都要携带香、蜡、纸钱等插在河坎或井边，点火焚化，祈祷水神给家人带来福祉，敬祭完水神之后才可以汲水回家或者下河捕捉鱼虾，天旱时还要打醮求雨。黔东南的榕江县（旧称古州）车江一带，每年正月择一吉日，全寨妇女各备酒菜到井边敬祭水神，围井"哆耶"（侗语，唱歌跳舞之意），颂赞水井带来的幸福，祝愿井水终年满溢、四季清甜；出门走路，途中在泉井边喝水时，要摘两片茅草绾成草标，丢在水中，求水神保佑"吃了不痛肚子"。在侗族关于人类起源的神话《起源歌》中叙述道，雷婆为了报复人类，降下滔天大水，当天上放出七个太阳晒干洪水之后，人类又饱受干旱之苦，洪水和干旱的印记留在侗民的历史记忆中，因此侗族民众对水产生了敬畏之情。

火　火能够给人类带来光明、温暖抑或灾难，侗族民众对之敬畏有加。每年腊月，侗寨要集资买猪进行消除"火殃"的活动，用猪祭祀火神以求吉驱邪；大年三十吃年夜饭前，要用少量的酒肉投入火塘，祈求火神保佑消除"火殃"；在守岁的那一夜，要防止火塘断火，而且要以熊熊红火烧一整夜，象征来年红运；如果村寨不幸发生火灾，要进行"倒火堂"仪式，祭毕，在场的人才能够离开，否则"火殃"会蔓延。在日常生活中，侗族民众对火有着诸多禁忌和祭拜，放火烧山之前也要祭拜，祈求其保佑烧透土层又不至于火势蔓延毁坏森林；平时若有人生病，可以用肉食加上一小块先燃烧通红再浸水熄灭的木炭，用勺子把它们抛往屋外，寓意是肉食供鬼吃，火则镇邪除恶；乔迁要选吉日请吉人生火，寓意家族兴旺；若夜里看到流星落于何方，通常会被认为火殃就将降于那个地方，必须立刻做法事驱火；若有人家发生了火灾，这一家会被视为"火殃头"，按照惯例这一家应该出钱选吉日请巫师组织村寨成员扫寨以驱赶"火鬼"。

山　由山神掌管的山是侗族民众重要的生活和生产场所。侗民出猎前会先祭掌管山里所有动植物的山神，征得山神同意后才能获得猎物，否则会无获而归，甚至发生意外。砍倒树木前或者在路边、林中小解时都先要喊一声"让开啰"，侗民认为崇山峻岭、奇山怪峰是神山的命脉，具有神性，不能随意破坏和亵渎。侗族认为凡大山皆有龙神地脉，大山一旦被神化后，就会有诸多的禁忌。进山伐树前也必须祭祀山神，如果不这样做就会因破坏风水而招灾引祸。

白石　侗族神坛内多安有白石。据说当初侗族先民为了能够得到"萨"的永久护佑，便将她的神灵附置于故土——白石之上，后代在安置"萨坛"时，必须安放带有鸟粪的白石，之后每逢迁徙，都要携带白石将其移植新居，其目的是保佑寨人适应当地"水土"、健康长寿、顺利平安。

岩洞　自然岩洞被侗族民众视为可以消除旱灾的圣地。以前凡是遇到久旱无雨的灾害，侗民就会带供品到附近的岩洞祭奠洞神，祈求洞神兴云降雨，还有的侗族地区认为自然岩洞中居住着司雨的蛇神。

土地　土地是侗族赖以生存的重要资源，民众认为土地神可以保佑寨中人畜平安、作物丰收、地方安宁，并有威慑猛兽的作用。因此每当新寨建成后，侗民会在寨中选择一处风水好的地方安置土地公（即土地神）。之后，还会在寨头、寨中、寨尾、桥头、路口、山坳等处，修建规模不等的土地庙，庙中一般只有牌位没有神像，有的仅供奉一块石头，也有悬挂猪下颏骨供奉的。同时，每户侗民都会在家里的神龛下设置土地神位，使之与祖先一起享用后代的供奉。每逢造屋、开荒、修路等需要动土的工事，侗族民众都要祭拜"土王"后方可进行，建房造屋完工后还要"谢土"。每逢戊日和"土王用事"日不仅不能动土还要对其进行专门祭祀。每年三月初三和秋天丰收之后，全寨各家各户都置办香纸、祭品敬祭土地公，祈求或答谢其保佑风调雨顺、五谷丰登。逢年过节或遇自然灾害，需用猪、羊、鸡等献祭土地神。猎人出猎前，狩猎的头人必须到溪沟里捞取三尾小鱼作为供品，烧香化纸敬祭土地神，然后才可以领队上山；获得猎物后，也要酬谢土地神。"萨坛"内的土叫作"心土"，必须在安坛师的指点下，由当地有威望的若干人，从高山顶上分别取来。"萨屋"里的土会从当地官府衙门去取。

桥、石碑   对于生活在河边的侗族来说，桥的重要性不言而喻，侗族民众对它非常敬畏。部分侗族有"敬桥"祭祀活动，即在架桥前请阴阳先生测算方位，并焚香烧纸上贡品。不仅如此，每到农历二月二，他们还会用酒肉和粑粑向桥祭献以祈求桥保佑平安。在桥竣工后路边所修建的功德纪念碑被认为是祖宗英灵之所在，人们长年以香火供祭。侗族中没有子嗣的人也通过架桥的方式来修阴德。

（二）图腾崇拜

蛇   有些侗寨畏惧大蛇，认为见到蛇怪（或称为孽龙）后必死，也不能与崇拜蛇尤其被认为是"笨腊随"（意"蛇种"，即蛇的"根骨"）的家族结亲，据说这种蛇的根骨只传女不传男。但绝大多数侗民相信蛇是侗族的祖先，作为民族图腾加以祭拜。相传侗族祖先迁居之日正好是五月初五，午时挖地基时遇到一条爱吃糯米粑粑的小花蛇，这象征着侗族祖先选定的村址是吉地，全寨以后会在此安居乐业，所以，每年端午节，当地民众都会包粽粑以敬祭蛇神。在清明节那一天，人们如果在扫墓时见到蛇，会认为这是祖先在显灵，马上磕头作揖以祈求其保佑。在村外遇到蛇也认为是祖先显灵，不能打更不能使其受到惊吓。如果有蛇进屋，则视为祖先回家，要焚香烧纸祈祷。久旱不雨，土地干涸，也要祈求蛇神兴云降雨。侗族人还会在神龛上、堂屋的横枋上或大门上雕刻蛇形。①

牛   有的侗族认为其祖先与牛同源，属于"笨腊国、腊秀想、南荡门"，即水牛的"根骨"，故要定期敬祭水牛。在生产力落后的过去，牛是侗族最重要的生产工具，也是家庭的主要财产。四月初八（有的地方认为是六月初六）相传为牛的生日，要过牛王节，侗语叫"脱生尼"。各家要为牛清洗，牛圈也要打扫干净，让牛享用炒油茶和米饭，有的也用烤酒和鸡蛋对其以示谢意，并用鸡鸭等祭品在牛栏旁设敬案来供奉牛神。平时宰杀耕牛时，必须烧香化纸，并祈求耕牛宽恕主人是不得已才出此下策，望它早日成仙；对于旁观者，则要反背着手并露出痛苦的神色，表示他们的手都被反绑着，无法搭救，请求原谅。牛死后，屠夫要用一

---

① 杨筑慧：《侗族风俗志》，中央民族大学出版社 2006 年版，第 139 页。

把纸钱堵抹血口，表示送纸钱让它升仙。侗族喜欢斗牛，最勇猛的牛被作为"帅牛""神牛""仙牛"来敬供。在春节、端午节、重阳节、牯脏节、摆古节、侗年等重大而古老的传统节日中，牛都是侗族民众的吉祥物和守护神。侗民还将牛角挂在堂屋门枋上，以示对先祖慎思怀远之意，祈求其镇邪驱魔保佑六畜兴旺，或者将牛角作为酒具，也可以随身携带，甚至装满火药挂于家中，以祈吉祥如意，一切顺利。

（三）祖先崇拜

1. 始祖（远祖）

始祖崇拜是指对民族创始祖先的祭祀。侗族始祖崇拜对象不仅有女性始祖，如"萨"，也有为数不多的男性远祖，如三容神和社神。

萨　在侗族所信仰的各种神灵中，"萨"是其中内涵最丰富、外延最宽广、信仰最普遍、地位最崇高的女性神祇，侗乡民间一直流传着"天上雷公最大，地上萨岁最大""天上地下，千神万神，萨岁是众人大神"的说法。其中以"萨"为最大，"萨"（侗语"sax"），意为祖母、大祖母、始祖母、曾祖母、太祖母、先祖母等，是一个具有普遍意义、集合性质的抽象概念，是女性神灵崇拜的代表，她被视为侗族的女始祖、女英雄。在不同的侗族聚居区有如"萨岁""萨玛"等不同称呼。"萨"神通广大，能影响风、雨、雷、电、瘟等诸神，还能驱邪禳灾、管制猛兽、保境安民，侗族民众又将之视为"社稷神"，凡遇生产、生活中的大小事务都要祈求她的庇佑。中华人民共和国成立前，大部分侗寨都有专门公用的、由主管萨母坛的人耕种、收获稻谷作为祭祀的费用。①

"萨"是从侗族社会的婚姻制度中衍生出来的。它最初是侗族对偶婚时期对父系血缘关系氏族中的父辈之母的泛称，当侗族父系氏族社会确立后，它渐渐成为侗族一切女性长辈的象征。后来，随着侗族社会的不断发展，祖先观念随之产生，它又逐步演化为侗族的祖先神。② 著名侗学研究者邓敏文认为，侗族以"萨"为名的女神或女妖主要有：龟祖母，也被称为"团鱼祖母"，在侗族民间文学中，往往把它译成"龟婆"。在侗族的民间传说中，龟祖母是人类的始祖母，由她生出人类的第一对夫

---

① 杨筑慧：《侗族风俗志》，中央民族大学出版社 2006 年版，第 138—140 页。
② 陆中午、吴炳升：《侗族信仰大观》，民族出版社 2006 年版，第 5 页。

妻"松恩"和"松桑";棉皮祖母,也是侗族民间传说中人类的始祖母;乡间祖母,即人间祖母,据说她是专门负责人间事物的女性天神;守井祖母,据说她是专门负责看管由阴间到阳间之间路上的水井,只有喝下水井里的水才能去阴间或到阳间;雷祖母,据说她是专门负责风雨雷电的天神,是松恩与松桑所生的十二兄妹之一;爱情祖母,即青春祖母,在侗族的民间传说中,她是专司爱情的爱神,另一种说法认为她是专司小儿麻疹的女神;变化无常的祖母,传说她是一种能变来变去的女妖怪,类似汉族传说中的"巫婆";桥头祖母,传说她是负责看管阴阳两界之间的一座桥的女神;床头祖母,传说她是掌管妇女生育儿女的女神;熊祖母,即猿祖母,据说她经常以蓬头垢面的形象出现,是一种吃人的女妖怪,另一种说法认为她满身长毛,是一个野人;谷糠祖母,即疯癫祖母,传说她是一种专门喜欢捉弄小孩的女妖怪;山崩祖母,传说她是一位专管山林的自然女神;储水祖母,传说她是一位专管江河湖海的自然女神;天姑祖母,即仙姑祖母,传说是一位护佑侗乡的女天神;天祖母,即仙姑祖母,同"天姑祖母";天姑子祖母,即仙姑子祖母,同"天姑祖母";已去世的祖母,传说她是一位为保卫侗乡土地而英勇献身的女英雄;大祖母,同"已去世的祖母";堂上的祖母,同"已去世的祖母"①。此外,其他文献中还指出萨的其他形象,如坐守山坳、防范边域的"萨对",把守大门、防止鬼邪、保佑小孩平安的"萨林惰",防天花传染、保佑儿童免灾脱险的"萨多",专管井水四季常青的"萨闷",管理村寨、护佑丰收的"萨样岁",持掌酒曲、供人酿酒的"萨滨",偷魂盗魄的"萨两"及无所不能、无所不在的"萨岁"等。②

侗族"萨"崇拜的内容有以下四种。

第一,"萨"是侗族的始祖。在侗乡,民众对女性始祖的敬仰主要源于对创世神话史诗的接受和传承。《侗款》中的《九十九公合款》中说:"姜良姜妹成婚三年多,生下个孩子。那孩子无头又无眼,无手也无脚,像大冬瓜一个……天上的仙婆看到了拿刀来砍,举刀一砍,分成五份:肉变侗人,侗人善良温顺;骨变苗人,苗人强悍坚硬;肠变汉人,汉人

---

① 邓敏文:《"萨"神试析》,《贵州民族研究》1990 年第 4 期。
② 林良斌、吴文志:《和谐侗乡》,湖南人民出版社 2011 年版,第 181—182 页。

乖巧聪明；剩下的肝肺碎肉变成瑶人、壮人、布依人……这时人们又繁殖起来，人满了平地山岭。"① 在黎平、从江等侗族地区流传的侗族创世神话《侗族祖先哪里来》，就记载有人类的始祖松桑、松恩是由龟婆所生："四个龟婆在坡脚，它们各孵蛋一个。坏蛋丢去了，剩个好蛋孵出壳。孵出一个男孩叫松恩，聪明又灵活。四个龟婆在寨脚，它们又孵蛋四个，坏蛋丢去了，剩个好蛋孵出壳。孵出一个姑娘叫松桑，美丽如花朵。就从那时起，人才世上落，松恩松桑传后代，世上的人儿渐渐多。"

20 世纪 80 年代初期搜集整理的侗族创世神话史诗《侗族远祖歌》记录了侗族女始祖的来历与形成：上古时候，世上没有人类，到处是深山老林，遍地是河流荒草，这时四个龟婆从自己身上扯下四颗肉痣，肉痣变成四个圆蛋，龟婆开始在河边孵蛋，四个蛋中只有一个是好蛋，孵出了一个女孩叫松桑。龟婆觉得自己所孵出的人太少，于是又在山脚的水边孵了四个蛋，结果还是一样，仍然只有一个好蛋，由这个蛋孵出了一个叫松恩的男孩。两个小孩后来靠吸食雾露长大，结婚后陆续生下很多动物以及姜良、姜妹两个兄妹，由两兄妹又繁衍了人类。侗族创世史诗把自己民族的女始祖称作"萨天巴"，有的也称为"棉婆"和"龟婆"。事实上，侗族创世史诗中的"龟"并不是真正的"龟"，而是指侗族人心目中的一种神圣的动物。而"棉婆"中的"棉"在侗族人心目中也是指一种珍稀动物，含有"祖先"的含义。

第二，"萨"是侗族生育之神。侗族婴儿降生，主要由"花林四萨"保送而来。侗族款词中有"村村都有背带的（萨）"之句。"背带"是"萨"裹护婴儿，保佑侗寨人丁兴旺之用。

第三，"萨"是侗族的守护神，能驱邪除害，保村护寨，左右生死祸福。这一信仰来源于对侗族有影响的三类女英雄祖先。

一是侗族英雄史诗《萨岁之歌》记录的萨岁，她的真名叫婢奔，其父母是在财主李姓家庭做工的堵囊和仰香，两人日久生情，但财主垂涎仰香的美貌要强娶。两人遂逃到螺蛳寨，在那里生活并生下女儿婢奔。李家于是派人欲打死仰香，堵囊、婢奔父女在和乡亲的帮助下杀死了李家主人。此后，李家在外为官司的儿子派兵围攻侗寨，当地侗族乡民由

---

① 林良斌、吴文志：《和谐侗乡》，湖南人民出版社 2011 年版，第 74—75 页。

于自己势力薄弱而被官兵打败，堵囊和婢奔和不愿意投降，跳河自尽。传说中婢奔死后变成了一个神女，最终率领部下打败了来犯之敌。婢奔也因此被侗族民众尊称为"萨岁"，并逐渐演变成为侗寨护佑神。①

二是古代岭南地区的著名女英雄——冼夫人，侗族是岭南地区百越民族的后裔，在岭南地区具有影响力的冼夫人也是萨岁的原型之一。冼夫人，原名冼英，广东高州人。冼夫人是南梁州刺史冼挺的妹妹，后来嫁给了高凉太守冯宝。冼夫人擅长于与英豪交往，非常贤明。高凉太守冯宝死后，岭南地区陷入混乱，冼夫人于是被陈朝封为"石龙郡太夫人"，负责平定乱局。隋朝建立后，冼夫人率领岭南地区的广大民众归附隋朝中央政府，为稳定岭南作出了重大贡献，后被加封为"谯国夫人"，去世后追谥为"诚敬夫人"。她为岭南地区的安定和发展作出了卓越的贡献，在岭南俚人中威信很高，被奉为保境安民的"圣母"。②

三是杨令婆。坦洞乡岑村光绪年间手抄本的《陆氏家谱》中有记载："洪武四年（1731 年）小河各处定地名。我祖景佑公带妻及张氏父子等搬迁，初到（思州）小河坦洞落脚，居住三年，云雾沉沉，昼夜不分，四季不清，五谷不生，无法可消云雾，才有太白金星下凡指导，曰：若要云雾开，要等杨家来。我祖志高，宗泰前往天钵（波）府，接得杨天应兄弟二人来此，起佛堂，安神庙，云开雾散，不分昼夜和春夏秋冬，耕种阳春，五谷丰登，年月安好。自开辟以来，人民安逸，以奉杨令婆，古根留下至今。"类似记载在乾隆十四年（1749 年）镇远知府朱桂祯所撰《圣婆遗迹·瓦寨冷神碑记》、清乾隆五十四年（1789 年）所撰《镇远府志方外》卷二八、玉屏南宁堡光绪十九年（1893 年）续修本《杨氏族谱》和新晃县属中寨《杨氏族谱》等史料中提及的"圣婆掘井造竹""驱云散雾"等历史记忆中都有所出现。后世鉴于圣婆能给当地人带来幸福生活，便世世代代信奉。剑河、三穗等地民众所信仰的"圣婆"，是唐五代时杨再思的妻子杨令婆。直到现在，很多侗族村寨都仍然建有飞山庙，以供奉杨令公和杨令婆；三江侗族却认为圣婆是孟获之妻；也有一些地区的侗族民众认为"萨麻"在深海里居住，她来侗乡时下了一场大

---

① 侗族文学史编写组：《侗族文学史》，贵州民族出版社 1988 年版，第 83—85 页。

② 王钟翰：《中国民族史》，中国社会科学出版社 1994 年版，第 413—414 页。

雨，因此必须打伞，但是又因为风过大，只能把伞半张开。现在的鬼师在"过阴"时去请她，就埋头闭眼作入水状，"哆耶"在引萨入堂时也半张伞，都源于此。

此外在侗族的诸多著述中也有关于"萨"的其他化身，因其具有神性，所以民间普遍认为"萨"可以保境安民。《东书少鬼》记载，"唐公生儿生'萨岁'，生有'萨岁'和'睹间'，生有'索线'和'索花'。年及十四管村寨，此寨荫荫，祖母盖。'萨麻天子'坐在'宜秀'本堂，'杨秀'本殿。从'宜秀''星县'出，由'巨秀'来"。《推卜支腾》也记载："当初仰王，住在密林深山，那里长满'郎鸡草'，悬崖青单郁郁，年及25岁，身怀有孕，生有'错岁'、'错成'，生有'错萨'，出了'萨麻天子'。年及五十有五，左手接得铜扇，右手接到花扇。年及六十有五，头戴银冠，身悬银吊，面宽团圆。年及七十有五，萨麻天子，获得三样法宝。"《招谢圣母》载，"今天村知平安，寨自吉祥，第一生有'索把'，'索把'生有'索务'，生有'索子'，生有'萨麻天子'"。民间流传的传说更为广泛。过去，社会动荡不安，侗寨经常被土匪洗劫。侗族民众就用稻草制作了数十个草人，穿上女性的衣服，在每个草人身上挂一盏灯笼，把草人打扮成"萨"的形象，然后把草人安放在侗族寨墙的四周，通告乡民"萨神来保护寨民了"。土匪射箭挥刀，墙上的人却岿然不动，以为是萨神显灵，吓得急忙退兵。类似传说尚有不少。侗人即使是家中耕牛走失，都要先到萨堂烧香燃纸，念祷牛词，然后才四处找寻，找到之后，还要酬谢。可见，"萨"的灵气存在于侗寨的各处。[1]

侗族新建村寨，必先建专门祭祀"萨"的场所。根据建造形式，将露天的称为"萨坛"（侗语"dangc ax"或"dangc enh ax"）；屋架式称为"萨屋"（侗语"yanc sax"）或萨堂（侗语"dangc sax"），有的地方称为"圣母祠""圣母庵堂""祖母堂""威宁祠"，大的村寨一般是一个家族或几个家族设坛共祭。

"萨坛"一般用土石堆垒，前面设有作祭活动的场所，称为坪子，用青石岩板铺砌，内侧竖一木框空屋，木架上布满野葡萄藤。坛内正中栽一株黄杨树。在"萨坛"右侧相距5米左右处，于同一直线安一水

---

① 陆中午、吴炳升：《侗族信仰大观》，民族出版社2006年版，第12—13页。

缸，缸内装水放三条红色活鲜鱼及浮萍，与之相应的水位山头上也安同样的水缸，加重水方，以求以水"制火"。"萨坛"内挖一尺深、五尺见方的土坑，以金木水火土代表西东北南中五个方位，且各植一桩。以"土"字为核心，向外伸展，即以一枚铜钱，扎五色绒丝线，从孔中插一桑树，表示万年伞，放在"土"字位置，上置三鼎架，旁堆锅、碗筷、纺织工具等物，再围两圈白石，即以八个白石表示八卦。两口铁锅，一底一盖，内陈一套妇女衣裙和银饰及银制纺织工具等，坛下埋铁三脚架一个，铁锅一口，火钳一把，银帽一顶，油杉木棒一节，铁剑一把，白石若干粒。有的还用一节杉木雕成女人像，身着衣裙，头戴银冠，耳吊耳环，随同他物，共藏锅下。有的制一银女，粗如拇指，高约五寸，穿戴盛装，以银碟垫托于锅中，再用五彩绸缎缠裹，四周散白珠、茶叶、木炭、朱砂等物置于锅内。坛内所安之物，各地有所差别。

"萨屋"一般是修建房屋，外安宫设坛，房屋有木或砖结构，并筑围墙保护。坛内的宫中必须安放有"萨"的偶像和按东西南北四方及十二地支方位于坛周围安放"九路神"（又称诸位先将）的神灵象征物。用一块一到二尺长、直径约十厘米的阴沉木，雕刻成女性裸体形象，并安上银质的心和胆，用一丈五尺长的红、黄、绿三色绸缎分别做成三套衣裙，穿在雕像上，再佩戴银帽、耳环和项链，用红黄绿三色丝线各三根并同衣裙一道捆牢实。室内都要垒一堆白石，内藏银圆一块，以及粘有鸟粪的白石一颗。正中竖立一根木桩，一把半开黑色纸伞，顶披红绿色网状纸剪，有的还插有纸花，直立屋中。白石堆上，杂陈衣裙一套，钩鼻布鞋及布袜、草鞋各一对，其中草鞋必不可少，且有弓箭、木剑、棕扇各一把，有的还有葡萄藤一圈。离石堆尺许，钉有几个桩，一左一右，一子一丑，间隔环绕成圆圈，桩高尺许，披挂彩色剪纸，下埋一枚银币，侗语称为"十二地"。有的地方，置"二十四地"或"三十六地"，谓之"十二地阴，十二地阳"，或"十二地将，十二地兵，十二地甲"。伞前排植五个木桩，装饰与前相同，惟桩身稍矮小，表示神祇。也有的植两根木桩，称为"大将"（侗语"daic xangv"）和"小将"（侗语"xinc xangv"），前摆五个小杯，前置一座香炉、一盏油灯。有的还在"坛"背壁下，放一个矮凳，摆有三五个小杯，书写神榜，贴在壁上。①

三容神 三容神是湖南省通道侗族自治县黄柏一带侗族供奉的男性始祖。为祈求三容神保佑村寨人口兴旺，他们每逢子年和午年的农历八月十五都要举行一次阉牛仪式，作为祭品的牛必须是外地买来的公牛。届时鬼师主持整个仪式，先念"祭牛词"，然后将公牛赶入深潭淹死，割下外生殖器供于三容神前；接着开刀割肉，侗族民众把这称为"沉牛祭神，砍肉祭天"；最后寨民集体商议寨中大事。仪式结束之后，由寨老（寨中年岁大且有很高威望的老人）将牛肉分送各家食用。

社神 贵州省黎平县龙额乡每逢春社（每年立春后的第五个戊日）和秋社社日便会赶社。赶春社是为了迎接社神木阿点龙的英灵，祈求他居住在寨中保佑一年通顺，祭祀活动最为盛大隆重；赶秋社是敬送社神木阿点龙英灵回家，较之赶春社规模较小。木阿点龙是侗乡为数不多的男性神祇，据考证祭祀社神渊源于远古时代祭祀女性神"萨玛神"的仪式。

2. 宗祖

宗祖崇拜是指同一宗族对其祖先的祭祀。在侗寨，通常由一个或几个姓氏的侗族聚族而居，一个姓氏就代表着一个宗族。宗祖往往是为侗族的发展创建了一定的功业或者最初定居建寨的先人，对其的崇拜主要是侗族民众为缅怀自己宗祖的丰功伟业或创业之艰并借以增强自己宗族的凝聚力。侗族宗祖崇拜祭祀活动大多在清明节和各姓氏的宗祖祭祀节进行。

侗族民众把对宗祖的祭祀日期固定为一年一度的姓氏节。在部分侗族地区，宗祖祭祀日被称为过香节、祖宗节或者"抬太公"。侗族不同的姓氏都往往建有自己的祠堂，例如新晃侗族曾建有君赞祠，只是在"文化大革命"期间被毁。侗族不同的姓氏的宗祖祭祀仪式举行的时间和仪式内容也不完全相同。② 以镇远地区的侗族为例，每年清明节或六月初六

---

① 陆中午、吴炳升：《侗族信仰大观》，民族出版社 2006 年版，第 29—34 页。

② 佘小云：《论侗族祖先崇拜——以湖南侗族田野调查为例》，《湖南冶金职业技术学院学报》2009 年第 12 期。

时都要对本姓祖先进行一次集体祭祀活动，届时全族按户集资购买肉、酒、香、纸、钱等祭品，由一位德高望重的长者主持祭祀仪式。桌上摆着族谱和祖先的神像，供上祭品。主持人向全族人宣讲本族历史，并祈求神灵保佑全族人畜安康、五谷丰登、人丁兴旺。

"挂众亲"是侗族村寨以宗族为单位在清明节时给宗祖上坟祭扫，通常只在宗族有重大事宜需要合族商议时才会举行。挂众亲的规模较大，有时多达上百人。大家携带祭品到宗祖墓前，活动内容有扫墓、挂坟飘、撒纸钱和摆设祭品，再烧香、鸣炮、叩拜，最后席地聚餐象征性地与宗祖共食。有些侗族禁止携带熟食，需要在墓地现场杀猪宰羊和烹饪。

侗族较为普遍且来源明确的宗祖以元末明初的陆德亮和据传为宋朝时的"十峒首领"杨再思为代表。

陆姓太公　被陆姓侗族尊称为陆姓太公的是陆德亮。据传，陆德亮曾经与自己异姓的六个好汉结拜为兄弟，追随朱元璋征战立下战功。朱元璋称帝后，为了巩固自己的皇位而大肆杀戮曾经的功臣，陆德亮七兄弟为了躲祸迁居到湘黔桂一带隐居。为了缅怀为朝廷立下的功业，陆姓侗族每两年都要举行一次祭祀，称为过香节。此外，他们还请木匠制作了太公和太婆的木雕像，平日里寄放于"头家"（在祭祀活动时通过打卦来确定，通常只有和睦正派之家才有资格竞选"头家"）。在举行祭祀仪式时，人们会把太公和太婆的木雕像从头家抬到临时搭建的祭堂，游行队伍一路敲锣打鼓，场面壮观。祭祀活动的高潮是"杀红猪"仪式。届时，将事先准备好的红猪（一头被染红的活猪）牵至祭堂前，刀手在太公像前砍杀猪头以祭祀太公，谐音寓意杀"洪朱"，以示对明太祖朱元璋诛杀功臣的憎恨。当天参与仪式的侗族民众合族聚餐，晚上还要在祭堂喝酒唱歌。次日，他们会把太公像抬到下一届"头家"的家中寄放。[①]

飞山圣公　杨再思被杨姓侗族尊称为"飞山公"或"飞山圣公"。杨再思，唐昭宗光化二年（公元899年）由淮南丞迁辰州长史，结营靖州飞山，众奉为诚州刺史，分其地为十峒，任命其子分领，自号"十峒首领"，宋追封杨再思为威远侯、广惠侯，加号英惠。相传他任职期间有功于民，土人为其建"飞山宫"以纪念他的德行，凡有侗族聚居的地方大

---

① 李根富、吴文志：《侗族风俗文化》，线装书局2008年版，第155—162页。

都建有飞山庙。庙宇因行政级别不同呈现出规模大小之别，府、州、县建的是大庙，村寨建的是木石结构的小庙，庙联一般都刻有"广惠常施惠，飞山永镇山"。黔东南一带的岑巩侗族传说农历二月初二是飞山公生日，十月二十是飞山公逝世之日，每逢这两日，家家凑钱购办香纸烛炮、刀头酒酿、粑粑豆腐举办庙会，到飞山庙顶礼膜拜，岑巩侗家叫作"敬庙公"。祭毕，即烧火架锅，烹调供物，全寨会餐，尽醉而归。新晃、从江等侗族地区也有祭祀"飞山祖公"的习俗，每逢其生辰，都要去庙里祭祀。

3. 家祖

家祖祭仪是侗族对自家已经去世的直系亲属的祭祀活动。家祖祭仪中所祭祀的祖先只能是正常死亡的，如果是夭亡或意外死亡则被视为凶鬼系列，不在祭祀之列。近代以来，侗族深受汉文化影响，不少侗族家庭在堂屋后壁正中设立神龛，张贴姓氏神榜，并写"天地君亲师位"，有的将"君"字改为"国"字。左右两边分别写"××堂上历代宗祖姻亲左昭右穆""儒释道三教净荤有感神明"或"观音大士""神农皇帝""五谷尊神""三元三品三官大帝""东厨司命灶王府君""思州显化求财有感四官大神"等。神龛下方正中写的是"镇宅中宫长生土地、瑞庆夫人"，左边写"招财童子"，右写"进宝郎君"等神位，上置香炉。有的人家则将神龛设在屋内一角，敬供祖先神位。每当逢年过节、初出远门、入学应试、经营生意、入山伐木、下河放排、诉讼赴审、出征抗敌、婚丧嫁娶、立房造屋以及生病有灾等都要燃香烧纸，虔诚敬祀，祈求家祖神灵的保佑，事成之后还要酬谢祭拜。家祖崇拜是固定、长期、隆重的，早已渗透到侗族的日常生活之中，年节时神龛前香火不断，平时不少人家在饭前也要请祖先受用，正式的祭拜在清明节与鬼节时。

每年清明节，侗族的家祖祭祀会以家庭为单位，携带祭品到达墓地。到达墓地后，人们先扫墓修整坟堆；然后在坟顶插一树枝，挂上彩色坟飘，撒上纸钱，并且将祭品摆放于坟前的墓碑下；最后鸣响鞭炮，家族成员在坟前跪拜、分食祭品，以这种方式象征性地与家祖共食同乐。

鬼节 鬼节通常在农历七月十五左右，因此也被称"七月半"，但是具体的时间，在侗族的不同地区稍有差别。鬼节的祭祀也是以家庭为单位进行，但祭祀方法与清明节不同。各家各户还要给祖先烧纸钱。通常人们会用老纸封把纸钱包装好，按照惯例，在老纸封的封皮上要写明自己历代祖先的姓名，但实际上往往只写上自己直系近亲的姓名，落款写上寄烧纸钱的人姓名。晚上，再备好祭品到侗族寨外的路边或河边将包有纸钱的老纸封焚烧，用这种方式象征性地给自己的祖先邮寄冥钱。还有一些侗族有在祖先亡地焚烧纸钱的习俗，他们认为若在外地焚烧，自己祖先的亡灵则会因为不识路导致拿不到他的子孙烧寄的冥钱。贵州天柱县的侗族还会在每年七月十一到十五煮油茶以祭祖，届时还会焚香烧纸钱，晚上进行"跳桃源祠"的活动。

（四）鬼神信仰

1. 鬼魂

侗族深信世间万物都有灵魂，尤其是人死后，只是躯体离开了阳世，但"灵魂不死"，魂魄或要返回故乡，并追随祖先，或升天界（人间之外与阳间无异的世界）；或在"阴间"保佑阳间的子孙昌盛富贵；或投胎转世重返尘世。灵魂仍然掌管着人世间的一切，给世间活着的人们带来幸福或痛苦。因此，人死后要超度其亡魂并时常祭拜以趋利避害。

侗族认为鬼魂有善恶之分。在世为善、寿终正寝的人死后能入家族公墓，为善鬼，保佑子孙，惩处敌人，自家非正常死亡的人火化后其魂魄可向善鬼转化，但不能进入神龛享受供奉；在世作恶多端、摔死或丧命于刀枪之下、难产等非正常死亡的人死后其魂魄为恶鬼。侗族民间流传"人善鬼凶"的说法，意为和善的人意外死亡后魂魄更为凶恶，对于恶鬼人们会采取各种办法讨好、躲避或者驱逐它，侗乡的恶鬼大致有"生鬼""死鬼""饿鬼""猪鬼""猫鬼""灶鬼""吊死鬼""中毒鬼""瞎眼鬼""滚坡鬼""弄斧鬼""落崖鬼""断手断脚鬼""使刀鬼"等。侗族凡遇灾病都要请鬼师求善鬼保佑平安，或驱赶恶鬼免除灾害，或在晚上用扫把将门抵住可以挡恶鬼进门作祟。有些地方传说非正常死亡之人，三天后由墓中钻出，可破门而入，这种鬼被称为"变婆"，必须用铁器闩门方能止其入内，变婆还常常喜在楼下舂矿碓和捉白鸡，因此，一些村寨在门上系一铁片或铁条，天一黑就把米糠放入碓窝内，以防"变婆"进门把碓咀舂坏。

2. 神灵

"神明裁判"是侗族神灵信仰的一种表现方式。过去侗寨凡遇事案寨者无法判决时，就用这种方法请神明断。神明裁判主要有吃生鸡血酒对天发誓、捞油锅、"煮米饭""煮粽子"、砍狗等多种形式。吃生鸡血酒是在事案无法判断之时，纠纷双方请一中人（一般为巫师）为证，砍一公鸡之头，将鸡血滴入酒中，双方对天起誓，若谁作恶就会遭遇如鸡断头等大灾祸，今后谁家若有灾祸发生就被视为是神对理亏者的报应。捞油锅是用火烧沸一锅油，锅内放一金属物，当事双方轮流从油中取出此物，认为手不起泡者或者烫伤程度小为正直有理的一方。①

侗族认为神都是可敬的，能消灾赐福保佑一方"清净"。侗族民众在腊月二十三晚上准备供品"谢灶"，礼送能给人带来祥福的灶神返回天庭。侗族民众进山狩猎，要敬梅山神。相传梅山神是梅山修炼成仙的七头野兽，出猎时必先敬梅山神，才能猎得野物，否则往往会发生意料不到的事故，如被蛇咬或遭兽伤等。

侗族还信奉龙王、三王神、关云长、岳飞等神灵，过去侗族地区常见的庙宇有三王庙、关帝庙、武穆庙（岳飞庙），关、岳二神除了设庙宇外，在各地风雨桥的桥廊上都设有关公、岳飞的神位，人们认为这些神都是善神，逢其祭日，要供品祭祀。

大约在明清时期道教传入侗族地区。有的地方的侗族也信奉三清（玉清元始天尊、上清灵宝道貌岸然君、太清太上老君）、五昌、南岳、飞山、文昌、关圣、玉皇大帝等道教的神祇。佛教在明代以前就已传入侗族地区。清代中叶黔东南的黎平县境有寺、庙、庵、宫100余处，民国末期尚存52处。《三江县志》也记载，清代至民国年间，三江有寺庙12座。可见佛教在侗族地区广为流传，寺庙庵堂塑有西天佛祖、阎王、菩萨观音等神像，长年香烟弥漫，灯火不熄。黔东南的侗家每年农历六月十九要带香纸烛炮、糖茶果饼、青油红布去高坡敬观音菩萨，在侗家人的心目中，观音是作为送子娘娘来敬奉的，大有乡铜鼓坡一带，曾建有宏伟的观音庙，昔日祭拜者众多，香火盛极一时。现在，原来的庙宇虽然已被毁，但遗址尚存，仍有不少"信女"前往朝山，并在山麓的祠堂边又建起了观音庙。

清代时外来宗教在侗族地区与当地民间信仰混融后，便进入侗民的

① 王胜先：《侗族文化与习俗》，贵州民族出版社1980年版，第176—177页。

日常生活。清代贵州天柱境内 338 寨，就有 462 座庵庙，庵内供奉释迦牟尼、弥陀、弥勒、观音、罗汉等菩萨的偶像，僧尼主持，跪拜念经，常年香火不断。村寨庵庙由村寨各姓共修或分别修建，占有一定的田地山林，收租供僧尼生活及祭祀用。由于侗民相信"因果报应""六道轮回"，大都乐于施舍，有难时烧香敬佛，祈福许愿以求消灾免难。[1]

（五）巫术

1. 命运、风水

侗族人还信奉命运，认为人生都是命安排，算命看相很普遍，根据"生辰八字"和"五行生肖"，把命运和自然物相联系，如命中缺"木"，就拜祭古树，缺"水"拜祭水井，缺"火"拜祭灶神，求其保佑。除此之外，侗族还相信阴阳地理，认为富贵顺利是由于祖坟或住宅风水好，反之就是风水不好，必须找地理先生重新选择搬迁。有的山岭不能挖掘，古树不能乱砍，巨石不能开凿、爆炸，否则会被认为是损伤了"地脉龙神"，败坏风水，会给全寨带来灾难。

2. 占卜、咒术

如果说祭祀时人希望通过对神灵的祈求来达到禳凶趋吉的目的，那么占卜则是通过人的某种行为或活动来对神灵施加影响，以除恶禳灾，求得祥福与平安。侗族先民想要知道未来便会占卜测定吉凶。过去原始占卜的方式有卦卜、鸡卜、卵卜、蛋卜、米卜、芭茅卜、衣卜、螺卜等，沿袭了文献记载的"越巫鸡卜""折茅以为兆"的古越占卜习俗。为了抵抗天灾人祸，侗族先民发明了咒术，这是一种攻击性的仪式，认为只要念"咒语"，为害的恶势力就会消灭或驱逐。

过去，部分地区的侗族在祭祀萨玛时要举行鸡卜。鸡卜在每年正月初七开始敬祭，先让寨老就座，再由执事者焚香烧纸念经，设神食和双刀于萨玛周围，在寨中捉一只小鸡，拔掉鸡腿上的皮肉后，以定吉凶。[2]

（六）禁忌

1. 对日期、生产的禁忌

除夕忌说不吉利的话。

---

① 杨筑慧：《侗族风俗志》，中央民族大学出版社 2006 年版，第 142 页。

② 同上书，第 190 页。

正月初一早上忌拿铁器，这源于侗族民众对战争的厌恶。还要忌哭闹、吵架、斗殴和说不吉利的话，否则一年之内诸事不顺利。忌扫地、买东西、吃药。

正月上旬前几天，尤其是初三忌出远门，该禁忌源于侗族民众对自己先祖逃荒远离家乡的苦痛记忆。

每逢戊日和"土王用事"日禁动土，俗称"忌戊""忌土王"，否则五谷不丰。

立春之后第五个戊日忌动土、挑水、扫地、纺织、做针线活、洗衣被、动刀。立春忌响雷，早晨出门干活忌唱歌、吼叫。春雷后每隔12天为忌雷日，忌上山下田，或上山下田时不得挑粪，据说这样会惹雷婆生气而不下雨。春分忌入菜园。二月、九月的丑日和未日忌下种，二月、四月的申日忌犁田。

春耕播种须由"活路头"（一般是世袭的，每年春耕及插秧时都由他举行仪式后才开始）先播种即"开秧门"后才能开始耕作。

四月初八牛王节的时候，忌放牛打架、让牛劳动、宰牛吃肉。

立房造室、出门经商、结婚忌犯"红煞日"，民间流传"立房犯红煞，三年火烧它；出门犯红煞，本利不归家；结婚犯红煞，夫死嫁别家"的说法。

农历立夏第十八天前的戊日，忌动土、下田、进菜园、织布，可到鼓楼坪上闲坐，或玩山、赶坳（在山头上集会）、走亲戚。

七月十五忌出门，尤其是晚上，否则会凶多吉少。

霜降前在规定的时间内不许乱捡别人的油菜籽、油桐籽和棉花。

播种、插秧期间忌吹芦笙，渔猎时忌带肉食品作为午餐，捕鱼忌捕群鱼，上山伐树拉木忌煮夹生饭，忌庄稼生长异常。

忌耕牛生崽后被穿草鞋的人和生人看到；初教牛耕田，忌被"四眼婆"（孕妇）看到，否则牛不听使唤；出门干活忌听见乌鸦叫；忌坐木匠的木马头。

木匠、石匠、铁匠、民间草药、道人、掌坛师忌吃狗肉、羊肉，否则做事不灵。

上山砍柴忌大声说话。上坡下苕种忌在沙土边剥苕吃，以免老鼠和老鸹来啄吃。忌撑船、放木排等活动中将筷子架放在碗上。

居住在贵州剑河一带的侗族进山伐木，还有专门的禁忌：进山采伐大片曾开采过的林木前，要先请先生择一吉日，忌凶杀恶丧日进山。砍伐前要选有经验和有能力的人做"工头"，其他人则称为"木夫"。在所择吉日内由工头领队上山，选搭住棚和准备好煮饭的锅灶，然后由工头持斧砍倒三棵树，谓之"开山"，之后其他人方可动手伐树。开山第二天（若天气不好可推迟），木夫上山砍伐树木叫"上棚"。在路上、山上都不准讲不吉利的话。出工干活，工头不喊人，木夫们见工头一出棚就自觉跟上。进山后，火堆称"亮堂"，抽烟称"烧灰"，柴刀称"叶子"，锄头称"佝偻子"，不能直接称呼。在工棚里说话，吃饭称"开锅"，吃早饭称"开早锅"，中、晚饭类推。舀饭时从锅中间舀起，第一勺饭不能放在碗里，只能先放在锅边，第二勺才能放进碗里。运木头时，如遇危险之地或曾运木头到死过人的地方，要先烧一炷香，以祈求"山神"保佑不再出事故，砍伐、运结束，称为"天高"。如有人要问多久完工，回答"三个月"，实际为三天。若实际需要一个月则回答"一年"，总之不能说实话。①

2. 婚丧嫁娶的禁忌

新娘出嫁时忌回头望娘家、身体触门、与外人见面说话，以防"拖禄"将娘家福气带走；进夫家家门时，忌与新郎家人碰"热面"。

杨姓姑娘出嫁发轿忌寅时，寅为虎，说杨（羊）女不入虎口，处处要避虎。

忌与不好族源人家通婚，锦屏九寨侗族忌同姓通婚。镇远姑娘出嫁忌穿盛装，只能穿旧衣、草鞋。

私奔女子忌从他人家门进出，违者要放炮挂红，以示修赔。

陪嫁忌刀剪等利器及钟。

接亲时忌两路新娘、红白事相遇，忌雷鸣、蛇横路。

忌借屋结婚。新婚洞房中忌出现"四眼婆"（孕妇）。

忌孝期内结婚。

忌寅年嫁娶，忌正月、三月、五月定亲、结婚。忌丧偶者、孕妇去讲亲和接亲。

---

① 杨筑慧：《侗族风俗志》，中央民族大学出版社 2006 年版，第 151—153 页。

接新娘忌看见孕妇或孕妇拦路。新婚之日忌打破杯盘和煮夹生饭。

结婚仪式举行后回娘家时禁止同房，一是体现出母权制向父权制过渡时期前者对后者的反抗，二是考虑到伦理问题。

人临终时忌打雷，如遇打雷，认为是死者有罪孽，必须打伞遮掩亡身，同时呼亡者莫怕。

死人安葬禁止以铜铁殉葬，传说铜铁是硬物、利器，使亡身在阴间不得安宁；铜铁能斩断龙脉，钉死龙脉，对后代不利。

在外地死亡和非正常死亡的人不准抬入寨内堂屋治丧。难产致死者以及不满十二岁孩童夭折，忌和正常死亡的老人埋在一个地方。

给死者穿衣忌着双数。

抬丧途中棺材不能落地，说"红丧落地，三年不利"，路上歇息，须用孝帕垫棺。

发丧忌雨淋棺。棺材忌用椿木。

3. 建房、打猎时的禁忌

修屋立柱，忌用"破日"。立房上梁，忌梁柱被日晒。梁木忌跨越，柱子忌沾猪血，否则视为不吉利。建屋竖梁，忌说"倒""败"。建新房忌逢村内死人，忌用雷击杉树为建材。

住宅门前忌栽棕树，据说棕树常挨千刀万剐不吉利，并忌栽椿芽树、花椒树等，说易引起妇女得花癫。

很多杨姓家庭忌住五柱七瓜的房屋，说它是"虎坐形屋"，正屋后面不能配附属建筑。宁肯借屋给人停丧，不肯借屋给人成双（结婚）。

门户上悬挂着"草标"的人家，禁止外人入内。

被公认为"风水山"或"风水树"的地方禁止乱挖乱伐，尤其禁忌埋葬死人。

寨上人若认为寨中不吉利，禁止寨内生烟火，人们都到村外聚餐，禁止外村人入寨。如果家中有病灾就请鬼师祭屋，禁外人入宅，以防范那些外来恶势力与妖魔鬼怪入内。

渔猎出行时忌看见孕妇或正在梳头的妇女。斗牛时禁止孕妇从牛王面前走过，其夫不得加入斗牛队伍。

打猎时禁止高呼兽名，据说兽有主管，若呼兽名主管不让其出来，如此难以获猎。行猎禁止带肉上山作为午饭菜，因为猎人有了肉，主管就不给兽肉了。还禁止枪托着地，因为枪托似兽足，兽足着地意味着猎物逃离。

狩猎、捕鼠之前，忌在火边谈及此事，以防火神报信。

4. 日常生活其他方面的禁忌

侗族民众禁止用手指向天上的彩虹，以示对龙的敬畏。

禁止在收割禾稻的田里吹口哨；吃饭时禁止伸懒腰，以此表示对粮食的尊重，侗族认为吹口哨是轻薄的表现。

晚辈禁呼长辈小名，体现出敬老尊贤的伦理观。

平时禁止用嘴吹灭火，禁止跨火塘。小孩不能对火塘撒尿，否则就是对火神的不恭。忌踩火塘中的铁三脚架。

妇女平时忌坐堂屋门槛，正月初一忌走别家。

吃饭忌敲碗，据说敲碗会使自己变穷。

小孩忌吃猪脚叉，吃了长大后难寻媳妇。

小孩大小便，忌用灰去掩，否则肛门要痛。

侗族人禁止用手指日月，更不能对着日月随意大小便，也不能咒骂它们，否则会动怒神灵，使得庄稼歉收、人畜生病。[①]

侗寨边路旁的巨石不能滥采；古树不能乱砍，否则会破坏当地风水，而且逢年过节都要祭祀它们以求其护佑。

忌动别人打标之物。忌砍烧风景林。忌母鸡司晨和公鸡晚上鸣叫。忌碰到死禽兽。忌踩生。忌见蛇相交、蜕皮。忌生怪胎。忌产妇在娘家或别人家分娩。忌牛进堂屋。家里孵小鸡时，忌在火塘里架锅烧水。

忌事情快成功时受到他人恭维。

忌房屋自动发出声响。

忌挑大粪滚倒。

在家与客人同坐时，女忌叉腿，男忌跷脚。忌踩灶、踩饭、踩字纸。长辈尚在，忌给本人举行寿庆。在身上补衣服忌讲话，否则日后易生口舌（吵架）。

家做甜酒忌见"四眼婆"（孕妇）。

小孩忌食关在笼子里的家禽以及猪尾和鸡肠，否则以后做事会不利。

---

① 杨筑慧：《侗族风俗志》，中央民族大学出版社 2006 年版，第 136 页。

未婚青年忌吃猪脚，否则将来要结几次婚。春社吃社饭时，忌吃菜泡汤，否则要肚子痛，田坎要崩塌。酒席上，忌酒壶嘴对着客人。吃饭时，忌把罐盖久久打开，否则会致家贫。未满18岁男女青年忌吃鸡血，否则遇事会红脸，遭人误会。

清晨出门忌遇猫，否则凶多吉少。出门前忌打破碗或吃夹生饭。忌上山捡到鸟，下河拾得鸡。出门采药，忌遇见"四眼婆"。江湖郎中出门行医，忌遇见的第一个人扛锄头、钉耙，否则会使病人医治无效。

出门做客，忌随地吐痰。忌破坏公共财产。

忌猪牛在水井旁、萨堂边拉屎撒尿。忌小孩到萨堂嬉戏。

平时进餐忌食喜鹊、乌鸦肉。家有新生的猪崽、鸭崽等，忌生人或外来的客人入内。

忌产妇进入别人家。忌妇女跨过男人衣帽、扁担。女人内裤忌晒在当门和过道上。忌孕妇触动死者，否则会使死者在阴间加重罪过。忌妇女坐在大门门槛上。忌出嫁姑娘在娘家生育。家有孕妇，忌打土、打钉。孕妇忌站在砍柴人面前，以免胎儿破相。妻子怀孕，忌丈夫给别人抬丧，否则会伤元气，影响胎儿正常生长。婴儿烧伤未愈，母亲忌食辣椒，否则孩子会破相或手脚痉挛。孕妇忌吃葱蒜、牛羊肉，否则孩子会得病，甚至变成哑巴。产妇不吃青色蔬菜，否则会触犯土地神、牛神。若不慎犯忌，要请鬼师来作法，祛邪除晦，求安宁。家中有孕妇，忌在附近挖土打桩和搬动重物，否则孕妇有堕胎的危险。孕妇忌看接亲和殓葬死人。生孩子后不满四十天的产妇，忌出自家大门，忌走他家；若要出门，须戴笠打伞，忌见天。婴儿出世，忌性格暴躁者进门"踩生"。

二　侗族民间信仰的主要仪式

（一）与"萨"相关的仪式

1. 接"萨"

侗族认为信仰不虔诚或者是某些地方做得不合规矩，都会导致"萨"离开"萨堂"，全寨就会出现异常，必须请祭师选择吉日接"萨"回堂。

据说民国时期，政府强制侗族进行风俗改革，县官趁机撩侗族妇女的裙子，结果侗寨深夜鸡叫，人慌民病，便请人"放阴"（侗语"sonv yeml"），说是"萨岁"怕被撩裙而跑到山里躲避。全寨商议后，推举迎

"萨"的祭司，备好接"萨"所用的黑猪、野葡萄藤、白茅草等物，挑选吉日，请祭司主持整个仪式。祭司和两个徒弟开路，两个身着盛装的侗族姑娘端着茶盘，五个男人吹起芦笙，四十个妇女穿紫色的侗装裙子，还有老人小孩，排起队伍去山里迎"萨"。"萨堂"内摆起香案，上面放置一个猪头，三个装有猪肠、肚、肝、肺等的碗，祭司烧香纸，祭祀"萨岁"。三碗杂烩，中间大碗给祭司，两边的小孩抢吃。再用野葡萄藤围绕"萨堂"三圈，将白茅草放在"萨堂"土包上，祭司口念祭辞，接"萨"回堂。

2. 安"萨"

举行安"萨"仪式不但隆重而且很讲究。仪式举办前，要准备好很多吉祥物作为祭品，这些吉祥物各色各样，且各有象征意义，例如，选取一根在刺蓬里生长且藤子横过大路的野葡萄藤，寓意"萨"犹如葡萄枝叶一般茂盛以荫护侗族家庭；选一撮浮萍，象征侗族有旺盛的生命力；在"萨堂"前栽一棵万年青，象征"萨"长生不老，长守于此，庇护侗乡村寨的安全。

祭品准备就绪后，进行安宫（侗语称"dos dens"）程序。安宫的程序包括扑锣、画符遮身、洒水、起工取尸、斗煞保界、祭萨游寨、安宫砌坛等。安宫时所用到的祭祀器物的材质多种多样，有纺织品类、纸类、银质类、石质类等。若安新坛还要对祖母坛之主——"登萨"（侗语"dens sax"）进行卜测，此后就由这家人负责管理"萨堂"的门禁和平时的维护工作，而且由这一家世袭。农历每月初一和十五，人们对其烧香献花。安萨堂前要封寨三天，寨门前悬挂草标，示意外人不得进寨。不仅如此，整个侗族村寨要熄火三天，人们只吃冷糯米粑和腌制食物。届时全寨人包括寨上外嫁的姑娘也要赶回来参加聚集于凉庭进行的各种侗族传统文娱活动。

师公负责主持安坛仪式。在起工前，师公会念洒水咒："一起东方甲乙木，二起南方丙丁火，三起西方庚辛金，四起北方壬癸水，五起中央戊己土，天无忌、地无忌、年无忌、月无忌、日无忌、时无禁忌。"请圣母入宫的咒辞为："未建寨门先安土地神位，未建房屋先安婆摩天子坐的宫殿。"安放萨岁象征物前的洒水扫宫咒念道："请东方青帝青龙君、南方赤帝赤龙君、西方白帝白龙君、北方黑帝黑龙君……飞山土主、南岳中正大王、大尤山李王公、安净神等。"诵词还有："人来要同坐，神来要同堂，请神来到千年坐，保护本寨万年长。"

　　接火种是安坛仪式的一项重要活动。"萨坛"筑成后，当天晚上，在"萨屋"里备好一小堆用于引火的干燥刨木屑，由一名"天地同流之人"① 在午夜时用钢火镰一次性打击燧石取火，点燃木屑，添加柴火，作为火种。届时，全寨已经熄灭用火的各家各户，都到"萨屋"内接火种，意为继承"萨"的烟火，认为自己为其后裔，祈求"萨"保佑全寨安康。次日，侗族村寨所有民众都会身着侗族传统民族服饰在"萨堂"旁坪上聚集。歌师诵《侗族远祖歌》，赞扬"萨神"功德，乞求"萨"的保护，再由大家吹芦笙、唱侗歌、祷告祈求"萨"庇佑全寨。

　　3. 祭"萨"

　　侗族民间把"萨"视为能保佑人类、保境安民，能治天、治水、治地，除凶驱恶的至善至美的尊神，所以无论是平时的生产生活还是遇到天灾人祸，侗族都要去"萨坛"祭祀、祈祷，求得神的庇护。在侗族传统社会中，人们对"萨"神的祭祀活动最为频繁，规模也较大。过去有一年一小祭，三年一大祭，或六七年一大祭之说。一般而言，每年农历正月初一、十五，或其他过年过节都要举行小规模的祭祀，如普通祭、出行祭、战时祭、唱歌哆耶祭等。

　　普通祭　农历正月初一、十五或逢年过节，尤其每年正月初，侗寨要举行一年一度的祭"萨"活动。活动举行时，由"登萨"将事先特意准备好的一套侗族女性服饰置于坛前，侗族每家每户一男一女携带祭品前往祭祀。祭完之后，在神坛周围一起用餐，同时，鸣锣、吹芦笙、哆耶，赞颂"萨岁"，祈求"萨"庇佑村寨。许多村寨在春节祭祀时，还要进行鸡骨卜，来预测当年的情况，通报"萨岁"祈求保护，告知寨民共同利用吉兆和防范不吉之兆。有的村寨有萨堂田产，设有专人祭祀，每天早晚为萨堂敬香、点灯，祈求萨岁保佑全寨人丁、六畜兴旺，五谷丰登。

　　出行祭　侗族村寨有相互邀请集体做客、寨与寨之间赛芦笙、斗牛

---

　　① "天地同流之人"指一个人出生的月份、日子及时辰与举行仪式的月份、日子及时辰完全相同的人。

的习俗。在集体出寨做客或比赛时，寨民都要列队到"萨堂"前，由"登萨"主祭，喝萨岁神赐的茶水，摘下萨堂的黄杨树叶插于自己的头上作为护身符。凡交往友好的寨子芦笙队牵牛经过"萨"处时，都要吹奏谢恩曲并烧香焚纸来祭祀。在斗牛活动中，"登萨"在本寨牛处于下风时还要举伞护牛以示萨岁的神威。如果侗寨里出现不吉之事，在他们看来就是"登萨"协调不到位所致，必须举行扫寨和祭祀活动。

战时祭 如遇敌人来犯，全寨有作战能力的男女便武装起来，到萨堂举行祭祀仪式，求其护佑，战胜敌人。

唱歌哆耶祭 每年农历正月，各村寨男女青年有互访和赛歌、赛耶的习俗。在萨堂边或鼓楼坪赛歌、赛耶时，首先要歌颂、祭祀萨岁一番，以示敬意。

每年农历三月三的祭祀规模较大，以各村寨传统的三年一祭或五年一祭为主，有时也会根据形势，如遇天灾人祸等突发事件需要临时决定。每举行大祭时，都要宰杀牛羊鸡，摆香案，放鞭炮，供酒、茶、肉、鱼、糯米饭等。据说，供祭的鸡、鸭、猪、羊等畜禽忌用刀杀，而是用水溺死。所用的猪必须是无杂毛的黑猪，因为黑色代表凶恶、灾祸。溺死黑猪，即意味着清除了全年的灾病与不祥。溺猪需由三名精心挑选的同龄未婚男子担当。除了祭祀活动外，还要举行一系列的活动，如吟诵祭祀辞、唱侗垒、跳芦笙舞等，场面既肃穆又热闹。

团寨 举办规模较大的祭"萨"仪式时要团寨，即各家各户自觉到"萨坛"上敬"萨"。祭"萨"仪式一般于下午4时左右举行，事先全寨人以及祭师寨老、芦笙队都集中在凉庭内，然后由祭师带路，寨老跟随其后，二十几个身着盛装的妇女跟着，紧接着是盛装的男女组成的芦笙队，再后面是男女老少长长的队伍。队伍到萨坛后，祭师将"刀头"、三碗茶水、三碗酒等供品摆到萨坛的香案上，点燃香纸，然后念诵祭词。念完后，再烧香纸。之后祭司与五位寨老一起叩拜"萨"神，同时念诵："一叩首，二叩首，三叩首。三拜九叩逢凶化吉，大吉大利！"芦笙随之齐奏，鞭炮齐鸣，祭"萨"活动便结束。

（二）浪桥、接龙

贵州一带的侗族有浪桥、接龙的习俗。浪桥是指亲朋友人相约带些食物到桥边聚餐以盼丰收。在侗族传说中，远古时期，侗族地区的桥头普遍供有专司农事的土地神。农历二月初二，侗族民众与土地神只有同席共饮，当年才会风调雨顺，五谷丰登。所谓接龙，就是接牛。在侗族民众心目中，牛象征犀牛或龙。当天，全寨人由芦笙队簇着一头小牯牛把它接进寨来，然后杀掉将牛肉平均分给各户农家，名曰"吃龙肉"。在此期间，侗族全寨每个家户都互请喝龙肉酒、唱"王龙归位"酒歌、划"王龙归位"拳。最后，把余下的那一对牛角埋到地下，寓意犀牛回家、接龙归位了，预示侗家当年免灾增福，一切顺利。

（三）舞草龙

每当稻田禾穗扬花时节，侗民为了驱除虫害，要举行舞草龙活动。草龙又叫"草把龙"，舞草龙分为两种，白天玩的叫"秧灯"，晚上玩的叫"黄龙"。草龙用稻草扎龙头、龙身（五截或七截）和龙尾，上插香火，用草绳连成一条"龙"，每节用竹竿撑起，由小孩子们敲锣打鼓，舞着草龙穿行于田间小道上。

（四）做辞送（送瘟神）

黔东南思肠镇平坝村侗族世代相传，做辞送是敬菩萨可以驱走瘟神，消灭蝗虫，保佑农业丰收。择吉日，备办香火纸烛、斋粑豆腐，用纸竹扎一只小船，并扎一个毛人站在船上，请巫师做法事。巫师头包红布，口吹牛角，手拿师刀牌印，与抬纸船的人一起到各家堂屋里游走一圈。家家要捆一小挑柴，抓一把"五花米"（大米和茶叶拌成）丢到船里。巫师到各家大门槛脚用师刀牌印画"字讳"，打阴、阳、顺三卦。每家都游过了，就将纸人纸船抬到河边连同草龙一起焚烧。

（五）打"惊蛰"

每年惊蛰节气，侗族家庭用艾叶和柳条扎成鞭子，蘸面灰水和雄黄酒在屋前、屋后、阴沟、阳沟、墙角、路边到处洒，口念咒语："金（惊）蛰节，银蛰节，蛇虫蚂蚁城外歇。"他们认为这样可以驱除瘟疫。

（六）起"五皇"

每年正月，侗族人家要请道师安五方（东、南、西、北、中）地脉龙神。据说以后不论何时，在住宅周围进行挖地、取土、掏圈、出粪、辗物等工事，都要事先烧香纸起"五皇"，然后方能动工，这样能防止孕妇流产、家畜堕胎等。

（七）收吓

过去侗家因小孩受惊吓而经常啼哭，要请巫师"收吓"，巫师在火塘边燃香烧纸，对着病孩的脸画符念咒。贵州一带的侗族要把铁三脚上的烟灰抹在孩子的额头正中并画个"十"字，同时在手腕上画一道黑圈，念着"三脚公，三脚婆，给你讨点吓药药。百药百草，看了就好。狗吓倒跟狗走，人吓倒跟人去。滚倒打倒，着了就好"之类的咒语。有些地方在婴孩外出时于帽子前沿别一横针，加红辣椒垂吊其上，结成"十"字形，认为如此可防孩儿受到惊吓。

（八）乞儿凳与立桅斗

在侗族农村的山坳上，常常可以看到两根打进土中的小木桩，上面安着一块约一米长的木板做成的长凳。这是无儿无女的人家为求子息而特制的"乞儿凳"，其意是"修阴功""积阳德"，祈求上天赐给他们儿女。桅斗则立在土地庙旁，左右各一个，即在栽插地上的两根木柱上部各钉一个四方形斗合，木斗板上写着"长命富贵""易养成人"，祈求菩萨保佑儿女消灾、脱病、成人。此外，有的人家还以"架桥"、立指路牌等来修功积德，保佑儿女无灾。

（九）讨百家衣百家饭

侗族家庭若孩子身体不好常生病或"八字大"，担心难以长大成人，父母就带着他挨家挨户去讨"百家衣"和"百家饭"。讨"百家衣"即挨家讨块布，连缀成衣给孩子穿；讨"百家饭"即讨米，任凭主人家给多少是多少，煮给孩子吃。挨家讨布讨米时，必须站在堂屋外面，靠在壁头上，像个乞丐一样拿着口袋，伸着手，向主人家乞讨。名为讨"百家衣饭"，实际上只讨几家，多选择万姓、石姓、白姓人家。因"石"与"十"同音，"白"与"百"同音，讨一户姓石的人家就算得了十家，讨一户白姓的人家，就算是满了"百家"，到姓万的人家去讨算讨得了"万家"的东西。此外，还可以给孩子取"贱狗"之类的诨名，有的地方则要孩子喊生母为"满娘"（小姑），认为小孩"八字大"，如此可使灾邪不上身，等等。

（十）抽箭

在侗寨如果病人身上疼痛，就认为中了别人的"暗箭"，需要立即请有巫术的人为他抽箭。抽箭时要念咒语，吃"筷子水"，先将筷子砍成若干节，再化一碗"神仙水"，然后将筷子放在水中，叫病人服下。这样就可以把箭抽出，使病人消灾止痛。

（十一）祭土地、祭田

祭土地、祭田是侗族一项常规而频繁的祭祀活动。土地神在一些地区又分为土地公和土地婆，其职责均相同。每年农历二月前后，侗族村寨选择一吉日，合寨集资，买猪宰杀，备办酒席，请巫师主持敬祭仪式。先祭神，尔后村寨里的妇女身着盛装，簇拥着佯装作神、撑一把半开红纸伞的"登萨"家老妇人，在众父老和鸣金吹笙者的开道下，燃放三眼铁炮，离村巡乡。每到一村，该村居民都要鸣三眼铁炮、鞭炮欢迎，向来者一一敬茶水，将一枝黄杨叶插在头上，以示吉祥喜庆。然后众人来到村寨边的大田，举行祭田仪式。田里已由巫师做好准备。他根据天时地利，选择一黄道吉日，在田边扎一个简单的土地台，上面摆上一升米，米上插有"值坛土地护教威灵众神之位"牌。升子（民间装粮食的器具）前面摆一个香炉、一树彩色剪纸小旗、一支蜡烛，其后摆五个小酒杯，杯内盛有少许米酒。升子与小酒杯之间摆有一堆"三粑两豆腐"。周围用细竹竿挂着红红绿绿的标语式的请神帖。主坛师身穿法衣头戴法帽，一手拿着用粗铁条做成的招令牌，一手拿着牛角号。待祭田队伍到来后，他举号吹三声，芦笙、歌声停止，巫师开始祭祀。其间有老者扮演土地神做农活，边做边唱边表演，队伍里几位衣衫褴褛、涂烟抹黑的小伙子也时而说笑，做些怪动作，乱蹦乱跳，逗惹众人发笑。之后，队伍回寨，全寨男子聚餐。

为了表达对土地神的敬畏，立春过后连续五个戊日，不可破土动工，不然惊动了土地神，五谷不兴，影响收成。有的还在地里垒一石堆，插一草人，象征土地神在守护。春夏播种，面向土地神敬香作揖，压几张纸钱在石堆上，祈求土地神保苗不受灾害。收获之时，也要敬献，以答谢土地神的庇佑。或在六月初六早晨，携带祭品到祖先辟造的"母田"举行敬献仪式。在田边插一根高过禾苗的树枝，上挂几条黄、白色纸带，以示其田神在此守护。每至季节之首，为祈求土地神保佑庄稼丰收，有的还由一世袭老户，在春耕前择一吉日，于深夜赤身裸体，荷锄挑粪，到寨边田里挖地施肥，插株芦苇，燃香化纸，敬献土地。之后，其他民众方可开始春耕大忙。①

（十二）祭龙神

锦屏地区的侗族有每年正月敬龙神的习俗。活动之前，全寨各家各户集资准备祭献物品。捐献最多的三户被指定为社主和副社主并主持敬龙仪式。第一户为社主，第二、三户为副社主。开社期间，在寨边各道路立幡杆，示意外人不得进入。届时，由社主带领寨人向龙神下跪祈祷，求其保护乡民，人畜平安，五谷丰登。寨内七天不能断香火，一天三次上供品。用茶油和蜡点燃的香火有几百盏，供品为米元子、肉等。祭祀活动的最后三天，全寨斋戒，不得私下吃荤，只能吃用茶油和豆腐蔬菜之类做成的素食。最后由社主带玩龙队到各家，祝贺他们平安吉利。

（十三）打醮

每当出现旱、雹、虫、火等自然灾害时，周围数村寨群众要集资请道士主持打醮仪式。道士在室外高处设置"神坛"，对天祷告，打醮念经的道士多达数十人，为期3—7天，有的直到消灾为止。如遇干旱，求雨打醮以后，还要抬一只狗在村寨周游，沿路村民往狗身上泼水，谓之秽气冲天，促使天降大雨。

（十四）耕耤礼

耕耤礼即对神农的祭祀。侗族以水稻种植为农业生产的根本，稻谷的丰歉关系到民族的兴衰、生命的延续，所以大家对稻谷的种植极为重视，并衍生出祭祀神农以求其保佑五谷丰登的民俗活动，反映了侗族民众对丰收的渴望，对幸福生活的向往。每到春耕播种时，侗族人要选择一吉日在田间（一般为向阳的良田，如寨里的"鼓田""公田""活路头"家的田）一块适宜的地方，供上神农的神位，两侧站着寨老和乡官，一人手执青旗立于东面，掌鼓者载器具立于西面，吹侗箫、侗笛、木叶者立于南面，摇铃者立于旗鼓之前。当司仪（一般是寨中长者、头人）将犁耙、牛鞭、供品设于神农牌位前时，耕耤礼随即开始。于是鼓乐齐鸣，歌声响起，司仪唱起了祭辞：

　　　　神灵都来吃酒，世人祈求保佑。

---

①　刘芝凤：《中国侗族民俗与稻作文化》，人民出版社1999年版，第86—89页。

保佑什么？保佑田中禾谷。

正月阳雀叫过，二月雷婆鸣天。

三月耙山动土，四月谷雨下秧。

五月征秧插田，六月大薅小薅。

山上种旱谷，田里栽水稻。

山谷收成好，田谷收获多。

山谷茂盛如牛尾，田谷茂盛如马尾。

大丘田中谷成堆，小丘禾叶过田塍。

禾穗低头好摘，禾叶散开好剪彩折。

男人灵巧在塘边竖起禾晾，

女人灵巧备办禾剪镰刀去收割。

男人灵巧，备办千担挑，

白天挑不了，夜里挑不完。

大仓装满谷，禾晾挂满糯。

这禾穗一菀就够吃一餐，

一石就够过一年。

吃不完，留来买布。

吃一点，留下换银钱。

聚银像山林，布多像树叶，

女的耳戴金银，男的身穿绸布。

（众合）吓！

神灵都来吃，世人祈求保佑。

保你什么？保佑禾秧同丘同长。

郎娘偕老同堂，家业兴旺。

积财发富，浸米发饭，

买马满山，买山满面岭，买水满田。

买上段，连中间，

上连下，下连上。

鱼多如撒糖，田塘如云天。

门户开，田地来。

父亲一代满屋场，儿子一代满村庄，

子孙一代散满乡。

件件都是九十九。

水牛黄牛马匹无数头。

鱼满塘凶猪满栏。

社农请先吃，我们后尝。

（众合）吓！

唱完祭辞后，人人叩拜神农。之后由一人驾起耕牛下田开犁，开犁后随即整地，寨老、乡官则拿着盛有谷种的"青箱"随其后播种。往返播种一轮，称为一堆，九堆后，仪礼毕。播种时，所有参加者都要往南北方向来回走动行礼，以祈祷风调雨顺，五谷丰登。[1]

（十五）开秧门

开秧门是农耕祭祀活动中的一种，主要体现在对秧神的祭祀上。当地人认为，每年的开秧门对于来年五谷是否能够丰收极为重要，秧门如果开得好，一年的禾苗就会茁壮成长，年底就能大丰收。祭祀时，先在田头摆上祭品以敬秧神。为表达对秧神的敬重，求得秧神的护佑，"活路头"还要领唱《十二月种田歌》。唱完《十二月种田歌》后，"活路头"下田扯出第一手秧，众人于是呼应："开秧门喽！"然后所有人都下田扯秧。这一天，侗族全寨每一家都会吃糯米饭及合垅饭，还要杀鸡宰鸭，妇女们为了谢秧神还会把叶子粑插在田头。黎平肇兴一带的"活路头"还要给新媳妇送插秧礼，如糯米饭、咸蛋、肉等，共同祈愿日后的丰收。

第三节　侗族民间信仰的田野考察

一　田野调查点概述

将科村位于鄂西南宣恩县境内，属晓关侗族乡桐子营片区。将科村属云贵高原延伸地区，地处武陵山和齐跃山的交接部位。将科村所在的宣恩县总人口30余万，其中有12个少数民族，少数民族当中又以土家

---

① 湖南少数民族古籍办公室编：《侗款》，杨锡光、杨锡等整理译释，岳麓书社1988年版，第148—150页。

族、苗族、侗族居多。将科村所在的晓关乡被称为"侗族之乡"，侗族人口占全乡人口的75%左右。

将科村总户数有300多户，人口1300余人，侗族、苗族、土家族等少数民族居多，侗族达900多人。将科村的主要农作物是稻谷和玉米，经济作物是茶叶和烟叶，另外养殖业也是该村经济收入的主要来源之一。

将科村侗族是武陵地区鄂西南一带侗族的重要组成部分。鄂西南一带的侗族皆是自清康熙至咸丰年间从湖南、贵州、广西三省区迁入。侗族之所以要迁入鄂西南，主要原因有三个：一是他们的原居地战乱频繁，导致他们流离失所，为了躲避战乱只好离开故土谋生；二是因各种自然灾害无法继续在原居住地生存；三是清雍正年间，鄂西南地区实施了改土归流，废除了"蛮不出峒，汉不入境"的禁令，导致大量移民迁入易于垦种的鄂西南地区。侗族民众在迁徙中多邀约同行，所以在迁入鄂西南地区的宣恩后，往往聚居连片成寨。

据相关统计，迁到宣恩的侗族有三十多个姓氏。自宋代苏、李、黄三个姓氏始入宣恩后，侗族成员陆续而至。到了清代乾隆和嘉庆年间，越来越多的侗族民众迁入宣恩，那时大量涌入的姚、龙、谢、吴、杨等姓氏的侗族中以杨姓居多，形成了鄂西南地区自清代以来至今比较稳定的侗族姓氏结构。

二　田野调查点民间信仰状况

在将科村侗族信奉"万物有灵"观念的基础上，将科村侗族民间信仰的对象复杂，既有神灵，也有鬼魂，还有各种自然物。具体体现在以下几个方面。

（一）祖先崇拜

将科村侗族的祖先崇拜有两类，一类是所有侗民共同敬仰的侗族创世神崇拜，如萨岁、姜氏兄妹等，具有民族性崇拜的特点；另一类是将科村以血缘关系为纽带的杨龙两姓的家祖崇拜。

萨岁　萨是当地村民最为敬仰的祖母神。在将科村，只要是南侗[①]地

---

①　岭南越人在大迁徙过程中，向南迁入广西三江及周边地区，形成"南侗"，即南部侗族地区。向北迁入贵州黎平、湖南沅州及芷江一带，发展成"北侗"，即北部侗族地区。南侗与北侗地区的侗族文化略有差异。

区的迁入者都信奉萨岁。在迁入将科早期，他们就修建了萨堂，每年农历三月初三，当地人都举行规模较大的祭祀活动。中华人民共和国成立后的历史特殊时期，萨堂被拆除，但当地村民还是私下里在自家堂屋中烧香化纸祭祀萨岁神。随着侗族的发展，侗族认为萨并不只指萨岁一人，而且可以泛指女性神灵。

姜氏兄妹 他们又被称为傩头爷爷和娘娘。姜氏兄妹来源于侗族始祖神话传说。相传世上最初只有一位娘娘，她把一个李子变成了姜氏兄妹，后来这对兄妹结婚繁衍了人类。侗族后世于是称其为先祖。为感谢姜氏兄妹繁衍人类的功绩，凡是迁入将科村的侗族在重大节日都要祭祀姜氏兄妹。祭祀活动约定于每年腊月进行，通常两年一次。

飞山公 迁入将科村的杨氏侗族后裔流行崇拜飞山公杨再思。杨再思，人称"飞山公"，是唐末五代靖州"飞山"蛮"酋长"，号十峒首领。

宣恩全县建有飞山庙二十一座，该建筑通常依山傍水，多为聚居村寨合族而建或由散居的几个姓氏共同修建。飞山庙有一个一正两厢式四合院，两厢为僧居区，而正门为过道。正殿造型为翼角翘出，四角尖顶，青瓦屋面。楼阁用当地上等木材建成，工艺精良，结构严谨。历史上，将科村曾经也有三座飞山庙，侗族村民龙守全说："中华人民共和国成立前，村里有好几座飞山庙，庙里还有和尚专门念经文。中华人民共和国成立后随着废除封建迷信政策的实施，飞山庙被拆除，那时候官方认为崇拜飞山公是搞封建迷信。"在现在的将科小学前就曾有一座飞山庙，庙里供奉有飞山公神像，神像左手撑在腰部，右手举剑，左脚盘起搁置在右大腿上，右脚踩在坐像上，腰部系有腰带，头上包有帕子。

侗族民众约定农历二月初二为飞山公生日，十月初二为飞山公祭日，这两天也是侗族的庙会期。届时，侗族民众便前往飞山庙，烧香供物祭祀飞山公。由于飞山庙早已经被拆除，当地人主要在自家堂屋里烧香祭拜。

家祖神的出现源于人们对自己已故祖先的崇拜，它体现出以血缘关系为纽带的家族延续。将科村主要居住着龙氏和杨氏两个大的家族，龙氏和杨氏祭拜的家祖分别为龙杨两姓的进山始祖及家族亡灵。将科侗族民众认为人死后虽然肉体会腐朽但灵魂不死，而自己祖先的灵魂能够保护自己的家族兴旺，因此必须对祖先加以祭祀。在清明节、中元节及春节时，当地人对祖先的祭祀通常会在墓地或自家堂屋内进行。平时如果有家族成员遇到疾病或灾难，也可以向祖先烧香叩头以求祖先保佑平安。

（二）自然崇拜

将科村侗族民众崇拜的自然物主要有山、洞、土地和水。

山、洞 在侗族历史发展早期，他们多在山间小盆地及河谷地带生活，汉族称侗族居住地为"峒"或"洞"。对山和洞的长期依赖逐渐形成了侗族对山和洞的崇拜。如果遇土石坍塌或其他意外事故，侗族必先烧香化纸以敬山神和洞神，期盼消灾祈福。

将科侗族先祖之所以选择将科作为落叶扎根之地，也是因为将科村依山傍水，符合侗族民众生活的习惯。据侗族村民龙安列（男，2013 年调查时 93 岁）回忆自己祖辈时说，先祖当初修建房屋的时候，进山伐木前，先烧香祈祷，以敬山神，驱赶走凶神之后才开始动工。而且房屋的方向必须与山相吻合，也就是相生相向，绝不能相克，否则后果不堪设想。因此，建好的房屋都是背靠着山，他们称为龙脉，住在这里既有龙的庇佑，又受龙的监督。

土地 土地是侗族赖以生存的重要物质基础，将科侗族称土地神为"土地公公"或"土地爷"，他们认为土地滋养了万物，是一切生命的生存之本。将科侗族认为土地神可以护佑人畜兴旺，全寨安定。后来，当地人不断赋予土地神新的职责，土地神也主管水旱灾害和疾病，成为万能神。遇自然灾害或者逢年过节，当地人就会对土地神献祭祈求保护村寨一切顺利。

水 将科侗族的水崇拜也源于他们依山傍水的自然环境。一方面，当地人认为依山傍水而住即可得到神灵的护佑，因此要敬水；另一方面，也产生了很多关于水的禁忌，例如严禁在水井边小便和洗便桶，否则会招灾。

将科河的河水是将科村侗族日常生活用水的主要来源。村民中大部分人认为将科河里也有水神，对水神的祭拜一般在大年初一。届时，天刚刚亮，村民就去河边敬水，祭祀完后端一杯河水回家，寓意来年有水神保佑平安。以往过节时，当地人还要给水井菩萨烧香烧纸。

（三）巫术崇拜

将科村当地一位"懂得巫术"的侗族老人杨百钧说："在过去将科村没有医院的年代，侗族民众生病只能用迷信的办法来医治，现在桥头的挡箭牌就是当初因此而建。曾经，我们村里有家小孩生了病，家人就请巫师算命，巫师算命后说孩子命中犯将军箭，必须把它挡住，于是就请人修建了这块挡箭牌。果然小孩的病痊愈了。倘若小孩的病情无好转，家人就在自家神龛前祭祀祈求神灵之助，再找一块木牌，上面写有'天皇皇，地皇皇，我家有个夜哭郎，过路君子念一遍，一夜睡到大天亮'。接着把这块木牌插在十字路口，据说这样就可以使小孩的病快一点好。"

该村的另一位侗族老人对巫术的功效笃信不疑。据这位老人讲，他的女儿小时候有一段时间经常哭闹，后来找杨百钧老人为女儿画了个符，让女儿将符条戴在身上一个星期，之后再将符烧掉，结果很灵验。杨百钧老人说："画符有好几种，针对不好养的小孩很有效，一种是依据小孩的生辰八字和姓名来算，看小孩是被哪方鬼怪吓到了，再根据不同状况给小孩画一个符，把符挂在小孩身上一周，一周过后再把符烧掉。还有一种方法可以不用符，如果有小孩不好养，大人要给巫师说明小孩是从什么时开始哭闹的，再按阴阳五行来推算是哪一方的神灵在作祟。如果小孩再被吓到了，家长就在煮的饭里倒一点冷水，再将一小块方肉放在碗里，拿若干香纸向神灵作怪的方向走去，再面向那个方向烧香、泼饭，同时心里默念请神灵离开。事后在香上逆时针划三圈，一直把碗倒着拿回家，禁止回头看。"

此外该村还有一些其他的巫术，例如倘若有成人认为自己怀才不遇，侗族老人就用鸡蛋在他身体周围转三圈，然后让他对着鸡蛋吹三口气，寓意转运。

（四）鬼神崇拜

将科村的鬼神崇拜通常以还烛愿的形式进行。该村村民龙友云说："以前祖先们来此定居后，家中的粮食常被盗，青龙山下的一条小路据说就是强盗经常偷粮食而走出来的，现在地里的庄稼还是好好的，等到次日再去看就会发现少很多。那时候人们也无能为力，不能正面和强盗斗争，于是用还烛愿的形式希望借助法力赶走强盗。"

在将科侗族的传说中，他们的祖先在逃离战乱时被官兵追杀。在危

急时刻，他们正是通过乞求先祖神灵的保佑才摆脱了敌人，最终迁徙到
将科村。然而，他们在这里定居以后，侗族民众家里的东西常常被盗，
侗族祖先认为，之所以会这样是因为他们的祖先在逃难中遇到危急时只
敬了先祖，而没有敬材寨保护神——小神子。于是，他们后来又补敬了
小神子，自此以后，侗族民众的家里就再也没有被盗过。按照当地人的
说法，在盗神中，只有二十四诸天菩萨是响马强盗，所以人们也称还烛
愿为还强盗愿。烛愿也是来年一还，小愿还一晚，大愿还三天，举行的
时间通常在腊月二十九之前，由于还烛愿敬的是二十四诸天菩萨，因此
把所有供品都要分成二十四份，有鱼、烛、纸钱、斋粑、豆腐、茶和酒
等。在举行还大愿时，往往会请几个道士用沅州腔调念诵经文。最初将
科村本地人不会唱沅州腔调，因此他们请沅州人来教，逐渐学会。一般
人家如果没有能力不能举行还大愿，也要象征性地在那天晚上去神坛，
在上面摆些供品祭祀。

　　除此之外，将科侗族也崇拜观音菩萨、灶神和门神等神灵，他们认
为这些神灵都可以保佑家族平安、一切顺利。

三　田野调查点民间信仰主要仪式

　　将科村民间信仰仪式的主体是一系列祭祀活动，当地人正是通过这
些祭神仪式祈求它们的护佑。将科村的祭祀活动主要有以下几种。

　　（一）公祭

　　中华人民共和国成立以前，将科村的公祭仪式较多，祭祀的程序也
比较固定。那时，村里有不少供奉佛祖、菩萨的寺庙，而当地人敬奉的
萨岁神和飞山公也有专门为他们修建的寺庙，也即萨堂和飞山庙。公祭
的神灵一般都有固定的祭祀时间，如祭祀萨岁神是在每年农历的三月初
三，祭祀飞山公是在每年农历的二月初二和十月初二。

　　据当地村民龙安列老人回忆，在他小的时候，村里每年都会定期举
行祭萨仪式。每到农历三月初三，负责看管萨堂的寨老会打开堂门，随
后村里所有人都会排成长队站在堂前，再由寨老进堂上香敬茶祈求萨神
保佑全寨一切顺利。寨老再摘一些被视为萨岁神赐予的吉祥物的常青树
枝叶发给村民，村民们把它装在衣服口袋里，或者插在头上。然后大家
同唱侗歌、饮祭茶。活动的最后，人们吹奏芦笙三曲，鸣放铁炮三响，

祭萨的游行队伍就往回走，场面热闹壮观。

将科侗族在过年、清明等节日也祭祀大奶奶圣母神，即造姜氏兄妹的那位娘娘。届时，庙里的神坛前放一张方桌，方桌上放有一只内盛五谷、五谷上又插有三炷香和野花数枝的斗。斗边放有一把纸伞，结婚祭奠时纸伞放在斗的左方，其他时候放在斗的右方，在婚事、死人及年节规俗之期过后才撤除。

（二）家祭

中华人民共和国成立后，将科村曾经的公共寺庙在"文化大革命"期间都被摧毁，原来的公祭变成了家祭。家祭是以家户为单位举办的祭祀活动。将科村的侗族民众大多就在自家堂屋正中间的墙面上设有神龛，神龛上贴有"家先"，即"天地君亲师"的牌位。一般来说，写"家先"的人多由家族里德高望重的高辈分老人来担任，在写"家先"之前还要先上三炷香，并敬献供品。为了表示对家先的尊重，德高望重的高辈分老人往往跪着在一张红纸的正中间由上而下写，"天"寓意大千世界以天为大；"地"寓意人的生活必须依靠大地；"君"即国家、皇帝，寓意必须孝忠一国之君；"亲"即自己的亲族，寓意做人应当敬奉家族祖先，善待亲友；"师"乃传教之人，寓意要尊师重道。而且，在写"天地君亲师"这五个字时笔画也有讲究。例如，"天"字中一撇一捺的宽度必须比"地"字宽，象征天要盖地。"师"字和"位"字之间必须有一笔将它们衔接在一起，寓意"师不离位"。在"天地君亲师"牌位之右通常写有"九天司命太乙府君"的字样，其中，九天是指九重天，司命是指菩萨，太乙是指祖人，府君是指灶神。在家先牌位的两侧，一般都贴有对联，对联所写的内容没有统一的规定，但多表达的是保佑平安、一切顺利之意。

在将科村，家先被当地侗族民众视为一种神圣不可侵犯的事物。通常每三年会对家先神龛进行一次更换。在安置新家先前，要先把旧家先烧掉，既不能乱扔也不能随意玷污它。逢年过节或遇到婚丧嫁娶都必须对它烧香祭拜。如果家中有老人过世，为了表示对亡人的尊重，在神龛前放置棺材时还要用火纸将"君"和"亲"两个字遮挡住。

举行家祭的时间和地点较为随意，通常没有严格的规定，祭祀的过程也较为简单，通常是烧香叩拜，献茶或酒。侗族村民们在自己家中向神灵许愿，祈求内容比较广泛，包括祈求平安等。若祈愿得以实现，他们还会向神灵还愿以示谢意。

（三）墓祭

墓祭主要是祭拜与自己同氏族的祖宗以及族内各分支家庭的先人。在清明节这一天，墓祭最隆重。清明节前夕，将科侗族就提前将清明吊子挂于祖坟之上。墓祭活动包括两个方面：一是全家人去墓地扫墓，烧香焚纸钱，并鸣炮以告慰亡灵。据说，过去将科村龙姓家族的几百个后裔在西坪龙朝祖先的墓碑前进行过集体墓祭，他们在祖墓前摆放祭品，挂上清明吊，并宣读祭文，之后焚香烧纸叩拜。墓祭完毕，他们把备好的酒菜取出与族人共同席地聚餐。二是接姑、舅以及出嫁的女儿等亲人过节，而且要在与亲人一起吃饭之前先祭拜祖先。①

---

① 吴光友、郭祖铭：《宣恩侗族》，湖北人民出版社 2008 年版，第 146 页。

第 五 章

武陵民族地区民间信仰的特征

第一节　武陵民族地区民间信仰的长期性

一　民间信仰固有特征决定其具有长期性

宗教学依据宗教发展程度，将其分为兴起于原始社会的原始宗教（又称自然宗教、自发宗教）、进入阶级社会后的古典宗教（又称神学宗教）和现代宗教三个阶段。武陵民族地区的民间信仰没有宗教学意义上的"教会"，又不同于传统意义上有组织的民间宗教，只包含"信仰""实践"和"信奉它们的人"三个要素，至今仍属于原始宗教范畴。

民间信仰是"支配着人们日常生活的外部力量在人们头脑中的幻想的反映"①，民众基于自身的力量采取了超人间的力量形式来反映外部不可知的力量。从上层建筑同经济基础的关系上来说，民间信仰与宗教一样，都是上层建筑中一种特殊的社会意识形态，把自然力量、社会力量、人的本质异化了；从客观世界同主观世界的关系上来说，它们都是客观世界在人们主观世界上的异化反映，属于唯心主义世界观。

民间信仰产生历史久远并将长期存在的观点已经在全社会达成共识。从宗教学的角度看，任何宗教都有其发生、发展和消亡的过程，因为人们意识的发展总是落后于社会存在，旧社会遗留下来的旧思想、旧习惯不可能在短期内彻底消除，只有在社会生产力极大提高、物质财富极大丰富，以及教育、文化、科学、技术的高度发达之后，宗教才会消失。这一目标的实现还需要长期的奋斗过程，加之某些严重的天灾人祸所带

---

① 《马克思恩格斯选集》第 3 卷，人民出版社 1996 年版，第 666—667 页。

来的困苦，一定范围的阶级斗争和复杂的国际环境，都促使宗教不可避免地长期存在，民间信仰更是如此。武陵地区民间信仰作为上层建筑中特殊的社会意识形态与民族社会发展以及历史进程息息相关，由于各少数民族在政治、经济、文化等发展方面处于相对后进的状态，决定了其民间信仰将会长期存在。

民间信仰的长期性中同样包含着阶段性和反复性。20 世纪 50 年代以后，中国社会"左"倾思潮泛滥以及"文化大革命"的进行，宗教文化虽遭遇打压和限制，民间信仰被当作牛鬼蛇神之类的封建迷信一律遭到严厉打击和禁止，信仰仪式主持者更是经历了艰难的生存境遇，但民间信仰在少数民族地区从未真正的销声匿迹，民众并未彻底抛弃民间信仰，很多信仰仪式从白天正常进行转为夜晚秘密举办。我们看到，民间信仰虽然经受了一段时间的打压，民众对民间信仰的虔诚度有所下降、信仰人口偏于老年化、范围正在缩小、仪式规模逐步精简，但改革开放以来，随着国家宗教信仰自由政策的逐步落实和复兴民族传统文化热潮的悄然兴起，民间信仰不仅重新得到了社会的认可，并且大有复苏之势，显示出极强的内在生命力。

民间信仰在 20 世纪 80 年代以来的快速复苏，与封建迷信残余的遗留、生产力较为落后、贫富悬殊、天灾人祸以及国际环境等因素密切有关，当然也存在特殊的原因。一是社会转型时期，全国乃至武陵地区社会结构、经济体制等方面都发生着深刻的变革，民众总体上还不能完全适应当今快速发展的社会。"宗教里的苦难既是现实的苦难的表现，又是对这种现实的苦难的抗议。"[1] 不少民众企图通过神灵（包括命运、风水等）保佑来实现诸事顺遂；社会中存在的两极分化等不公平现象都会导致无助、无奈的民众通过拜祭神灵来寻找精神依靠，获得心理安慰；社会控制力量减弱、贫富差距拉大、社会治安恶化、医疗缺乏保障等客观原因，导致民众生活负担加重。上述因素都为民间信仰复苏提供了一定的生存空间和发展条件。二是社会转型导致民众处于信仰真空期。"文化大革命"带给民众的心灵创伤还未治愈，他们又经历着改革开放特别是市场经济的冲击，部分民众对主流社会的信仰发生了动摇，社会上也产

---

[1] 《马克思恩格斯选集》，人民出版社 1996 年版，第 2 页。

生了"信仰危机"。拜金主义、享乐主义、虚无主义之风悄然兴起，而传统的思想政治工作又以说教方式为主，未充分观照到民众人际关系、社会心理等与社会发展之间的调适，对民众在社会转型期的心理需求考虑不周到。尤其是经济基础较为落后的武陵民族地区，20世纪80年代宗教信仰自由政策得到贯彻落实，但相应的对宗教事务的依法管理却未能及时跟进，基层宗教信仰严重缺乏可操作的规章制度。原有信仰遭到严重挑战，新的信仰体系尚未建立，导致民众长期处于信仰真空期。三是民间信仰进入自身发展张力较强的阶段。自1982年以来，随着相关宗教政策的逐步落实，民间信仰也获得了合法存在的地位，可以正常活动。同时"文化大革命"期间"社会文化的伪神圣化（实质是偶像崇拜化）和伪秩序化（实质是整合单一化），已为它走向反面，即过度世俗化（实质是物质主义化）和无序化（实质是犬儒主义化）积蓄了力量"①，极大地激发了民间信仰内在的发展张力。

武陵地区民间信仰与区域内各民族日常生活紧密相关，具有较强的民族性。民族和信仰虽然分属不同的范畴，但在武陵地区有土家族、苗族、侗族等30多个少数民族，少数民族人口约1200万，其中三大世居民族土家族、苗族、侗族约占武陵地区总人口的三分之一。一方面，对于各民族的每个信仰者而言，其民间信仰情感与民族感情、民族心理、民族习俗、民族文化、民族意识都密切相关、相互交融、相互渗透。另一方面，每个民族在自然崇拜、祖先崇拜、鬼神崇拜等方面都以"万物有灵"为基础，在融合了其他民族的信仰因素并经过加工后形成了本民族独特的民间信仰系统，深刻影响着本民族成员的日常生活。不同民族在互动交往过程中相互尊重对方的风俗习惯，包括理解对方的民间信仰和祭拜仪式，形成了一个多向互动、共生互补的民间信仰生态。

二 特殊的自然生态环境形成民间信仰的长期性

（一）武陵民族地区的自然生态环境

武陵地区多为喀斯特地貌，峰峦叠嶂，山高谷深。境内高山众多，"武陵"的地名就源于武陵山脉。武陵山系褶皱山，位于中国自然区划由

---

① 何光沪：《中国宗教改革论纲》，《东方》1995年第1期。

第二阶梯云贵高原向第三阶梯东南丘陵过渡地区。山脉整体呈岩溶地貌发育，全长约420公里，西起贵州省贵定县的云雾山，东至湖南省武陵区的河洑山，盘踞在湖南省西北部、湖北省西南部、重庆市东南部、贵州省东北部。武陵山呈东北—西南走向，是我国内陆东西交通的屏障，也是乌江和沅江、澧水等水系的分水岭。山脉平均海拔高度为1000米以上，最高峰为海拔2570米的凤凰山，主峰为海拔2494米的梵净山，都在贵州省境内。山脉自北向南分为三支：北支分布于湘鄂渝边境，有八面山、八大公山、青龙山、东山峰、壶瓶山等；中支沿澧水干流北侧延伸，有天星山、红星山、朝天山、张家界、天子山、索溪峪、白云山等；南支从贵州省境苗岭云雾山（在贵定县）一直延伸到湖南省境的有腊尔山、羊峰山、天门山、五雷山、大龙山、六台山等，为武陵山脉主脉。三支山脉均消失于洞庭湖平原。武陵山脉覆盖的地区被称为武陵山区、武陵山片区或武陵地区。

武陵地区河流密布，境内分布有沅水、澧水、清江、乌江四大水系。沅水俗称沅江，发源于贵州省都匀县的云雾山和贵州省麻江县平越大山，两源汇合后称清水江，至銮山入湖南省芷江县，东流至洪江市与渠水汇合后才称为沅江，主要流经怀化市、湘西自治州以及常德市的桃源、鼎城和武陵。在常德的德山注入洞庭湖，全长1000余公里，流域面积为8.9万平方公里。

澧水为武陵地区大河之一，西起湘鄂山区，东临洞庭湖尾闾，自西北流向东南，形成梳状水系。其干流在桑植县南岔以上，分为北、中、南三源；三源汇合后，往南经桑植东流，经过张家界、慈利、石门、澧县，沿途融汇娄水、渠水、道水等主要支流，经津市小渡口最终注入洞庭湖。澧水北以武陵山脉北支为界与湖北清江水系分水，南以武陵山脉南支为界与沅水分野，自河源杉木界到小渡口全长388公里，流域面积1.8万平方公里，横跨湘鄂两省，整体处长江之南。

清江，古称夷水。《水经注》记载："夷水，即艮山清江也。水色清照十丈，分沙石。蜀人见其澄清，因名清江也。"清江位于湖北省西南部，是长江中游右岸重要的一级支流，发源于利川市东北部齐岳山龙洞沟，自西向东切割云贵高原东部边缘的鄂西群山，大部分河段形成高山深谷，急流险滩众多。主河道曲折北流折向东流，经利川、恩施、宣恩、建始、巴东、长阳、宜都7县市，至宜都市注入长江。干流全长400多公里，流域面积1.67万平方公里。

乌江又称黔江，是长江上游南岸最大的支流，也是贵州第一大河。水系整体上呈羽状分布，由西南流向东北，六冲河汇口以上河段为其上游，汇口至思南段为中游，思南以下为下游。乌江有南源三岔河和北源六冲河两处源头，通常认定以三岔河为其干流，发源于贵州省境内威宁县香炉山花鱼洞，流经黔北和渝东南地区，在重庆市涪陵注入长江。干流全长1037公里，流域面积8.8万平方公里。

（二）自然生态环境对民间信仰的影响

武陵地区地形以高原、山原、中山及低山丘陵为主，植被覆盖率高、湿度较大，尤其在边远山区和岩石山区，山高、坡陡、路险，民众生产生活条件极为恶劣。"八山半水半分田，一分道路和庄园"真实反映出武陵地区自然地理状况。

武陵地区大多地处高寒山区，山地面积占总面积比例相对较大，而耕地面积偏少，人均耕地面积尤其是高产稳产耕地面积更少。如湖南省张家界市桑植县，该县地处武陵山脉北麓，地貌多为中山到低山型，山地约占全县总面积的90%，人均耕地面积仅0.72亩，而人均有效灌溉面积只有0.32亩。[①] 加之地区气候复杂多变，日照时间短，农田水利设施落后，自然灾害频繁发生，导致投入和产出比例严重失衡。

武陵地区农村人口占总人口的比例高，而农村大都位于交通不便、信息闭塞的边远山区，民众过着"养猪养羊为过年，养鸡养鸭换油盐"的自给自足生活，更有一部分民众处于"交通靠走，通信靠吼，娱乐靠酒"的落后状态，农村低保、医保体系仍有待完善，地方病不时发生，残疾人群所占比重较高。同时，武陵地区为喀斯特地貌，人畜饮水保障较低，旱灾、山洪、滑坡和冰冻等自然灾害时有发生，加之民众的抵御灾害能力较弱，导致武陵民族地区因灾返贫的现象也较为严重。

自然生态环境导致武陵地区长期贫困是促使民间信仰长期存在的重要原因之一。区域内民众生产力水平较为低下，生活条件恶劣，经济困难，思想也较为落后，这些因素都增强了民众对神灵、命运等的依赖和

---

① 资料来源：桑植县民宗局，2009年7月。

寄托。民间信仰的一些仪式，对于偏僻山区、文化滞后的民众而言，是改变贫穷现状的精神慰藉，也正是对美好未来的渴望，促使民间信仰具有强烈的吸引力。在缺医少药的现实环境下，民众最害怕生病，在传统社会中往往贫病交加，走投无路，就只好求助于神"医病赶鬼"。严峻的生态环境形成了武陵地区各族人民独特的心路历程——通过对神灵的膜拜来保佑风调雨顺、人畜兴旺。

武陵山脉为生活在其中的民众提供延续生命、发展民族的重要生存资源，生存于此的各民族对山的崇拜非常普遍。山对民众而言神圣庄重，湘西北拉西峒的土家族砍伐树木前必须敬奉山神，对于在水源周围或土王庙附近的树木，还采取"封山禁伐"的"禁山"措施。同样，侗族也认为崇山峻岭、奇山怪峰是神山的命脉，具有神性，不能随意破坏和亵渎，划为禁区后还会有诸多的禁忌。当武陵地区的生计方式由游猎转变为农耕之后，大山依然提供着耕作必不可少的土地资源，依然与民众的生活息息相关。对山的崇拜增加了土地崇拜的内涵，山与土地一起成为民众的守护神和保寨神。在湘西山江地区，每个苗族村寨都有各自的保护神，统称为土地公公。据说土地公公庙所在山坡越高，他就越灵验。每到逢年过节或者家中发生意外时，民众都会去祭拜土地。黄茅坪村的祭山仪式在山江一带最为隆重。腊月、正月择吉日或过年当天，寨民自发前往山神土地庙所在的高坡上祭山，仪式还要由苗族祭司巴代主持，祈求其保佑村寨平安、寨民发财。

武陵地区民众在与自然的长期互动中，形成了人与自然和谐的心理素质，在仪式活动中表现较为明显。以湘西山江社区苗族求雨仪式为例，在久旱无雨、严重到影响全年收成的情况下，村民自愿集资请祭司巴代雄来主持求雨仪式。仪式反映了人们对雨水在生活生产中的重要性的认识，仪式过程中不仅仅体现出雨崇拜的文化意义，更深层次反映出社会互动形式，即不断重新加强民众从属村寨集体的观念，使民众保持战胜旱灾的信仰和信心，使民族、村寨等共同体维持下去。在求雨的语境之下，表演着民族的精神气质和世界观，并用祭品与想象中的神圣空间内的神灵——雷公达成了共识，以期通过求雨仪式达到人与自然和谐、最终实现神灵对自我关怀的目标。即使求雨效果没有如预期所望，民众也没有怨天尤人，而是以豁达乐观的心态自我抚慰，仍然满怀希望期待着庄稼有一个好的收成。

三 独特的社会历史进程制促使民间信仰长期存在

(一) 武陵地区建置沿革

从历史沿革来看，汉代设置武陵郡，使"武陵"正式成为一个行政区划概念。湘西里耶镇考古发掘的秦简中已有"武陵"一词。早在战国时期，武陵地区开始纳入楚国版图，第一个行政区域是楚黔中郡，黔中郡是武陵地区首个行政区划。黔中之名始见于《战国策》："楚地西有黔中、巫郡。"杨宽在《战国史》中说，楚黔中郡"因黔山得名，辖境有今湖南西部及贵州东北部"，楚威王时设郡。秦代，仍设黔中郡。唐代《元和郡县志》卷三十一说："秦黔中故郡城在（沅陵）县西二十里。"史学专家认定秦代黔中郡郡址是沅陵县太常乡窑头古城。该城坐南朝北，南城墙保存完好，其次是西城墙。古城南城壕和西城壕系在沟中挖成，城壕底部发现较多的战国陶片和绳纹瓦片，可辨器形还有战国晚期的绳纹罐。

汉代，改黔中郡为武陵郡，隶属荆州刺史部。武陵郡郡治设在义陵县，在今溆浦县。自此，"武陵"一词便在历史上长期使用。关于武陵郡设置时间，《水经注·沅水》记载："汉高祖二年（公元前205年），割黔中故治为武陵郡。"清代顾祖禹在《读史方舆纪要》中说："黔中城，（辰州）府西二十二里，《括地志》秦黔中郡治此。汉改黔中郡为武陵郡，移理义陵，今溆浦县也。"西汉时，武陵郡又称"义陵郡"。清光绪年间《湖南通志》记载："秦昭襄王三十年（公元前277年），取楚巫、黔及江南地置黔中郡。汉高祖二年改为义陵郡。"

西汉武陵郡所辖区域与秦代黔中郡略同，共辖13县，分别为"索，渐水东入沅。孱陵，莽曰孱陆。临沅，莽曰监元。沅陵，莽曰沅陆。镡成，康谷水南入海。玉山，潭水所出，东至阿林入郁，过郡二，行七百二十里。无阳，无水首受故且兰，南入沅，八百九十里。迁陵，莽曰迁陆。辰阳，三山谷，辰水所出，南入沅，七百五十里，莽曰会亭。酉阳、义陵，鄜梁山，序水所出，西入沅，莽曰建平。很山、零阳、充，酉原山，酉水所出，南至沅陵入沅，行千二百里"。清代《湖南通志》又云：武陵郡含"今湖南之常德、澧州、辰州、靖州、永顺，贵州之铜仁、镇远、黎平、思州（今岑巩县）、思南、石阡、都匀，四川之酉阳，湖北之宣恩、来凤、长阳、长乐（今五峰县）、公安各县地，治义陵，今溆浦县地"①。

东汉建立后，把王莽更易的郡、县名称恢复为原名，辖"临沅、汉寿、屠陵、零阳、充、沅陵、辰阳、酉阳、迁陵、镡成、沅南、作唐"②。与西汉武陵郡基本相同，管辖 12 县。变更了西汉的无阳、义陵、佷山 3 县；新置了作唐、沅南 2 县；东汉建武二十六年（公元 50 年），分屠陵县地新置作唐县。

晋代，沅水流域仍设武陵郡，据《晋书·地理志》载："武陵郡，汉置，统县十，户一万四千。临沅，龙阳，汉寿，沅陵，黔阳，酉阳，镡成，沅南，迁陵，舞阳。"武陵郡治仍设临沅县，改东吴时期吴寿县为汉寿县。南北朝时，宋、齐、梁、陈分别设置武陵郡，由原隶属荆州改隶郢州（州治在今武汉市）。陈时，割武陵郡的沅水中上游新置沅陵郡，沅水下游仍为武陵郡辖区。

隋朝统一中国后，改行州（郡）、县二级制。据《隋书·地理志》载：开皇九年（公元 589 年），隋灭陈后，改武陵郡为"朗州"。隋炀帝大业三年（公元 607 年），又把朗州更名为武陵郡。隋还把临沅县、沅南县及汉寿县合并为"武陵县"，为"武陵县"建县之始。隋代，武陵郡治设在武陵县，在今常德市武陵区。

唐朝建立后，逐步削平群雄。武德四年（公元 621 年），唐将李靖统领水陆大军征服萧铣政权，武陵郡归属唐朝版图。唐太宗按照地理形势把全国划分为 10 个道，唐玄宗时增加为 15 个道。武陵郡初属"山南道"，后属"江南西道"，玄宗天宝年间又改属"山南东道"。

综上所述，武陵郡始设于汉高祖五年（公元前 202 年），废止于唐代乾元元年（公元 758 年），长达 960 多年。此后，宋代鼎州、元代常德路、明清时期常德府、中华人民共和国成立以后的常德市与唐代天宝年间武陵郡辖区基本相同。

元明清时期，武陵地区普遍实行土司制度。土司制度一方面有利于

---

① 《汉书·地理志》。
② 《后汉书·郡国志》。

朝廷对少数民族的管理；另一方面，土司地区"蛮不出峒，汉不入境"的治理模式促成了武陵地区文化同质性以及与外界差异性的形成。

（二）社会历史进程对民间信仰的影响

武陵地区从西汉开始就是一个较为完整的社会历史单元。在漫长的社会历史进程中，由于该区域位于我国内陆，地理区位较为特殊，形成了较为稳定的区域文化和民众心理素质，以及各少数民族独特的民间信仰体系，文化的稳定性和信仰的差异性都会促使武陵地区民间信仰的长期存在。

"大一统"理念自古以来就深入人心，武陵地区各民族一直都把国家统一作为最高的价值追求。但是历代王朝都对武陵地区采取"修其教不易其俗，齐其政不易其宜"的治理政策，尤其是元明清时期"以夷制夷"的土司制度，对武陵地区的民间信仰产生了重要影响，促使区域内部固化了地方性的民间信仰观念和祭祀仪式。

该地区长期以来都是汉族、土家族、苗族、侗族等民族的聚居地，民族组成相对复杂，历来被认为是我国民族关系较为复杂的典型民族地区之一。自秦汉以来，在历代中央王朝民族政策的影响下，武陵地区的民族关系出现过错综复杂的局面：一方面，独特的区域文化和对生存资源的争夺导致该地区内部与外部的民族矛盾日益尖锐；另一方面，由于统治者曾经利用土家族上层阶级统治除汉族之外的其他少数民族，导致武陵地区内部的民族、阶级矛盾也较为尖锐。尽管如此，在武陵地民族的历史发展过程中，团结共进仍然是民族关系的主流趋势，各民族之间通过持续深入的经济文化交流，共同促进区域长远发展。"和而不同"在武陵地区传统文化中表现得较为明显，正是传统文化较强的包容性和稳定性，使得少数民族民间信仰具有较强的生命力，也使民间信仰长期根植于武陵地区各民族之中。

第二节　武陵民族地区民间信仰的多元性

一　表现形式的多元

武陵地区社会环境较为封闭，民间信仰在漫长的发展历程中逐渐形成了以"万物有灵"为基础的多元信仰体系。所谓"万物有灵论"，就是指包括信奉灵魂和未来的生活，信奉主管神和附属神，这些信奉在实践中转化为某种实际的崇拜。它构成了原始人的哲学基础和文明民族的基础。[①] 民众认为作为信仰对象的实体消失之后其灵魂会继续存在，这些灵魂会上升到威力强大的诸神行列，主宰控制着人世间的一切现象。由此，民众对信仰对象的实体及其灵魂崇拜，在逢年过节时产生敬香、烧纸、贡物等祭拜行为，以期得到神灵的庇佑。武陵地区各民族的民间信仰表现形式丰富多样，有信仰对象、信仰仪式以及仪式主持者三类。每类中又分为不同的内容，以信仰对象为例。民众的民间信仰对象与中国大多数乡村一样，从远古时期传袭下来的高大威武的各方大神，鬼灵精怪的恶面鬼神，到自己家族的祖先亡灵，以及带有迷信色彩的巫师巫术等都可以作为崇拜对象，几乎民间各种事象，都有相对应的神灵在暗中支配。这样复杂多样的崇拜对象充分体现了民间信仰多样性的特点。

具体而言，武陵地区各民族的信仰对象分为自然、祖先、鬼神、图腾以及巫术、禁忌等多种形式。其中自然崇拜又分为对自然物和动植物崇拜两种情况。自然物主要有洞穴、巨石、桥、日月星辰、山水天地、风雨雷电等；动植物则有鼠、牛、鹰、犬、蛇、熊、猴子、古树、五棓子树、秧苗、藤蔓等。祖先崇拜最为普遍的是家先，因民族不同，始祖和远祖也有区别。土家族有衣罗阿巴女神、傩公傩母、阿密妈妈、乌衣嘎白、烧畲女神、德济娘娘、八部大神、向王天子、白帝天王、土王、社巴神；苗族有央公央婆、火坑灶神、蚩尤、黑神；侗族有三容神、社神、萨、陆姓太公、飞山圣公等。图腾崇拜主要有龙、盘瓠、白虎、蝴蝶、枫树、竹子等。巫崇拜对象是以民间信仰仪式的主持者梯玛、巴代、仙娘、师公、鬼师、阴阳先生等，以及以他们为中心产生的如占卜、蛊、画水、符箓、探鬼、祭鬼、招魂、神判等巫术。禁忌表现在生活、生产中的方方面面，对日期、节庆、女性、孩童、动植物、劳动工具、语言在不同的场合都有相关的忌讳，这些都是在神灵的威慑下形成的不成文的乡规民约，规范影响着民众谨言慎行。

苗族的鬼神崇拜在武陵地区民间信仰中极具代表性。从《永绥厅记》记载的"三十六堂神""七十二堂鬼"；到民国时期凌纯声、芮逸夫前往

---

① ［英］爱德华·泰勒：《原始文化》，连树声译，上海文艺出版社1992年版，第350页。

湘西实地调查苗族民间信仰状况，实录的十五种苗教、二十四种客教以及七种巫术；以及湘西本土学者石启贵在后期整理的调查材料中所收集的二十六种祈禳鬼神、四种盟誓洗心方式、六种祈雨方法等内容，可见近代湘西苗族民间信仰种类繁多，祭祀活动频繁。课题组近年来在武陵地区的田野调查中也发现，虽然苗族的民间信仰较之以往发生了较大变化，信仰对象的范围在逐渐缩小、法事的程序趋于简化、信仰虔诚度有所降低，但与周边的其他民族相比，苗族丰富多样的民间信仰表现形式在武陵地区仍是首屈一指的。

除了本民族文化孕育的民间信仰之外，武陵地区各民族在与其他民族的交流融合中，也广泛吸收了其他民族的信仰内容。如湘西山江苗族将汉族灶神、龙王、土地、观音、财神以及历史人物宋代十峒首领和诚州刺史杨再思、东汉伏波将军马援、先秦巧匠鲁班、三国时期的诸葛亮和孟获等信仰对象进行了混融，同时许多神灵也成为区域内众多民族共同信仰的对象。武陵地区主体民族土家族、苗族、侗族相互影响形成的地域性神灵就有梅山神、白帝天王、向王天子、飞山圣公、伏波神等。武陵地区民间信仰在发展过程中不断融入新的信仰因素，实现信仰对象的本土化、本民族化和本地区化，并且结合当地本族的文化习俗，最终形成了混融复杂的多元信仰体系，呈现出丰富多样的民间信仰表现形式。

二　组织形式的多元

民间信仰存在于各民族中，是一种普遍的民间文化现象，贴近民众生活，反映着民众生活习俗与行为习惯，集中体现了民族民间传统文化。武陵地区民间信仰组织形式的多样性主要体现为自发性与地域性、松散性与程序性、世俗性与权威性共存等对立统一的特征。

（一）自发性与地域性

武陵地区民间信仰组织形式的自发性主要表现在其长期产生和流传过程中所积累的集体性和群众性方面。民间信仰产生在原始社会时期，步入文明社会后不断传承、创造、变异，才呈现出现在的面貌。同时，民间信仰经过长期发展，早已融入武陵地区各民族民众的文化习俗当中，成为他们生活的一部分，婚丧嫁娶、建屋修路、耕田狩猎无不体现着民间信仰。如前文提到的将科村侗族民间信仰已经深深地融入民众的生活中，认为神灵主宰着他们的一切，在生活中遇到各种困难及问题都会向神灵叩拜祈求保佑。

武陵地区各少数民族大都只有语言，没有形成本民族的文字，民族传统文化的传承是通过言传身教的方式得以留存至今。民间信仰产生、流传于民间，信仰内容尤其是信仰仪式中巫师用到的咒语、颂辞等大都是口口相传，固定的科仪文本流传较少。民间信仰在民间除了大型的祭祖、祭土地、祭山神、祭萨仪式由寨中权威人物——寨老、寨长组织，巫师主持之外，民众日常信仰则自发进行，以小型祭祀活动为主，并且数量居多，如腊尔山台地一带的苗族春节前杀猪大都举行小型仪式，仪式主要是家庭成员配合祭司巴代来进行；一般逢每月农历初一、十五，许多家庭自发置刀头肉、焚香求财神。这些活动大都是民众遭遇不幸或家境较差，自发性地以家户为单位对相应的神灵进行祭拜，大都没有固定的祭拜时间，祭祀仪式也可因时因地而灵活变通。如前文提到在湘西山江苗族中，凡家中遭遇不顺，都会请巴代雄做"挂门神"的法事，即在屋檐处悬挂一束由 12 根水竹制成的"竹子捆"，用来驱赶"仇鬼"，不准其进家祸害家庭成员。每到农历三月春耕时节，民众也会事先请阴阳先生算好日子，届时男主人在白天带半斤白酒、四两煮熟的猪肉以及若干香、纸，前往自家田地烧香敬纸，祭拜"老天爷"，请其保佑当年获得好收成。修建房屋时必须请巴代札做"安龙"法事，即在堂屋中央安放由酒和朱砂等物制成的"龙眼"，用以镇宅。安龙之前还要到河边请龙，将土地里的龙请回家中，保佑全家安宁。

民间信仰的自发性使信仰仪式表现得较为随意，但仍具有明显的地域特色。如武陵地区侗族的萨岁信仰，从地域分布上看，从萨岁山开始到各个村寨的萨岁坛，形成了一张张点面结合的网络。每个村寨的萨坛形制、祭品安放、祭拜程序都略有不同。再如，土家族的白虎崇拜也因地域差别而呈现出相异的状况。土家先民巴人敬奉白虎，《后汉书》记载：巴人祖先"廪君死，魂魄世为白虎，巴氏以虎饮人血，遂以人祠"，白虎遂成为土家族的民族图腾。白虎在鄂西土家族受到民众的顶礼膜拜。鄂西南鹤峰一带的土家族将廪君视为始祖，信仰白虎神，或与之相关的白帝天王、向天王等神灵，认为他们都是白虎神下凡。土家人是白虎的子孙，将白虎的神像牌位供奉在神龛上。① 传说故事中的白虎都是善良的化身，拯救苦难民众的形象。许多地名都与白虎信仰相关，以"虎"字命名，如白虎关、白虎岭、白额（即白虎）庙、虎转垭、白虎溪、白虎尖、虎跃岭、落虎溪、虎颈庙等。在恩施土司城中的建筑物上也多有白虎的形象，白虎山上就建有白虎雕像。长阳土家族自治县境内的清江画廊景区中，武落钟离山被视为土家族先民——巴人的发祥地，相传巴人祖先廪君在此诞生、掷剑、称王。因此，武落钟离山早已被视为湘、鄂、川、黔等地土家族人寻根祭祖的圣山。山中白虎亭有一尊天然石虎，形态与廪君死后化为白虎升天而去极为相似。鄂西土家族崇虎敬虎，不仅体现在许多地方立庙祭祀，或在神龛上供有白虎神位，就连土家孩童穿的鞋帽都称为"虎头鞋"或"虎头帽"。大人还常在小孩两眉间写一"王"字，期望孩子长大后能够成为有出息的"虎的传人"。而在湘西土家族则认为白虎神分为"过堂白虎"和"坐堂白虎"两种。前者为坏神，当小孩出现抽筋、翻白眼、吐白沫等症状时，认为是过堂白虎作祟，需请土老司或梯玛"赶白虎"；后者是善神，受到敬奉。由此可见，武陵民族地区由于区域空间跨度大以及自然环境的多样性促使民间信仰的地域性特色较为突出。

（二）松散性与程序性

武陵地区民间信仰缺乏宗教的重要组成部分——教会，没有相对应的组织团体、教义教规、神职人员以及固定的祭祀时间。各民族都有祭司，如苗族的巴代、仙娘，土家族的梯玛、端公，侗族的师公等，只有主持仪式时才体现其特殊身份，平日里与普通民众无异，也要从事生产劳动。祭司在社会生活中的多重身份表明民间信仰的发育还处于较低阶段，也表明了民族成员对祭祀的认可度并不处在较高层面，同时也反映出民间信仰在社会生活中松散的一面。民众一般会在每个月的初一、十五或逢年过节时祭拜神灵，但在这些日期也不会严格执行，大多民众只是在发生意外时才会去"临时抱佛脚"。民间信仰是由群体自发产生、自然传承而形成的民俗事象，具有极大的随意性，比较松散，但也形成了一系列不成文的程序化规矩。

---

① 湖北省鹤峰县史志编纂委员会编：《鹤峰县志》，1990 年。

以侗族的萨崇拜为例。萨是侗族寨子里最大的保护神，建萨坛是寨子里的大事，届时全寨吃斋，封住入寨口，禁止陌生人出入。萨坛在侗寨是公共性质的，全寨人集体管理和祭祀，平时由掌萨人代为管理。清明节、鬼节是侗族祭祀祖先的固定日期，而在农历每月的初一、十五或逢年过节各家各户可自行祭萨。集体祭萨一般为一年一次、三年一次、五年一次不等，有较为程式化的祭祀仪式。每年春、秋两季会举行"萨玛节"，该节日是侗族萨岁信仰最突出的表现形式，也是侗族地区最隆重的仪式之一。届时全寨举行祭萨活动，邀请相邻村寨的亲朋好友前来参加。众人欢聚一堂，盛装起舞，高唱赞颂萨岁的"耶歌"，与萨岁同乐，祈求获得萨的佑护。

再如，湘西山江苗族，平日里农历每月的初一、十五或者家中发生不幸时，会前往土地庙祭拜土地，较为随意和松散。而合寨祭祀山神土地，一般会选择腊月、正月的吉日或二月初二的时候，日期较为固定，请巴代札到场主持祭祀仪式，仪式也较为程式化。合寨求雨也是如此，整个仪式分为请神、敬神、送神三部分。即使在较为程序化的仪式过程中，整个仪式进行得仍然较为松散，寨民们没有明确的分工，只是按照惯习也能做到各司其职，使仪式进行得有条不紊。

（三）世俗性与权威性

武陵地区民间信仰已经与民众的生活习俗融为一体，民众对任何一种神灵的祭拜几乎都是出于其具有满足某种现实需求的能力。武陵地区民众一直以来都依山傍水而居，山、土地和水成为他们自然崇拜的主要对象，凡是上山狩猎、伐木等都要事先择日，祭山神，求得山神的宽恕、原谅，或者保佑出猎顺利、有所收获。每至岁首，民众便各备酒菜到井边、河边或者泉眼旁敬祭水神，赞颂水井给人们带来的幸福，祈求水井终年长流，满足民众日常人畜饮水和农田灌溉用水。就连对家族祖先的供奉，一方面是敬儿孙对长辈的孝道，另一方面也是祈求祖先庇佑后人平安顺利。

湘西山江苗族的信仰对象和祭拜行为具有较强的随意性，体现出民间信仰较强的世俗性，但绝不乏权威性。集体祭祀仪式多是群体信仰和观念的具体表达，如前文所述，2013 年东就村举办求雨仪式，也是迫于长期干旱导致农业歉收会影响到民众日常生活的压力，才商议集体集资祭拜主管降雨的雷公，期待他能在收到祭品后降一场大雨来缓解旱情。很明显，仪式中用到的酒、肉、饼、米等供品都是民众日常生活中的美味佳肴，而香、纸等祭祀用品既是巴代雄沟通神人交流的中介，更是"贿赂"雷公的"钱财"。巴代雄代表寨民通过"求雨经文"和"打卦"与雷公进行协商，希望用最少量的财物祈到最大量的雨水，这种看似"明码标价"的"讨价还价"正是民间信仰世俗性的反映；同时整个仪式过程中，民众对雷公的虔诚信仰，以及巴代雄求雨灵验在东就村已经被展演成真正的权威标准。在民众长期的世俗经验中，巴代雄主持求雨仪式与雷公会普降甘霖、造福于民经过多次相遇并逐渐得到强化，马鞍山龙姓巴代求雨灵验的故事广泛流传于山江一带即可证明。这些反映出的正是民众对民间信仰权威性的认可。

民间信仰可以满足民众精神层面的需求，当民众遇到一些人力不可抗拒的天灾人祸时，就会祈求神灵赐福祛灾，通过对神灵的顶礼膜拜寻找精神上的慰藉。一方面，通过"老天有眼""因果报应"等信念，使民众相信每个人的言行都逃不过神灵的法眼，坚信行善天佑、作恶天惩。武陵地区曾经非常盛行神判术，无论是煮油捞斧（俗称捞油锅）、砍鸡剁狗还是喝血酒，都是争执双方在协调无果的情况下，向神灵发誓诅咒，用最恶毒的咒语来表明自身的清白和无辜。神判的方式在武陵地区甚至作为判案决狱的重要依据，其公正性有待商榷，但鉴于神灵的威慑，对民众的言行还是起到了一定的规范作用。另一方面，要求崇拜神灵心诚才会"有求必应"。湘西山江黄茅坪合寨祭祀山神土地，民众对保佑发财的"更疆"弟弟更为信奉，前去祭拜的尤其是家中经济状况较好的都相信是山神庇佑所致。

民间信仰的权威性，在侗族传统社会中表现得较为明显。侗族传统社会由补拉组织、村寨组织、款组织组成，对应的"行政权威"分别是族长、寨老、款首。他们都是民众选举公推出来的，主要负责处理内寨的公共事务以及村寨对外的交涉事宜。每逢村寨间的芦笙大赛，或本寨修建公共设施、祭祀祖先和萨岁的时候，按照侗族惯例，都要依次请萨、安萨、祭萨。这些村寨权威届时会通过仪式给自身的"行政权威"涂上了一层神圣色彩。即使在其处理日常行政事务时也渗入了民间信仰的权威，将村寨世俗的公共事务置身超自然神灵的"通融"之中。

第三节　武陵民族地区民间信仰的混融性

武陵地区现居民族有 30 多个，其中以土家族、苗族、侗族为主。在漫长的发展过程中，各民族在较为封闭的自然生态环境和落后的社会历史背景之下，内部交流较之与周边其他民族更为频繁，与周边其他民族的交流主要是与汉族文化互动不断，在平常生活的潜移默化中，各民族吸收、融入了其他民族的民间信仰内容，并且最终形成本民族的民间信仰形式。其中梅山信仰、白帝天王信仰、飞山圣公信仰、伏波将军信仰较多体现出少数民族之间民间信仰的混融，武陵地区民间信仰中的道教因子更多体现的是道教与武陵地区民间信仰的混融。

一　梅山信仰的混融

武陵地区梅山信仰起源于民众对山的崇拜。先民在早期开发武陵山区时就与大山发生密切关系，游猎曾是他们重要的生产方式，对山的崇拜遗留至今，山是武陵地区各民族自然崇拜中最为原始的信仰对象。生活在湘西北的拉西峒村的土家族、湘西山江苗族、侗族都有在出猎、进山烧炭、砍伐树木之前祭祀山神的习俗。

随着民众对武陵山区的深入开发，民众的社会文化水平得到了极大提升，民间信仰中原始的、直接对人们生活发生作用的自然物崇拜逐渐转变为民族或家族中的英雄人物崇拜，民众将自然物具有的神性附置在有恩于民或精神可嘉的某个具体人物身上，对其进行顶礼膜拜。在武陵地区，梅山因地域不同而被冠以不同的称谓，但仍以保佑打猎、砍伐为主要职责。民众对梅山神的祭祀较之对山神较为随意、自发的祭拜更为程序化、固定化，一般分为按固定日期（每月初一、十五、大年三十）祭祀和进山打猎前一天晚上祭祀两类，且有较多禁忌，如祭祀时要秘密进行，忌被他人撞见；还建立了专门用于安放用木头雕制而成的梅山神像的小庙或神龛，用砖或石头搭建，平时将其用柴草盖上，打猎工具放在旁边，严禁儿童乱动。

梅山在武陵地区各民族中有着不同的形象。土家族的梅山是一个善于打猎的土家阿姐，但在打猎时受到猛兽围攻，衣服被撕破，只好待天黑后回家，却误食毒草而亡，后来被玉帝封为专司打猎的梅山菩萨。还有一种说法，认为梅山是天上的梅蝉仙女，经常帮助土家猎人打猎，后因下凡助人衣裙被刺丛刮破，受到鲁班的调笑自尽而亡，土家人尊奉其为猎神。苗族的梅山则是相传湘西"九里地方"梅山上的杨一、杨二、杨三、杨四、杨五将军，铜麻七郎，铁麻八郎，矮子双郎等，称梅山大圣或梅山大王，统管梅山各路精灵鬼怪，专管猎人野兽的生活，苗族叫kob xid（科觋），在苗族猎人中广受崇拜，猎人进山围猎，常念《围山咒》或《隔山咒》，祈请梅神围山助猎。侗族中的山崩祖母，即萨达，是专管山林的自然女神，与土家族、苗族的梅山内涵基本相似。

武陵地区各民族在长期交融中形成了张五郎形象的梅山神。清江流域和澧水流域的部分土家族和苗族认为梅山神是张五郎。传说张五郎生在梅山，善于打猎，民众尊称其为梅山神。因其打猎时不慎（一说受到野兽围攻）摔下山崖挂在树枝上而亡，后人就让他以两腿朝天，双手着地的形象示人，又称为翻坛倒祖。平日猎人将其供在屋角，早晚敬香。猎人上山之前要敬香、问卦吉凶，敬香时念"弟子奉请，翻坛打庙张五郎，一十二岁学法，三十六岁转回乡，此处一棵人樟树。冬天热来夏天闷，就在此地立坛专用，左脚头上一碗水，右脚头上一炷香，不等神仙过庙宇，不准师主过仙坊，一唤天，天兵动，二唤地复神，三唤兵马到来临，四唤地火如火碎，千千雄兵，万万猛将，大字神恩在上拥护，本地土地里域正神，吾奉太上老君，急急如律令"①。

张五郎呈现出明显的武陵地区内部不同民族文化背景下民间信仰的混融。在民族交错杂居的地方他成为各民族共同敬奉的梅山神，与土家族的土家阿妹、梅婵，或者湘西苗族的杨一、杨二、杨三、杨四、杨五将军，铜麻七郎，铁麻八郎，矮子双郎等八位梅山大圣或梅山大王都不同，但他们都是擅长打猎、最终都是打猎时遭遇不幸而遇难，都可以保佑猎人出猎平安、有所收获。

梅山与山神的混融，以及不同民族之间信仰因素的混融，都反映出武陵地区特殊的自然生态环境对社会文化、民间信仰的影响。武陵地区各族民众历史上都以狩猎为生，积淀了对山崇拜、对猎神敬畏的民间信

---

① 慈利县少数民族调查办编：《慈利县土家族资料汇编》，1986年印（内部资料）。

仰底蕴。当不同民族发生交融时，民间信仰就不可避免地出现混融状况。

二　道教与民间信仰的混融

道教是"中国社会历史发展和道家自身衍变的产物，是黄老思潮结合神仙思想、阴阳术数、鬼神观念，并吸取宗天神学、谶纬神学等而由'道'统率的、庞杂的思想体系"①。道教兴起于中国西南少数民族地区，上升为国家正统宗教后，伴随着汉文化向少数民族传播，作为官方宗教意识形态，道教完整的神灵系统和程序化的仪式科轨也开始向其他民族地区辐射，尤其对武陵地区各民族民间信仰产生了更为深远的影响。

（一）日常生活中民间信仰的道教因子

田野调查发现，武陵地区各民族家中都设有神龛。神龛大都位于堂屋正对大门的墙上，主体为一张长约1.5米、宽约1米的红色纸张，纸上一般写黑色或黄色的"天地国亲师"五个大字，两边是各种祝语及神灵名讳，纸张上面有横批，左右有对联。湖南龙山县捞车村向氏老人家中左边写着"九天师命太乙府君"，右边写着"向氏堂上历代祖先"；神位两侧有一副对联"积德百年元气厚，风高世代福寿多"，横批"祖德流芳"。

而湘西腊尔山台地一带的苗族还供奉太乙府君、观音大士、进宝郎君、九天司命等佛、道教神圣，祝语也增加了进财、救苦等现实性的祈求。对联和横批内容各家有所不同，多集中在仁孝、爱家、爱国等内容。神龛下方，固定着一块长约1米、厚0.4—0.5米的木板作为香案，上面放置香炉、香、纸钱、蜡烛等祭拜物品。民众还在木板醒目的地方书写着"大吉大忌禁无百时日月年阳阴地天"。

武陵地区少数民族"天地国亲师"神位是对汉族"天地君亲师"观念的吸收和发展。"天地君亲师"本是儒家伦理纲常思想的核心，因儒家上升为国家正统意识形态，遂被世人奉为"天理"。道教自成立以来，就与儒家文化相互融摄。成书于汉代的道教经典《太平经》就早已将"天地君父师"作为整体概念加以表述。② 据道教研究专家卿希泰先生考证，

---

① 卿希泰：《中国道教史》第一卷，四川人民出版社1988年版，第84页。
② 王明：《太平经合校》，中华书局1960年版，第135页。

在当时的儒家经典中还尚未出现五者的整合，道教的"天地君父师"正是后来社会"天地君亲师"信仰的由来，影响甚为深远。① "天地国亲师"的核心与"天地君父师"基本一致。道教中"承负说"认为："子不孝……弟子不顺……臣不忠……天地憎之，鬼神害之，人共恶之，死尚有余责于地下。"② 即违背伦理纲常就会在生前死后遭受天地鬼神的惩罚。正是这种直接现世的因果报应观念，较之于儒家的哲理思辨思想，更容易得到少数民族地区民众的认同并快速传播开来。③

此外，田野调查中还发现，湘西山江苗族大门正对沟壑的人家都会在门楣上悬挂"八卦"镜，镜分木制和玻璃制两种，用以避免厄运，起到驱除邪气的作用。"八卦"镜整体图案与道教具有阴阳鱼和八个卦象的八卦图如出一辙。

（二）民间信仰活动中的道教因子

仪式与信仰是民间信仰活动中不可或缺、相依相存的两个重要因素，一般而言，只有先相信神的存在才会想要敬奉神，即有了信仰之后才会采取相应的行动。信仰的外在表现形式就是仪式，它是人与神沟通的主要方式，是由祭司通过一系列法事代民众向神灵祷告和祈求。武陵地区民间信仰也是通过信仰仪式来实现人神的沟通，沟通过程的连接纽带就是各民族中的巫师，通过他们将民众的祈求上达神灵，对神灵的信仰也在法事过程中得以巩固。因此以巫师为中心而产生的法冠、法衣、法器、科仪、坛场布置等，都是武陵地区民间信仰活动的重要组成部分，这些都明显体现出民间信仰与道教的关联。

1. 法衣、法冠和法器

法衣、法冠和法器是武陵地区巫师最基本的身份象征，是其法力外在的物质表现形式，体现巫师的威仪。要成为一名民族祭司，必须准备一套或者继承家族中流传下来的"装备"。以武陵地区湘西山江苗族祭司巴代札为例进行说明。

---

① 卿希泰：《道教文化与现代社会生活研究》，巴蜀书社 2007 年版，第 16 页。
② 王明：《太平经合校》，中华书局 1960 年版，第 405—406 页。
③ 焦丽锋：《苗族巴岱信仰中的道教文化因子初探——以腊尔山台地"巴岱扎"宗教活动为例》，《民族论坛》2013 年第 4 期。

（1）法衣、法冠

湘西山江一带苗族祭司以巴代为主，其中巴代内部又因汉化程度不同分为汉化程度较高的巴代札和民族原生性保持较好的巴代雄。田野调查中发现，所谓的汉化程度高度与受道教影响深度密切相关。巴代札的法衣、法冠、法器都与汉族道教相互融摄较为明显。巴代札做法事时身穿红色法衣，其名为"蟠龙天师袍"，长袍前后开衩，开衩处上方手工绣有龙、波涛等图案，开衩处镶有约一寸宽的黑色布边。戴法冠（又称"凤冠"）前要先用红色布帕包头。法冠上一般绘有多个神祇的画像，他们都是巴代札的祖师爷，六个画像从左到右依次为"判官""花林姊妹""通天""玉皇大帝""太上老君"；三个画像分别为"月""三清""日"。

其中太上老君是必不可少的祖师，相传他有苗司、汉司、道士三个徒弟。在徒弟们出师之日，需要通过考验来决定三人的排行。在师徒前往宴请师父地方的途中有一条河，苗司首当其冲背起师父过河，汉司、道士依次跟随其后。全部到达对岸后太上老君宣布：道士虽然读书认真，但架子太大，出师后做法事只能站着拿书逐字逐句诵读，只要错一个字就会瞎眼，排行最小，即汉族道士；汉司也是站着照文本念诵，但不会错字瞎眼，封为老二，即巴代札；苗司因为人忠厚，站坐随意，可根据理解四字（或六字、九字的）一句念经文，排行老大，即巴代雄。

无论是巴代札的法冠，还是祖师传说都与道教中的"太上老君"相关。《道藏》中解释太上老君名称的由来："化生诸天，成就世界，莫知其大，强目曰'太'；莫知其高，强目曰'上'；首出无极，仰之曰'老'；宰而无我，主之曰'君'，故曰'无上三天玄元三炁太上老君'焉。"[1] 在《老子想尔注》中也认为"一者，道也"，"一散形为气，聚形为太上老君"[2]。可见，道教以"道"为核心，将太上老君奉为"道"的形象化和具体化，认为他是万物之源、世界之本。因此道教中太上老君是最高的神祇之一，被信众赋予了极高的法力和仙术，可以降福禳灾、

---

① 《太上玄灵北斗本命延生真经注》卷一，《道藏》（第17册），第793页。

② 饶宗颐：《老子想尔注校笺》，香港大学出版社1956年版，第13页。

驱使鬼神。①

湘西山江苗族的巴代都奉太上老君为祖师爷，都认可上述祖师传说，在祭祀活动中均以师传咒语向太上老君禀报法事缘由，请求其前来相助以达到祭祀目的。这与道教神仙崇拜一脉相承。不过太上老君作为道教的最高神祇，是汉代道教的形成阶段。发展到晋代，道教神仙系统中就有了神阶高于太上老君之上元始天尊。而在巴代札的法衣"蟠龙天师袍"中就有道教始创初期张道陵的"天师"称谓的遗迹。由此推测，在东汉道教始创初期便与苗族民间信仰发生了相互融摄的现象。

（2）法器

法器是民间信仰活动中巫师沟通鬼神的媒介，也是巫师向祖师借助神力、召唤自己兵马的灵物。受道教影响较深的苗族祭司巴代札使用的法器有元帅旗、缟巾、竹筶、竹鞭、令牌、牛角、铜铃、司刀、锣、钹等。其中竹筶在法事中最为常见，苗语称为"康"，主要用于探询神意、显示神意、占卜吉凶。筶大都是将竹兜从中间一剖为二制成，要求竹子内有四格，一般很难找到，也可用木头或椎牛之后水牛的两片连骨代替，手工打磨光滑，刻出四格即可。筶分为正反两面，打卦时，一正一反称为圣卦（胜卦），出现此卦象最为吉利，因为正象征阳、反象征阴，此卦象寓意阴阳相通、刚柔兼并、两仪和合，主事意为顺；二反为阴卦；二正则为阳卦。土家族则认为，顺卦可以保平安、求顺遂，阴卦用于避瘟驱邪等禁断性法术，阳卦则在求财求丰收等促进性法术中为吉，民间流传"打阴卦，闭火星；打阳卦，开财门；打顺卦，主有财，鹦哥出门去引进凤凰来"一说。

此外，令牌一般正面刻有"吾奉太上老君急急如律令"字样，周边有符图花纹。也有双面分别刻有南斗六星和北斗七星的令牌。牛角、铜铃是做法事时用来召唤巴代札的兵马，并指挥兵马与鬼神作战。司刀则是用于斩妖除魔，刀身扁平，双刃，刀尖如矛，刀柄呈环状，大都为铜制，也有铁制、木制等多种。剑柄上刻有八卦、日月或龙凤呈祥等图案，或"剑宝剑"的字样。朝牌是专用来请师的，意为只有拿着朝牌才能请

① 焦丽锋：《苗族巴岱信仰中的道教文化因子初探——以腊尔山台地"巴岱扎"宗教活动为例》，《民族论坛》2013 年第 4 期。

得动天上的神仙。①

从令牌、司刀剑柄等法器上刻有的日月、星斗图案，可以看出苗族有星斗崇拜遗俗。星斗崇拜属于自然崇拜，源于民族早期的原始信仰。道教则对这种自然崇拜加以吸收和改进，道士将天空中能观测到的众多星宿都附以名号，列为本教神仙系统中的星君而加以敬奉，如北斗七元星君和北斗九辰（七星加二隐星）星君等。其中北斗七元君就源于民间对北斗七星（分别为天枢、天璇、天玑、天权、玉衡、开阳、摇光）的崇拜。道教流传"北斗注死，南斗注生"之说，认为北斗星专司人间寿数，封北斗星为"圆明道母天尊"，即斗姆，受道徒顶礼膜拜。即"北斗居天之中，为天之枢纽，斡运四时，凡天地日月五星列曜六甲二十八宿诸仙众真，上自天子下及黎庶，寿禄贫富，生死祸福，幽冥之事，无不属于北斗之总统也。人若诚心启祝，叩之必应"②。《道藏》也收录了《太上玄灵北斗本命延生真经》《北斗本命延寿灯仪》《北斗本命长生妙经》《太上北斗二十八章经》《北斗七元金玄羽章》《北斗七元星灯仪》《北斗治法武威经》等记载北斗七星的众多经书等。与北斗相对应的是南斗，它为全天二十八宿中的斗宿，居于北方玄武七宿的第一宿③，因专司生育、生长而受民众敬仰。这些道教文化因素都随着道教的传播融进了武陵地区各少数民族的民间信仰中，并在巫师的民间信仰活动中得以展现。

2. 科仪格式

科仪格式在民间信仰活动中最为程式化，最能体现巫师对法事的熟悉程度，也是道教文化因子最为集中的表现之处。以武陵地区鄂西土家族祭司——端公的科仪格式为例进行阐释。

端公的科仪格式主要分为文书、诰咒、符讳、诀罡、巫术等五类。一是文书，又称牒、表、札、申、疏。文书具有法力，可以协助完成仪式，其必须用黄表纸公正书写，强调一字不误，在仪式需要的过程中用

---

① 焦丽锋：《苗族巴岱信仰中的道教文化因子初探——以腊尔山台地"巴岱扎"宗教活动为例》，《民族论坛》2013 年第 4 期。

② 《太上玄灵北斗本命延生真经注》（卷一），《道藏》（第 17 册），第 10 页。

③ 焦丽锋：《苗族巴岱信仰中的道教文化因子初探——以腊尔山台地"巴岱扎"宗教活动为例》，《民族论坛》2013 年第 4 期。

特殊的语调宣读后烧掉方可发挥效用。武陵地区土家族梯玛在法事活动中用到的文书，与道教斋醮科仪的文书有直接的关系。斋醮科仪使用的文书，明代总称为文检。明周思得《上清灵宝济度大成金书》卷三十四至三十七为《文检立成门》，卷三十八为《章法格式门》和《表笺规制门》，收录的斋醮仪式文书格式有：奏、启、申、诰、牒、札、关、状、榜、疏、贴、式、檄、章、表、笺等，其中除章、表、笺三种文书之外，都属于《文检立成门》的文检之例。①

二是诰咒，诰、咒在法事中基本相同，但仍有差异，前者重在告诫性，后者则是施法的口诀。如同一端公使用的两道"老君诰"（扫邪用）和"老君咒"（收魂用），内容相差无几，但表述方式略有不同，一为至上而发告诫，另一为自下而申的恳请。

"老君诰"：奉请茅山李老君，香烟催动鬼神惊。七十二道传仙法，罗侯火星化经文。三百六十分左右，上界化符不动尊。老君踢我真妙法，内有除邪破鬼精。昨日那些无道理，今朝捉邪除妖精。大鬼将来台上斩，小鬼将来化灰尘。吾枷利枷枷利枷，百万火速将来临。行坛弟子来观请，飞云打马赴坛门。大悲大愿大圣大慈威光菩萨摩诃萨。

"老君咒"：叩请茅山李老君，香烟催动鬼神惊。干元亨利贞，兑泽英雄兵，良卦封鬼路，震雷霹雳声，巽风吹山岳，离火架烟轮，坎水涌波涛，坤地留人门。吾在中宫立，诸将护吾身。九天圣母奉经文，黑暗丙丁生癸水。内有朱砂破鬼符。三十三天老君身，开天法力斩妖精。三十二相传佛法，传与弟子凡间人。凡人有难来相请，碗水香烟救万民。收魂台前来叩请，惟愿老君亲降临，谨请南斗六星北斗七星。

三是符讳，即符篆和字讳简称，一般为用朱砂、雄黄、墨汁、阴阳水书等其中一种书写在黄表纸、桃木、白布、门、病床、病人衣服上的一句特殊文字，根据仪式要求选择书写材料和书写物。在端公驱邪治病活动中运用较多，如安土、安五方、闭火星、开财门等小型仪式中，贴符可以发挥主要作用。②

---

① 张泽洪：《文化传播与仪式象征——中国西南少数民族宗教与道教祭祀仪式比较研究》，巴蜀书社 2007 年版，第 389 页。

② 雷翔：《端公的法术》，《湖北民族学院学报》（哲学社会科学版）1998 年第 5 期。

　　符篆字讳与道教中神符、道符相似，都是运用汉字本身结构营造的一种神秘表述方式。据《三洞神符记》记载，道符符文的种类有三十多种，功能为主召九天上帝、校神仙图箓、求仙致真之法；主召天宿星宫、正天分度、保国宁民之道；敕命水帝，制召龙鸟。符书的笔画，是通取云物星辰之势；符图，是画取灵变之状①。道教符篆出自先秦巫术，道教兴起之初，便沿用巫祝符术替人治病解厄；东晋道教已用桃符驱邪。道教法术大都离不开符，符是斋醮中召摄神真的灵文，被视为灵宝斋法的旨要，是与上天合契的信物，仙界群神都将随符摄召而降。

　　四是诀罡，即手诀和罡步的简称。端公施法所用的手诀较多，形状象形、示意兼有，如竖起双手的大拇指为领兵土地诀；拇指与食指圈成圆形、其余三指伸出，左右手背相靠即为日月二公诀；伸出三个手指头为三元将军诀；伸出四个手指头则为四元家诀；垒着两只拳头就为五雷五黑诀；鹞鹰诀是两拇指相扣，其余四指合拢作两只翅膀伸出状；捆鬼诀是右手握住左手平伸的三指，作捆绑状，等等。挽诀在"还坛神"仪式中使用较多，如招兵法事中招五方的阴司兵马进坛后，要挽二十多道诀进坛；扎坛法事中装进钱粮马料后，也要挽二十多道诀安在坛内。

　　土家族端公手诀与道教掐诀极为相似。道教认为仪式中通幽洞微和召神御鬼，关键在于掐诀。掐诀手势以手指的指根、指节、指头、指甲背等处，分别象征四维、八方、十二辰，构成八卦、九宫、七星、三台、二十八宿的布局。基于五行相生相克的关系，以不同的掐诀动作构成相异的诀目，以表示宇宙中天象运行、五行造化。

　　罡步是端公作法事时用脚步踩出来的步伐，即在香桌前放置一张席子，端公按照卦位顺序踏罡，给席子安上九宫八卦就成为坛场。踏罡分为踩九州岛和三步罡两种形式，前者每次按某种特定顺序，要将九宫八卦全部踩到；后者按照阴阳顺序，二步一转，因步形命名。在坛神仪式中两种踏罡形式都会用到。

　　步罡踏斗也是道教斋醮时礼拜星斗、召请神灵的法术，源于民间可召役神灵、为万术根源的禹步，但赋予禹步是老君授大禹的神圣意义。

---

　　① 张泽洪：《文化传播与仪式象征——中国西南少数民族宗教与道教祭祀仪式比较研究》，巴蜀书社 2007 年版，第 362 页。

禹步的基本步伐是三步九迹，丁字九步，一步七尺，三七二十一尺。在道教的文本中称为三步九迹星纲。在不同的科仪中，与不同的行法相配合，各罡步履路线不同。步罡踏斗是禹步与星斗崇拜相融汇，并融入了神仙信仰的内容，最大的特点是与八卦相配合。行法时在醮坛设罡单，或以清净白灰作星图及八卦之数，按八卦星图走罡步。①

武陵地区民间信仰仪式中手诀与罡步是有机配合使用的，在鄂西南地区还坛神活动中多坛仪式性较强的法事开坛时都会唱到"手挽淮南七祖诀，脚踏老君八卦罡，挽上诀来踏上罡，拜神三拜上傩坛"。歇坛也要唱到"手退淮南七祖诀，脚退老君八卦罡，放下诀，退下罡，神受香烟我歇坛"。正如道教中所言"手指足履，莫非合真"，手诀、罡步相互配合才符合道法要求。同时，手诀还要与咒语相互配合，与道教认为咒语是上天的秘语、群真万灵都是随咒召唤的信仰同脉相连。

3. 坛场布局

近年来，由于文化水平不断提高，武陵地区民众也较少进行大型的民间信仰活动。课题组田野调查发现，湘西山江苗族一带，据大门山巴代雄吴师傅讲述，中华人民共和国成立前最后一次椎牛是1927年10月8日在苗王龙云飞门前举行，历时三天。距今最近的一次大规模椎牛活动是2011年农历四月初八跳花节时在马鞍山村由凤凰县政府举办的，出于表演需求只用了半小时完成了仪式的高潮部分。至于"还傩愿"仪式只能通过文献，了解到2009年10月28日（农历九月十二日）在湘西凤凰县柳薄乡的盘干村举行过，旨在求子求媳。仪式从第一天早上七点正式开始到次日上午十点半左右结束。在仪式正式开始前三天，巴代札就住在事主家里扎傩堂、"做信筒子"（即把事主还愿的事情告知每一个故去的本族祖先神灵），筹备仪式各项所需。

傩堂，又称为"桃源洞"，设在事主堂屋正门中央靠后的位置。傩坛整体上呈对称结构，主体由三道拱门构成，意为"三洞"。中间拱门后摆放一张桌子为傩坛，坛上供奉傩公傩母的神像。门楣上各书"恰如华山，凤楼南山"，"胜似桃园，龙航东海"。左右又设一门，通往后庭，左右门

---

① 张泽洪：《文化传播与仪式象征——中国西南少数民族宗教与道教祭祀仪式比较研究》，巴蜀书社2007年版，第310—317页。

楣上分别写有"酒房白玉阶","茶房黄金阁"。正中间上层绘三大道，下设"五岳行合"，再下门楣上写有"祭神入在"四字。堂屋顶上和四周都挂有纸扎的庭幡，多为红、绿、黄、蓝等鲜明艳丽的色彩。庭幡从大门推进到三洞门，共有六道。其中第一至四道庭幡上绘有各色花草鱼虫，用来渲染气氛；第五道为旗，依次书写"一封朝奏九重天，天府高真降法庭；庭前提道香供果，果供满堂众神仙；仙真高降洪恩愿，愿保东永福寿绵；绵绵夫妻月到老，老友荣华万万年"。第六道旗上分别写有"一封朝奏九重天，二帝君皇下云端，三青大道齐赴会，四值功曹把文结，五猖兵马同下界，六龙海上驾仙来，七仙姊妹随皇母，八百娇娥在车前"[1]。

张泽洪教授在田野调查的基础之上，结合宋代文献对西南少数民族民间信仰仪式中的桃源三洞进行详细考证，得出桃源三洞深受"汉文化影响，尤其具有道教神仙信仰的色彩"的结论。[2]

道教是一种实践性极强的宗教，从教理教义到教派仪轨，都是以"得道成仙"作为道徒修炼的最终目的，即拥有万般道法、长生不死。道教神仙体系中包括至高天尊、诸天神、地祇、人鬼、仙真等多种，其中"仙真"是道徒最为心神向往的对象。幡幛上请"高降洪恩"的"仙真"就是道教神灵谱系中的仙真，即"仙人"和"真人"。所谓"仙人"即道教虚构的一种长生不死且具有万般神通变化的人；"真人"则是指受过帝王封诰的仙人。[3]

三　历史人物与民间信仰的混融

武陵地区民间信仰中的有些神灵崇拜对象在历史上确有其人，或者是虚构的箭垛式人物，前者有伏波神、鲁班、诸葛亮和孟获等，后者有如被土家族、苗族、侗族奉为飞山圣公的十峒首领、诚州刺史杨再思，侗族"萨"的原型婢奔、冼夫人、杨令婆等。这些神灵原型都为历史上

---

① 焦丽锋：《苗族巴岱信仰中的道教文化因子初探——以腊尔山台地"巴岱扎"宗教活动为例》，《民族论坛》2013年第4期。

② 张泽洪：《文化传播与仪式象征——中国西南少数民族宗教与道教祭祀仪式比较研究》，巴蜀书社2007年版，第245页。

③ 李养正：《道教概说》，中华书局1989年版，第259页。

有功于武陵地区民众的英雄人物，对武陵地区民间信仰的产生和发展具有深刻影响。以鄂西南地区官坝陆姓苗族的伏波信仰为例，来证实历史人物与民间信仰的混融现象。

（一）官坝苗寨陆姓家族的迁徙过程

官坝苗寨现属湖北省咸丰县高乐山镇，与龙坪、新屋场等村寨相邻，是鄂西南地区一个传统的苗族村寨，享有"湖北第一苗寨"的美誉，传统文化保存较好。官坝苗寨中以苗族、土家族、汉族三大族群为主，苗族以陆、滕两姓为大宗，夏姓是先于陆、滕定居官坝的苗族；土家族主要是官坝的原住民曹姓；汉族以朱姓为主。现在陆姓是官坝苗寨人数最多、家族势力最大的族群，至今后人对前辈迁徙、落业历程的历史记忆基本上可以反映出鄂西南一带苗族的迁徙历程。

官坝陆姓苗族历史上经历了两次大规模的迁徙过程，一是元末明初为了躲避战乱，从江西吉安一带迁到湖南麻阳；二是清朝初期为了避免官兵围剿镇压，十四世陆至贵与同乡的张、唐、钟、田四姓从湖南麻阳辗转到湖北宣恩，落业蚂蚁洞（今属宣恩晓关），随后五姓合族，集资向当地人购买土地，并修建了合族宗祠——禹王宫。陆至贵迎娶了当地望族谭家的寡妇金氏，连同金氏带来的谭家幼子共有六个儿子，后因蚂蚁洞生存资源紧张，迁居到湖北咸丰龙坪。陆至贵的第五子陆永麟后来又与同乡的滕姓一起迁移到咸丰官坝，成为官坝陆姓始祖。在官坝苗寨，陆、滕两家亲如兄弟，都遗留了伏波信仰的习俗。

《陆氏族谱》中记载，官坝陆氏苗族十三世陆随中"于清初自麻阳移居芷江便水，寿终初葬麻阳后改葬便水长连溪川洞便水猪楼冲小垄"，说明陆氏一族从十三世时就开始了迁徙。十四世陆至贵"随中三子，寿八十，配金氏，俱葬宅前桐油堡，子六，永秀，永武，永祥，永新，永麟，永厚，（陆）公于雍正三年自便水迁湖北施南州咸醴（丰）县小地名龙坪"，陆至贵共有六个儿子，除去金氏带来的谭家幼子"永秀"，自己的亲生五子被陆姓后代称为陆家"五房"。族谱中记载永秀支居蚂蚁洞、永武支居龙坪新屋场、永祥支居龙坪、永新支居龙坪，官坝陆姓都认为其祖先为陆永麟，说明永麟支居官坝。现在官坝、新屋场、龙坪都是高乐山镇下辖相邻的村寨，"五房"基本上都居住在龙坪周围。十五世陆永麟"贵五子，庠生，寿八十，葬宣城邑蚂蚁洞，凤形；配田氏，寿七十，葬水寨，四子：琦、英、行、番"①，官坝陆姓苗族至早在十五世陆永麟、至晚在十六世时定居于官坝，十六世陆琦、陆英、陆行、陆番是现今陆氏家族记忆中的陆家"四房"。

现存桐麻堡（即土城堡，与龙坪隔忠建河相对）上有陆氏的龙坪始祖陆至贵（1677—1756 年）的墓碑，墓碑两侧镌刻有后人的祭文称："先祖至贵公于雍正三年（1725 年）由湘之麻阳县迁至鄂西咸丰龙坪安居繁衍，至今已历十二世，约四百余户后裔二千余人。"在官坝民众的记忆中，滕姓是与陆姓一同迁往官坝的，但《滕氏族谱》记载："官坝滕氏始祖（滕）善元本是麻阳高村人，后移居沅州芷江县，小地名便水猪楼冲。善元与运亨、运兴二子迁移至四川焕香寺白泥田居住，运亨向门入赘……康熙四十六年（1707 年），岁在癸巳（1713 年），复迁于湖北施南府咸丰县太和里，小地名龙坪官坝落业。乃我龙坪之祖也。"碑文和族谱记载的陆、滕两姓落业官坝的时间有出入，滕姓看似应早于陆姓定居于官坝，由于碑文和族谱都是后人对祖先迁徙历史记忆的重构，不一定表明确切的时间，但大致可以确定的是陆、滕两姓都由湖南麻阳迁出，迁徙方向基本相同，出于源自江西的祖先认同，在民众中就有了同时落业官坝的表达也不足为奇。结合官坝民众的历史记忆，陆至贵的碑文及《陆氏族谱》的相关记载大致可知，陆氏苗族是于清康熙、雍正年间迁往鄂西南一带，18 世纪中期前后落业官坝的。

《咸丰县志》关于县境内陆姓苗族的记载有："龙坪陆氏，原籍湖南麻阳，先世参加过湘西苗族人民起义，惨遭杀戮和虐待。清乾隆二十四年腊月三十晚上，陆至贵一家吃一顿菜稀饭以后仓促逃走。同行的还有钟姓苗家。翻山越岭逃入宣恩麻柳洞暂住。嗣后又由麻柳洞迁入龙坪桐麻堡。两姓先辈挽草为记，指手为界，各居一域，互不杂处。至今桐麻堡还保留着先辈开凿的一条堤痕。每年腊月三十晚上，陆姓各家都要吃一顿菜稀饭，表示不忘祖宗苦难。今聚居于龙坪村和散居于龙坪乡牛栏盖、官坝、高乐山镇墨厂以及宣恩小关麻柳洞等地的陆姓，300 余户，1600 人，均为陆至贵一系后裔。"② 当地至今流传的陆姓大年三十晚上吃

---

① 《陆氏族谱》，1994 年修，第 60—62 页。

② 咸丰县志编纂委员会编：《咸丰县志》，武汉大学出版社 1990 年版，第 88 页。

菜粥的故事与县志记载一致，反映出陆氏族人对祖先艰辛迁徙深刻的历史记忆。县志的记载说明了陆姓迁徙的原因是"先世参加过湘西苗族人民起义，惨遭杀戮和虐待"。结合史实，麻阳自唐代以来一直是朝廷讨伐镇压武陵山各族人民的重要军事据点，麻阳苗族与九溪十八峒各族人民一样，处在严酷的压迫歧视之中。康熙中期开辟苗疆，实行"赶苗拓业"的政策，征剿湘西腊尔山一带的苗区，势必会影响到麻阳苗民的生存状况。这种湘西苗族与中央统治矛盾的激化情况，加之清朝早中期在西南土司地区实行"给地招垦"政策，鄂西南一带的土司势力遭到极大地削弱，退出之前侵占的大量卫所土地，可供开垦的田地增多。麻阳苗族，为了躲避朝廷镇压和获得土地开始了向鄂西南地区的迁徙，陆氏苗族也不例外。

综上所述，官坝陆氏苗族祖先的迁徙路线大致为湖南麻阳——湖南芷江——湖北宣恩蚂蚁洞——湖北咸丰龙坪——湖北咸丰官坝，迁徙时间约在清朝康熙、雍正年间，即 18 世纪早期至中期前后，迁徙原因为躲避战乱和获得土地。在迁徙、落业过程中，民间信仰发挥着重要的凝聚族群的作用。

（二）官坝陆姓家族落业初期

官坝一带在元代时是散毛土司的领地，东邻施南土司，北接唐崖（大田）土司和金峒土司，土司时代该区是军民合一的"溪峒社会"。明洪武二十三年（1408 年）中央朝廷征讨鄂西南土司后建立"大田军民千户所"，"龙坪屯"（也称为龙坪堡）成为大田所的屯垦区之一，驻扎卫所部队。明朝后期中央统治松弛，施南土司趁势霸占龙坪堡。经历明末清初的战火，整个大田所几乎完全荒废。直到康熙二十年（1681 年）以后，清朝廷废除卫所世袭制、军屯制，重派流官性质的守备、守御担任卫所官员，全力推行"有约者酌付价值，无据者量力开垦"的招垦政策，大田所主要屯地才基本恢复。这项政策促使陆至贵最终选择落业于龙坪，由于生存资源、生活空间有限，而龙坪人口不断增长，陆永麟开始迁居到官坝。

1. 历史记忆中的家族化建设

定居蚂蚁洞后，陆氏家族受宋代以来的"家族化"运动影响，在垦荒的同时进行家族化建设。麻阳苗族移民早在迁徙前就有了强烈的家族意识,已经经历了合族修谱建祠堂的"家族化"过程,完成了"源自江西"的祖先认同。家族认知的影响在迁徙过程中表现得更为明显。在官坝乡民们的记忆中,"张、唐、陆、钟、田"五姓人就是结伴从麻阳迁出,辗转到宣恩的蚂蚁洞,还集资修建晓关街上带有江西会馆性质的"禹王宫"。在迁入地扎根的过程中,家族观念更是起了重要作用。"张、唐、陆、钟、田",结成类似家族血缘的"兄弟关系",以蚂蚁洞为基地,"四处分散"寻找对无主荒地的"量力开垦"的占地占田机会。他们都是麻阳最穷困最底层的本家族成员,为了更好地立足,便充分利用当地的家族关系。《陆氏族谱》记载,陆至贵"配金氏","金婆婆"的故事在陆氏家族中流传至今。族谱中将金氏带来的谭家幼子永秀纳入陆家,构建了陆氏"拟血缘"的一房,民间流传"陆谭二姓不开亲"的说法。实际上,谭家是当地的土著大族,而陆家势单力薄,极有可能是谭家容纳陆氏落业于当地才有"陆谭二姓不开亲"的说法。金家在卫所屯军地区同样是大宗,陆至贵通过联姻的方式,与金家建立了姻亲关系。这样陆家作为外来的族群有效地与当地的主要族群建立了良好的关系,为族群的内部认同创造了有利的社会环境。

在官坝苗族从合家坪到家族院落的变迁过程中也能看到,伏波信仰将陆家与其他同时迁入鄂西南苗族予以区别。当地普遍传说:"张、唐、陆、钟、田"五姓初到湖北宣恩蚂蚁洞,集资买来当地八姓人家方圆几十里的土地,取名为"合家坪",就有了"五姓八股业"的说法,并且五姓是居住在一起的。后来由于人口增长与资源有限之间的冲突日益严重,一起迁来的麻阳苗族才逐渐分散建立起陆家院子。口碑中的"合家坪"时代,是土司时期溪峒组织、卫所时期屯堡组织的社区面貌,军民合一的社区性质不能允许家族结构的社区组织存在。当陆、滕、钟等姓麻阳苗族迁到鄂西以来,正好是土司统治和卫所统治被彻底废止以后,社会结构的变迁为陆姓苗族家族化提供了客观条件。对麻阳苗族来说最重要的是空间结构变化,就是由"合家坪"变成"家族院落"。陆家院子与其他院子最显著的差别就是将伏波作为祖先的民间信仰。

2. 以伏波信仰为代表的民间信仰的加强

陆永麟和他的子孙以家族历史记忆为据,联合官坝周围的陆姓兄弟子侄，修建了以祖先崇拜为核心的家族祠堂性质的伏波庙。逢年过节，周围的陆姓族人都会前往伏波庙祭拜家先和伏波将军。家先还供奉在自家设置的神龛内，与武陵地区其他民族的家先崇拜无异，是民族最为传统且隆重的祖先崇拜形式。相形之下，伏波将军则是官坝苗寨较为特殊的祖先。

伏波将军在汉朝是朝廷用来敕封军队统帅的封号，东汉建武十八年（43 年）马援因战功卓著获此殊荣。据范晔的《后汉书·马援传》记载，马援为扶风茂陵人，曾助光武帝平定隗嚣、诸羌，征讨交趾征氏、骆越、乌桓等蛮夷，最终在征讨五溪蛮时马革裹尸，遭人诬陷，草草下葬。马援西征、南征、北伐中，每平定一地之后，都会修筑城池、兴修水利、加强吏治、发展农业。在马援征讨过的岭南、武陵一带，民众悲其凄凉的英雄结局，又敬仰其文治武功，将"降服波涛"的封号和行船、治水联系起来，为他修建庙宇，长期以来成为香火极盛的地域神。据《麻阳县志》《沅州府志》《湖南通志》记载，武陵地区曾建有大量伏波庙，麻阳境内就有三座祭祀伏波的庙宇。[①] 陆氏苗族曾长期在麻阳境内生活，深受这一民间信仰的影响。陆氏祖先通过马援对其家族有救命之恩的故事，合理解释了家族伏波信仰的缘由，并把原本作为地域性的神祇转变为家神，成为陆氏家族祖先崇拜的对象之一。

在官坝，陆姓苗族伏波信仰由来的故事广为流传："陆家祖先象山老祖在朝廷当大官，天天回家与妻子团聚。他的母亲听到媳妇房中每晚有男声，以为是媳妇在家中不守贞节，因为儿子在朝廷做官路隔几千里，不可能每晚回家。她就和媳妇说，要在家中守规矩，媳妇说：'妈呀，不是外人，是你的儿子，若凡不信，今天回来让他向您请安。'结果，象山回来后妻子就说明情况，他请安后，母亲才知道真相，说：'你每天要在朝见驾，相隔这么远，怎么能回来？'儿子说：'我有两样宝贝，是蛮人进贡给皇上的，皇上赏赐给我。一是腾云草鞋，二是缩路鞭。穿上腾云草鞋就能腾云，打鞭就能缩短距离。'母亲要看这两样宝贝，儿子便拿出来给母亲看，看完后顺手放在了门口的污桶（解小手的桶），本来一般都

① 杨洪林：《从国神到家神——武陵地区伏波信仰变迁研究》，《广西民族研究》2012 年第 3 期。

是放在神龛上的。两件宝贝被玷污了，第二天三更鸡叫，儿子穿鞋扬鞭要去见驾，却不能缩路更不能腾云，不能按时进朝见驾，马上步行出发。到上朝时，皇帝见陆象山没有来便询问，奸臣诬陷说他不来见驾就是要造反了。皇帝轻信所言，就派大将马伏波，也叫马援，到湖南金鸡来捉拿象山老祖。二人在半路上相遇，因两人私交甚好，马伏波告诉他情况，象山马上逃走。圣旨上写道'要剿金鸡县，单剿陆房六'，马伏波改为'单剿金鸡县，不剿陆房六'，帮陆家人躲过劫难，还找来船帮助逃亡的陆家人渡过大江。象山从此隐姓埋名，在白鹿洞讲学，住在青田乡。祖传对联有'讲学勿忘白鹿洞，居家不异青田乡'，并告诫后人一定要纪念马援的救命之恩。"[1]

官坝苗寨中曾有一座伏波庙，官坝周围的龙坪、新屋场等地陆姓都会到庙中祭拜。庙中有一尊半人到一人身高的木雕伏波菩萨坐像，菩萨面著金粉，身着橘红色的长袍，手握宝刀（一说没有佩带兵器）；菩萨两边分别竖立一尊体态较小的塑像，为伏波将军的左丞、右相，都佩带着一把宝剑。陆姓较为富足的人家捐助的少量田地作为庙田，用于伏波庙的日常维修和开销。陆姓族人以大年三十晚上祭祀伏波将军最为隆重，只有敬拜伏波将军之后才能够回家敬拜家先和其他神灵。平日里如遇家人或家中牲畜尤其是猪生病时，主妇（必须在经期之外）便会进庙烧香敬纸，然后到庙旁提取溪水，俗称"药水"，让人或牲畜饮用。伏波庙对面曾经还有一座戏楼，是陆耀琼的祖父出木料修建的。以往每逢农历三月初三、六月初六和九月初九之时会在伏波庙举办庙会，届时，全村寨的人集资请高乐山的戏班来演戏，戏班演出时表演者头戴面具。中华人民共和国成立后，官坝的朱姓两兄弟因地主身份被没收房屋，被赶到伏波庙里居住，因而再没有人到庙里祭拜。改革开放后朱姓人家在庙址上修建了房屋。

官坝陆氏祭祖作为外迁而来的族群，借用以伏波信仰为中心的民间信仰形式展开了构建家族化的过程，实现了族群迁徙后内部的认同，同时又通过带有地域性质的禹王信仰和伏波信仰为代表的民间信仰，实现

---

[1]　访谈对象：陆承志（男，71 岁，苗族，高中毕业，咸丰县高乐山镇官坝村 4 组），访谈时间：2013 年 4 月 30 日，访谈地点：陆承志家中。

了与从麻阳迁出的苗族内部认同。这样增强了自身和其他苗族族群的凝聚力和向心力，表达了作为一个大的族群和独立族群的自我意识，提升了陆氏后代在官坝的地位，促进了族群自身的发展。

第 六 章

武陵民族地区民间信仰与
社会和谐稳定机制

现在尽管国际局势整体上相对稳定，但世界部分地区因民族和宗教问题而引发的社会动荡持续不断。20世纪90年代以来，由于境外恐怖势力以及独立分子煽动，民族问题呈现出蔓延到我国境内的趋势，导致我国局部地区因民族关系紧张而引起的民族之间的矛盾、纠纷和突发事件时有发生，严重威胁到了当地社会稳定和民族地区社会发展。尽管民间信仰发端于原始社会，具有原始宗教的性质，但作为一种精神信仰形态，其包括了自然崇拜、图腾崇拜、神灵崇拜、巫术崇拜等多种信仰类型，积淀了本民族深厚的文化内涵，是民族传统文化的重要组成部分。因此，研究武陵地区各少数民族民间信仰，不仅可以了解少数民族民众日常生产生活和祭祀习俗中所蕴含的世界观与人生观，加深对其传统文化的理解，更可以为推进民族聚居区现代化进程提供文化支撑，对于进一步加强我国少数民族地区社会和谐稳定建设，构建少数民族地区社会主义和谐社会具有重大意义。

第一节　武陵民族地区民间信仰与
社会和谐稳定的关系

武陵地区民间信仰系统中，不仅保留了一些传说，还保留了部分仪式，是因为其在长期的发展历程中，与武陵山区自然生态环境以及民众日常生产生活、社会组织发生了内在联系，对整个社会结构发挥着对外适应环境、抵抗外力，对内协调人与人、人与集体之间关系的独特功能①，民间信仰在武陵地区内相对较小的不同区域，因各民族历史进程和社会制度的不同，对民族社会结构以及各地区产生着不同的影响，一般对区域社会和谐稳定构建存在积极的促进作用和消极的阻碍作用，二者兼有，不同时期各有偏重，但整体上以正面功能为主。

一　武陵地区民间信仰在民族社会发展中的积极因素

民间信仰作为一种意识形态，在其发展过程中，不断受到民间本土文化和外来精英文化的滋养，受到自然科学发展和正统文化思想的熏陶而发生变化，在满足区域内各民族不同信仰者的基础上，不断融入寓意丰富的文化内涵，同时与社会主流的意识形态相适应。这就决定了武陵地区的民间信仰在区域文化体系中具有重要意义，其不仅可以广泛渗透于民众的生活、生产习俗，对民众的思想、行为产生广泛而深远的影响，还能够潜移默化地影响各个地区、各个阶层民众的思想和观念。在构建和谐稳定的武陵地区的过程中，有效地发挥民间信仰的积极作用，对区域社会发展大有裨益。武陵民族地区民间信仰对该地区社会发展的积极因素主要体现在以下几个方面。

（一）武陵地区民间信仰有利于促进社区整合

民间信仰作为一种具有广泛群众基础的信仰形式，能够为民众提供相对一致的价值标准，规范内部成员的行为方式，遵循统一的宗教信仰和文化习俗，协调不同群体间的人际关系，将区域内不同团体整合成为协调统一的整体。民间信仰的社区整合功能在仪式活动中表现得较为明显，各种信仰仪式可以使分散无序的个体凝聚成为一个团结有序的有机整体。"从基层上看去，中国社会是乡土性的。"② 由于相对封闭的地理环境，武陵民族地区至今仍然保持着相当程度的乡土性。在仪式活动临时建构的祭祀场域中，社区内部各成员加强了社群关系，不同个体通过对现存社会关系、社会秩序以及个人在社会中的地位、角色的接受和认可，

---

① ［英］A. R. 拉德克利夫－布朗：《社会人类学方法》，夏建中译，山东人民出版社1988年版，第2—3页。

② 费孝通：《乡土中国》，人民出版社2008年版，第1页。

增强了对社区和本民族的内聚和认同。仪式将社区内部个人、群体或各种社会势力、集团凝聚成为一个统一的整体，从而加强社会内部团结。[①]

1. 土家族民间信仰仪式的整合功能

民间信仰的祭祀仪式作为各民族独有的文化形态，反映了民族某种现实诉求，强化了群体的集体历史记忆。武陵地区各少数民族形式不同但性质相同的祭祖仪式，一方面祈求祖先保佑家人平安，另一方面也增强了家族的血缘意识和等级秩序。如在丧葬仪式中，不仅死者完成了从生到死的转变，而且群体也重新确定了与死者之间的关系，即死者作为祖先而非社会成员存在。丧葬仪式表达了情感状态和家族社会关系，它按照家族内不同的社会地位，为死者家人分配不同的仪式活动。[②] 通过这些仪式活动的进行，加深了家族内个体之间的联系，强化了家族内部秩序，维护了传统社会秩序。

土家族是武陵地区主要的世居民族之一，其民间信仰在民众发展历程中发挥着重要的社区和民族整合作用。突出表现在土家族梯玛主持的各种祭祀仪式中。如在跳神活动中，梯玛作为土家族的巫师，所唱的神歌反映了土家族的历史状况与现实生活，所做的"解钱"法事都要在场的观众对唱应和，这些举动都无形中增强了社区内部成员的亲近感和内聚力。可以说，梯玛在传统社会中，不仅是仪式的主持者，也是群众性娱乐活动的组织者、策划人和主持人。民众通过与巫师、与其他民众之间互动，增强了乡土社会中人与人之间、群体与群体之间内部的团结和凝聚。

民间信仰的仪式通过集体性娱乐狂欢，还可以发挥"安全阀"的作用。所谓"社会安全阀制度"，就是指在不毁坏结构的前提下使敌对的情绪得以释放出来以维护社会整合的一种社会安全机制。[③] 武陵地区清江流域独特的传统文化事象——撒尔嗬，是土家族旨在纪念逝去亲人的跳丧仪式。随着时代的变迁，撒尔嗬仪式由原来以图腾崇拜和祖先崇拜为核心的民间信仰色彩浓厚的祭祀仪式，增添了诸多如教育、娱乐等内涵。

① 陈麟书、陈霞：《宗教学原理》，宗教文化出版社 2002 年版，第 108—111 页。
② 朱炳祥：《社会人类学》，武汉大学出版社 2009 年版，第 211 页。
③ 侯钧生：《西方社会学理论教程》，南开大学出版社 2010 年版，第 215 页。

撒尔嗬仪式中有唱词:"半夜听到丧鼓响,脚板心底就发痒。你是南方我要去,你是北方我要行。"说的是人们对参与撒尔嗬仪式的热情,前来祭奠亡者的族人和远亲近邻,载歌载舞,以极度的狂欢方式表达对亡者的思念之情。"跳丧的人在一种既歌又舞的氛围中感到轻松愉快,举行仪式的人们由死想到生,由死亡者想到家族以及民族,想到男女情爱与婚姻,想到社区传统的传承,人们在其中得到精神上的解脱与平衡,感到愉悦与痛快。"① 同时,民众在娱乐狂欢时,达到对自我社会角色的短暂"失忆",只因纪念亡者而相聚,消除了日常产生的隔阂,在某种程度上有助于促进社区整合。

2. 苗族民间信仰仪式的整合功能

武陵地区的苗族较之其他民族,经历了频繁迁徙的艰辛,由于需要不断适应各种生存环境进而促使民众更加注重群体的力量,民间信仰在民族认同和社区整合方面表现出较强的内聚力。湘西山江苗族,从马鞍山村集体祭祀土地公公,黄茅坪村的合寨祭祀山神土地,到东就村民众求雨活动,都是由维持地方公共生活场域的村寨精英组织,由在地方权力体系中具有一定权威的人来负责,请民间信仰仪式场域中的权威巴代来主持。寨民是民间信仰仪式场域中的主体力量,集资后购买祭祀仪式所需的各种祭品,仪式过程中按照传统习惯分工协作、各司其职,确保仪式有条不紊地进行。祭祀仪式结束之后,所有参与仪式的人欢聚一堂,尽情畅饮。此时村寨精英、巴代和乡民汇聚,完全没有权力等级和权威标准之别,只有"我们都是马鞍山(或黄茅坪)人"的共识,就如同与外来的游客参观或知识分子访谈时,山江社区的乡民会常说到"我们山江苗族"。整个仪式过程强化了寨民的民族和村寨的认同感,相互之间的交流互动完成了社区的再次整合。②

这些间或中断的日常生活中的祭祀仪式,完全没有古典宗教和现代宗教至高无上的神圣性以及由此形成的肃穆氛围,寨民在仪式营造的共

---

① 谭志满:《从祭祀到生活——对土家族撒尔嗬仪式变迁的宗教人类学考察》,《西南民族大学学报》(人文社会科学版)2009年第10期。

② 霍晓丽:《苗族民间信仰与和谐社区构建关系研究——以湘西山江苗族为例》,湖北民族学院硕士学位论文,2014年,第40—41页。

同时间和空间内进行深层次交流互动，如询问近来生活、生产事宜，谈论收成、子女及其他方面的状况。即使平日里因日常琐事产生了一些摩擦或矛盾，当置身同一信仰仪式场域中，之前的嫌隙也会随之消解。祭土地、求雨等仪式一方面促使寨民明确自身在社区中的位置，扮演自己被社区赋予的角色；另一方面实现了地方性权力场域与民间信仰仪式场域中权力的平衡，整合了乡村精英、巴代、寨民三者的关系，促进了村寨团结和谐；求雨仪式反映出苗族追求人与自然和谐的心理素质，它是山江民众认同与表演自己的精神气质、世界观的再现，不断重新加强个人从属集体的观念，促使民众保持信仰和战胜天灾人祸的信心，在艰难的条件下使共同体维持下去。如东就村求雨仪式，是寨民在久旱无雨的情况下运用信仰仪式的手段，以期达到人与自然的和谐，最终达到自我关怀的目的。仪式结束后，寨民们享受着久违也难得的畅饮时光，宣泄着平日劳作的艰辛与收成无望的焦虑。集体"狂欢"并没有使民众忽视眼前的危机，而是满怀希望和信心期待着甘霖的降临。①

因此，苗族民间信仰仪式具有社会整合力，其作用在于将所有参与仪式的寨民连接起来，宣扬社区中共有的传统文化理念，减少社区内部的差异，使寨民的思想、情感与行为变得更为亲近，从而凝聚了村寨团结的力量，对于社区的和谐稳定具有重要积极作用。

3. 侗族民间信仰仪式的整合功能

在人类社会中，人们长期以来为了达到某一特定目标而结成群体，这些具有特定目标的群体就是组织，组织就是精心设计的以达到某种特定目标的群体。② 武陵地区各民族民众根据自身的需要与群体的意愿，为了凝聚内部力量、整合社会资源，在不同社会时期和文化背景下形成了各异的社会组织。如苗族的"鼓"、侗族的"补拉"和"款"。这些社会组织形式都与民族的祖先崇拜密切相关，可以说正是相同民间信仰的向心力增强了本民族、本社区内部的凝聚力。

其中武陵地区侗族的"补拉"和"款"等社会组织最具代表性，都

---

① 谭志满、霍晓丽：《苗族巴代求雨仪式的人类学考察》，《宗教学研究》2014 年第 2 期。

② ［美］戴维·波普诺：《社会学》，李强等译，中国人民大学出版社 2005 年版，第189 页。

表现在侗族民间信仰以"萨"为中心的相关仪式展演中。这些集体性的民间信仰仪式是以村寨,即款为单位,由寨老组织、师公主持、全寨寨民共同参与的活动。"款"是侗族最基本的社会组织,它的基础和生命力源于多个家族组织——"补拉"。"款"的内部凝聚力来源于"补拉"的祖先崇拜,源于同一家族内部的父系始祖认同。"补拉"为侗语"bux-ladx"的汉语音译,为"父子"的意思,即"房族"。以父系血缘关系为基础,后代形成拥有一个共同的"补"(祖父、曾祖、高祖)的家族。侗族历史上古老的侗寨大都是单一"补拉"聚居而成,后来随着家族人口增多,同一"补拉"分拆成数个人数较少的小"补拉",也有因外宗、外姓迁入形成同一村寨内多个"补拉"共居的情况。① "款"和"补拉"结合紧密,构成侗族村寨,既有利于村寨内部的整合,维系传统社会秩序,也有助于加强各家族及相邻村寨的合作,团结一致,抵御外敌。

武陵地区侗族民间信仰仪式中同样体现着民间信仰的社会整合功能。在侗族的安"萨"仪式中,凡寨中出嫁的姑娘都必须赶回娘家参加,全寨人聚集在凉厅进行讲款、弹琵、跳芦笙舞、哆耶等文娱活动。次日接火种,全寨民众身着盛装,聚集在"萨堂"的坪坝中。首先由歌师诵唱《侗族远祖歌》,歌颂"萨"的公德,祈求"萨"保护全寨,再由民众吹芦笙、唱侗歌、祷告"萨"庇佑全寨。再如,每年农历正月初一、十五或逢年过节时,一般多在正月初期,侗寨会举行一年一度的祭"萨"仪式。届时全寨人都集中在凉厅内,由祭师带路,寨老跟随其后,二十几个身着盛装(下身普遍穿裙子)的妇女跟在寨老后面,然后是盛装男女组成的芦笙队,再后面是男女老少长长的队伍。队伍到萨坛后行祭拜之礼。届时芦笙随之齐奏,鞭炮齐鸣。还要将"登萨"特制的一套侗族妇女盛装放置在萨坛前,每家男女主人都要携带酒、肉、茶、菜肴以及香烛、纸钱专程前往祭拜。祭祀结束后,民众在神坛周围一同用餐,还要鸣锣、吹芦笙、哆耶,欢庆"萨岁"节。除此之外,侗族各村寨青年男女还会在正月互访,进行赛歌、赛耶的活动。活动在萨堂边或鼓楼坪进行,首先要歌颂、祭祀萨岁,以示对她的敬意。再如,侗寨历来就有村

---

① 廖君湘、严志钦:《"补拉"制度:侗族社会之宗法制度》,《兰州学刊》2004 年第6 期。

寨间相互邀请集体做客、比赛芦笙、斗牛等习俗。在合寨前往做客或比赛时，寨民都要列队到"萨堂"前，由"登萨"主祭，喝"萨岁茶"，并摘下"萨堂"中的黄杨树叶，插在头上或携带在器物上以作为护身符。如遇敌人来犯，全寨有作战能力的男女武装起来，到萨堂举行祭祀仪式，求其护佑，战胜敌人。

田野调查过程中发现，位于鄂西南地区的侗族村寨将科村，周围还居住着汉族、土家族、苗族等其他民族。民众在相互交流交往时，难免会受到不同民族文化的影响，但将科村侗族民众心中始终存在着坚定的"自我"观念，不断强调"我们侗族怎样，我们侗族崇拜什么、他们汉族、他们土家族、他们苗族……"① 正是在民间信仰仪式反复展演中折射出的强烈的民族认同感促使他们团结一致。可见，各种与"萨"相关的民间信仰仪式都是侗族民众集体的"狂欢"活动，民众在参与仪式的过程中增强了对民族、社区的认同感和归属感，增进了相互之间的感情和沟通，最终实现了社会的内部整合。

（二）武陵地区民间信仰有益于道德教化

任何一种成熟形态的宗教都会有一套以至上神的名义确定起来并通过赏罚喻示来保证实行的伦理体系，宗教律法和道德对人们的行为发挥着强大的行为规范功能②，起到社会控制的作用，即让人们遵从社会规范、维持社会良性运行。社会控制有内部控制和外部控制两种表现形式，前者主要运用社会压力尤其是权力协调实现社会控制，后者则是通过信仰、社会道德规范转化为个人觉悟而达到的一种内在的自我控制效果。其中内部控制在人类社会历史漫长的发展历程中起着更为重要的作用，从道德层面，是协调个体与他人、与家族等各种社会关系的调节器，进而形成了一种更为长期、稳定的社会规范体系。武陵民族地区民间信仰作为一种特殊形式信仰形态，是民众经过长期生活经验的智慧总结，在民间社区内部既有存在的合理性，也是一种基层的道德伦理体系，与国家制定并予以强制实施的法律相比，其具有更为广泛的现实约束效力。

---

① 陈千慧：《鄂西南侗族民间信仰变迁研究》，硕士学位论文，湖北民族学院，2014年，第28页。

② 陈麟书、陈霞：《宗教学原理》，宗教文化出版社2002年版，第113页。

民间信仰中的道德伦理体系多集中在和禁忌民间俗信和禁忌方面，作为一种特殊的精神现象，对武陵地区民众的日常生产生活实践发挥着深远的道德规范作用。

1. 民间信仰俗语、禁忌中的道德规范作用

民间信仰中的民间俗语和仪式"惯例"都会潜移默化地影响民众的思想和行为，因为它已经作为具有相对独立性的社会意识扎根在了民众的精神世界里，成为民众在社会中安身立命的行为标准和处世哲学，在协调人际关系和促进自我身心和谐方面发挥着内在的教化作用。比如，在协调人际摩擦和冲突时，"和为贵""知恩图报""得饶人处且饶人"的俗语促使当时双方倾向于相对宽和、感恩、忍让的态度，无形之间化解了矛盾；在社会转型期，民众面对追求财富的态度时，笃信民间流传着的"横财不富薄人命""人善人欺天不欺""善有善报，恶有恶报，不是不报，时候未到"等俗信，不仅体现着自身道德修养、行为处世的基本原则和信条，也彰显了世界上大多数民族的善恶观。"勤劳、诚信、善良、正直、宽厚"等传统道德要素构成了武陵地区民间俗信内容，成为广大民众根深蒂固的价值观和普遍信条，维系着人际关系的和谐以及社会的良性运行。再如武陵民族地区"还傩愿"仪式，旨在请巫师为事主家驱疫治病，以还之前向傩神许下的愿望。仪式结束之后，事主家还要按照惯例举行谢神谢师仪式，即盛宴款待答谢前来主持"还傩愿"仪式的巫师。款待过后，事主甚至还要鸣放鞭炮欢送巫师，巫师也要拱手作别表达对事主的谢意。这一谢一答的过程正是现实社会人际交往中的利益关系和社会交换模式在民间信仰仪式中的投射；同样，仪式中程式化的规则和惯例也进一步强化了现实生活中民众的普遍观念和实践行为。

民间信仰中的某些禁忌习俗也会对民众日常行为起到约束作用，即民间禁忌习俗以多种途径和方式制约着民众在日常生产生活中的一言一行。正如恩斯特·卡西尔在其名著《人论》中阐述道："禁忌体系尽管有其一切明显的缺点，但却是人们迄今所发现的唯一的社会约束和义务的体系，它是整个社会秩序的基石。社会体系中没有哪个方面不是先靠特

殊的禁忌来调节和管理的。"① 武陵地区内众多少数民族作为山地游猎民族，在与自然相处过程中，积累了很多朴素的人与自然和谐共生的生存智慧和相处经验，主要体现在一系列处理人与自然关系时的民间禁忌与规约方面。如禁止乱砍滥伐、滥挖药材以保护植物的生长和防止水土流失，严禁猎取怀孕的野生动物以保护物种繁衍等类似的民间禁忌，都在客观上起到了保护当地自然生态环境的作用。

再如鄂西南地区侗族村寨将科村，其民间信仰虽然缺乏严格的教义教规，也没有固定的神职人员和严密的组织团体，但存在一系列规范和禁忌。这些规范和禁忌都是寨民历代生存经验的精辟总结，早已渗透到寨民的日常生活之中，规范着寨民的言行举止。将科村《龙氏族谱》中记载：

> 略载诰封科名，均系五公所发之子孙，凡遇红白喜事，须写牌匾，夫凭确据，万不得令人讥笑，以为后代子孙将谱将世世传流，乃知我祖之福泽百世流芳不朽云耳。总祠碑刊家规"十当要十不准"为子孙各宜。父戒子，兄其弟，如有一事不遵，即行重责，决不宽待，以振家规之严。家规十当要：第一当要敬奉祖先，第二当要孝顺父母，第三当要恭敬兄长，第四当要和睦宗族，第五当要勤耕庄稼，第六当要苦读诗书，第七当要教训子孙，第八当要整齐内外，第九当要敬师尊长，第十当要畏服王法。以上十当之家规——一道而行，上可以尊祖宗之灵，必赐尔富贵绵长矣。家规十不准：第一不准忤逆两老，第二不准欺压长上，第三不准兄弟争讼，第四不准闺门放肆，第五不准子孙当差，第六不准外姓承桃，第七不准停留歹人，第八不准伦常颠倒，第九不准服内成婚，第十不准兄妻转房。以上十不准之家规，行行不犯，亦可以对先人在上，斯不愧为孝子贤孙也。②

---

① ［德］恩斯特·卡西尔：《人论》，甘阳译，上海译文出版社1985年版，第138页。
② 转引自陈千慧《鄂西南侗族民间信仰变迁研究》，硕士学位论文，湖北民族学院，2014年，第25—26页。

将科村侗族民间信仰的对象大都为家族祖先、行业的杰出代表、保家护国的民族英雄等，因其身上聚集着勤劳勇敢、公正无私、舍己救人等优秀道德品质，是后人学习的榜样、道德教化的模范，逐渐被后人附加神格上升为受人供奉的神灵。寨民对他们的崇拜和祭祀实质上也是接受道德教化的过程。如萨岁是侗族保家卫国、与敌人英勇奋斗、最终战死的民族英雄，通过每年的祭萨仪式，教化寨民要牢记祖先舍生取义的高尚品德，激发寨民团结一致守护家园的决心和勇气；姜氏兄妹（傩头爷爷和傩头娘娘）是侗族的先祖，兄妹二人成亲繁衍了侗族先民，通过对其的祭拜活动，教化后代感恩祖先的恩情，形成尊敬孝顺老人的社会风尚；寨民通过对山、水、土地等自然物的崇拜，学会尊重生命、保护自然生态环境，促进人与自然的和谐相处；而民间许愿还愿的观念也教化民众要知恩图报，懂得感恩。可见，将科村侗族民间信仰在日常生活中培养了民众良好的思想品质，自觉地约束平日的行为和言论。

在湘西山江苗族的日常生活中，民间信仰同样发挥着道德规范的作用。访谈中，来自腊尔山的唐师傅讲述了老家小孩因无知而亵渎神灵的事情。村里已经去世的唐××的孙子（现在20岁左右）四五岁的时候很调皮，在保寨树旁玩耍时，把人们平日供奉米的七个竹筒从祭台上拿下来，不仅将米全部倒掉，还把装有尿的竹筒又放回原处。白天还活蹦乱跳，天黑以后肚子就开始疼。他的父母请赤脚医生，甚至连夜送到乡镇医院，打针吃药都不见好转。村里一位老婆婆告诉唐××可能是小孩触犯了神灵才导致生病。唐××第二天就带着香、纸、酒等祭品到保寨树前赔礼认错，还将祭台打扫干净，祈求树神看在小孩年幼无知的份儿上且饶他这一回，并保证以后家人都不会再做冒犯神灵的蠢事。唐××祭拜完树神之后，小孩就不再喊肚疼，家人才办了出院手续。①

唐师傅一家虔诚信奉神灵，对触犯神灵导致生病深信不疑。在山江民间普遍流传，神灵施法给予破坏者尤其是作恶者以惩戒，神灵不会因为无知或不幸犯下的错误而宽恕犯错者，即使是懵懂的小孩。山江的龙女士也讲述了身边不敬神灵遭遇不测的事例。前几年全寨人一起到高坡

---

① 霍晓丽：《苗族民间信仰与和谐社区构建关系研究——以湘西山江苗族为例》，硕士学位论文，湖北民族学院，2014年，第39页。

上祭拜山神，有一个中年男子因连续几年诸事都不顺利，就在人们祭祀山神的时候，抱怨土地每年都得到他的供奉却不保佑他，一怒之下说脏话辱骂山神土地，还砸毁很多供品。众人将其拉下山。自此之后，他经常喝酒，也不去干活，喝醉了就打老婆，家里每况愈下，没出两年他也得病去世了。[①]

尽管当前山江民众不再像祖辈、父辈那样虔诚信仰神灵或法事，但神灵的威严，尤其是因果报应的观念仍广泛存在于民众心中。即使祭拜神灵没有如愿，也不能不敬神灵，而应该继续祭拜才会有时来运转的时候，就是所谓的心诚则灵、金石为开，否则就会招致报应。民众会慑于神灵权威的惩戒，在日常生活中会时刻注意自己的言行，不会去做有违常理、常规、道德的事情。

2. 民间信仰仪式中的道德规范作用

武陵地区民间信仰仪式同样具备道德规范功能。武陵地区的土家族长期生活在沟壑纵横、层峦叠嶂等较为恶劣的自然环境中，自身生产力和社会发展水平都相对滞后，民众的物质以及精神生活方面的很多要求都无法得到满足。加之处于中原出入西南地区的重要通道之上，各种外来文化对当地社会也造成了较大的生活压力，很容易促使民众产生焦虑情绪，不利于地区和家族的发展。土家族梯玛还愿仪式的重要功能之一就是维护社区传统社会的稳定与有序，通过对民族传统文化的日常性展演，促使民众更多地来思考现实生存状况，最终回归到原本的生活状态，精神上得到极大的宽慰和安顿。仪式体现了土家族对民族以及家族祖先的崇拜，崇拜对象是土家族众多神灵的集合体，既有传说中的远古祖先，也有历史上的英雄人物，还有与家族有直接血缘关系的家先，他们都是土家族社会发展进程的映射，实质上是传统社会秩序的象征。还愿仪式通过维护祖先至高无上的地位，来体现对现实生活中权力的尊重，反映在民众日常生活中就是民众遵循的尊重长者、爱护小辈、帮助弱者、适应生态等普适理念；反映在仪轨制度中就强化了家族观念，规范了民众

---

① 霍晓丽：《苗族民间信仰与和谐社区构建关系研究——以湘西山江苗族为例》，硕士学位论文，湖北民族学院，2014年，第39—40页。

的思想与行为。这些对于维护社区和谐起到了协调与导向的作用。①

民间信仰仪式的道德规范功能在湘西山江苗族中表现得更为明显。历史上，山江社区内部不同村寨发生械斗时，合寨请巴代札在山神土地庙前做喝血酒的法事，占卜预测凶吉，请求土地保佑取得胜利。据传，约在清朝乾隆年间，山江一位年轻的首领带领民众攻打凤凰县城，正是因为出征前举办了喝血酒的仪式，民众才所向披靡，大获全胜。现代社会，喝血酒仪式主要用于维护涉及寨民切身利益的乡规民约，如合寨约定禁止偷抢、乱砍滥伐、要团结一致等，成为国家颁布法律条文的有效补充。仪式根据规模大小来准备祭品，一般为一只鸡，酒、肉、纸钱各三斤六两，三炷或六炷香以及 360 元（小型）、3600 元（中型）、36000元（大型）人民币。

据一位巴代雄回忆，21 世纪初期，千工坪乡的一个村寨因修路所需合寨举办了喝血酒仪式，约定按时出工、达成的协议不准反悔。但后期有两户人家不准路经过自家田地，影响了修路的进程。经过巴代雄的劝解，尤其是利用喝过血酒，违背承诺严重时会导致家破人亡的民间信仰逻辑，有效化解了现实纠纷。但在访谈该村一位村民时，他表示当时自己在外打工没有参加，但听村里老一辈人讲，当时喝血酒的出发点是促使全村人齐心协力把路修好，壮大修路力量。然而事后才得知师傅做法事更侧重于诅咒那些不出力的人，民众对此存在一些看法。事情最后还是通过政府协调，增加了村民占地补偿款才得以解决。

尽管对同一民间信仰仪式存在不同的表述方式和见解，但可以发现，在现代政治体制中，政府的权威标准在基层已经得到充分认可，相关法律、行政条文以及规章制度在处理日常纠纷时发挥着主导作用，民间信仰只是处于补充地位，神灵在民众潜意识当中仍然具有一定的威慑力。

苗族历来就有神明裁判的习俗，当双方发生财物、婚姻纠纷或蒙受不白之冤时，常常会借助神灵的旨意来对事情的是非曲直进行公开裁判，断定当事双方的责任。石启贵先生就记录了湘西苗族盟誓洗心的方法，大致有在当坊土地祠前吃血、发誓、摸油锅等种类。再如凯里学院原生态文化研究中心的麻勇恒教授，通过对鸡爪村呼清仪式的实地调查，认

---

① 谭志满：《武陵地区梯玛还愿仪式的功能研究》，《江西社会科学》2012 年第 5 期。

为苗族原生宗教中的因果报应观念，已经内化为民众的精神力量从而控制着人们的言行，是实现社会文化资源构建和谐社区的有效社会力量。①而罗义群则从民族法学的角度，对苗族原生宗教通过神明裁判、禁忌等方式实现对社会的控制进行研究，认为作为法律重要的辅助手段和配合形式的苗族民间信仰，对维护基层社会稳定具有重要意义。②

武陵地区苗族民众深信"人不见天眼见，人不罚鬼神罚"的报应规律，喝血酒、神明裁判、呼清等仪式无疑会在民间形成一道内在无形的道德约束力，不管是碍于乡民的言论，还是慑于神灵的威严，都会防止民众做出有违良知、道德，以及有损于家族、村寨的行为，从而有助于维持社会的和谐稳定。

3. 民间信仰乡规民约中的道德规范作用

武陵地区民间信仰早已融入民众日常生活中，以民间信仰为基础而制定的村寨乡规民约已经成为各寨民众生活的一部分。这些乡规民约都是借助民众对神灵的虔诚敬奉之心，来发挥其规范言行进而实现社会内部控制的作用。"侗款"作为侗寨的社会结构表现形式，是以德高望重的寨老担任的款首为中心的社会控制体系，既有较为严密的民间组织，又有明文的款约（又称为规约）。其中款约发挥着维护社会秩序、规范侗民言行的重要作用，因其极具规范性且有成文的表述，是武陵地区乡规民约的代表。

侗款尚未产生之时，"村无款规，寨无约法"。侗寨社会秩序较为混乱，具体表现为"约法款"所记载的情形："好事得不到赞扬，坏事没有受惩处；内忧无法解除，外患无力抵御。有人手脚不干净，园内偷瓜，笼里偷鸡摸鸭。有的中起歹意，白天执刀行凶，黑夜偷牛盗马。还有肇事争闹，逞蛮相打，杀死好人，造成祸事，闹得村寨不安宁，打得地方不太平。村村期望制止乱事，案案要求惩办坏人。"在民众渴望构建社会秩序、促进民族发展以及日常生活安定的多种需求因素之下，侗款随之

---

① 麻勇恒：《苗族原生宗教"呼清（Fud nqind）"参与构建社区秩序的案例解析——以贵州松桃苗族自治县鸡爪村苗族原生宗教"呼清"为例》，《凯里学院学报》2010 年第 1 期。

② 罗义群：《论原生宗教约束力对法律行为的辅助与配合——以苗族社区为例》，《原生态民族文化学刊》2009 年第 2 期。

而生。

侗族款约详细规定了民众的言语、行为的准绳以及对越轨者的惩罚措施，由"六面阳"和"六面阴"两大部分组成，前者较多涉及轻微罪行，后者则多为情节严重的刑罚。如"六面阳"中列出禁止偷盗的条文，"不准谁人，起心不良，蓄意不好。五更黑衣，夜半子时，捅猪圈、拱牛栏，盗走牛、偷走羊；偷了圆角牯，盗走扁角水牛"，否则"抓得真实把凭，就要秉公惩处。如果退让不追究，就是放虎进山林，坑害众人，搞乱乡村。今天，把犯者三个一处葬，五个一坑埋"①。侗族传统习俗允许青年男女自由恋爱并结为夫妻，"姑娘坐家绩麻，男子游村走寨；男游村乡，女坐檐下"为其写照，但严禁婚恋过程出现"风流浪荡，拦母鸡进窝；离间别人夫妻，脱妇人裹脚。挑拨别人婚事，挖他人墙脚，如果拐卖妇女，强奸诱惑"等伤风败俗的行为。如果"你做得不干净，要自己打扫干净"，依据情节恶劣程度，"轻要罚银三十两、七十正，重要破产赔偿，家财荡尽；多者余，少者光，富者吃穷，贫者吃完"。侗族生产活动也要时刻遵守村寨规约，自觉维持生产秩序。田塘用水谨记，"共源的水，河路的水，公有公用，田塘有利。大丘不许少分，小丘不许多给。引水浇傍田，灌冲田，上面先灌，下面后浇"，"田在上的有饭吃，田在下的也该有谷米"。要做到公平公正、合乎情理。可见，侗族款约"六面阳"几乎涉及侗民生活生产的方方面面，规范着民众的日常言行，协调着民众间的人际关系以及与自然的关系，保障社会得以有序运行。

再如，款约特别规定对勾结外界破坏内部社会秩序，即"勾生吃熟"的内部成员进行严惩，起到维护社会治安的作用。这是由于侗族历史上经常遭受外界侵扰，长期以来传统社会内部得到了高度整合，对外界警惕性较高。据黎平县三百款中寨的一位老人回忆，三百款约对勾生吃熟者的处罚，较之外寨一同在寨中作案的人，要加重数倍处理。"九十九公合款"中明确规定："不许害人，作奸通贼；勾外吃里，勾生吃熟，千只牛脚进，百只牛脚出。那人不听，当众提到，铜锣传村，千家事，众人理；众人判杀就杀，众人断打就打。"

---

① 湖南少数民族古籍办公室编：《侗款》，杨锡光、杨锡等整理译释，岳麓书社 1988 年版，第 84—85 页。

此外，款约在社会动乱时期，还有抵御外患的军事作用。"出征款"就记载有：若"今日有妖怪过河，今日有妖婆进村"，寨民就要"起款"抗争，"联村进场，团款进坪，我们要像蚂蚁聚众杀穿山甲，我们要像蜜蜂合力刺毒蛇"，临时组成众志成城、团结齐心的款军一致对外。款军必须"团结密切像簸箕，团结无隙像葫芦"，"十支合成捆，九根拧一把；都连鸭脚，莫拧鸡爪，拧鸡爪，他胜我；连鸭脚，我胜他，誓死战斗，不胜不回"①。从款文"妖怪""妖婆""簸箕""葫芦"等词中可以看到民间信仰对侗民认知的影响，他们将现实的邪恶势力与信仰空间中的"妖"等同，把可以战胜邪恶的力量附会在信奉的灵物上。民间信仰的乡规民约不仅可以规范民众的日常言行，还具有凝聚民众对民族和地区归属的力量，进而实现了民间信仰的社会整合作用。

（三）武陵地区民间信仰有助于民众心理调适

中国改革开放以后，原先计划经济体制下所形成的一整套价值体系在市场经济浪潮的剧烈冲击之下，逐渐趋于解体，广大民众的价值诉求也随之从一元向多元转变。社会体制转型也引发了社会文化变迁现象，导致"文化堕距"的产生，即随着社会结构的变化，社会内部相互依赖的各部分所组成的文化体系也逐渐发生变迁，然而文化体系内各组成因素变迁的速度并不一致，一般而言，物质文化的变迁速度要快于精神文化，精神文化中制度、风俗、价值观念等也呈现出依次变化的情况，且三者的变迁速度以制度最为迅速，风俗其次，价值观念最为稳固。文化体系各部分变迁速度的先后差异引起各因素之间的不平衡、差距和错位，甚至会导致社会问题的发生。具体到社会、经济、文化都飞速发展的武陵民族地区，民间信仰领域表现得较为明显，旧的价值体系尚未完全退出历史舞台，而新的价值体系却并未建立健全，部分地区甚至出现"信仰真空"现象。在缺乏主流价值观念支配的情况下，武陵民族地区价值观的多元性呈现出不和谐的状态，古今中外各种价值观念一拥而至，发生剧烈碰撞和尖锐对立，处于社会急剧变迁时代的民众极易产生价值观的迷失和归属感丧失的焦虑。任何时候个人和群体的精神归属感都是不容缺失的。

---

① 湖南少数民族古籍办公室编：《侗款》，杨锡光、杨锡等整理译释，岳麓书社1988年版。

作为广泛存在于民众思维范式中的民间信仰，可以通过特定的信念把人们原来心态上的不平衡调节到相对平衡的状态，并由此使人们在精神上、行为上和生理上达到有益的适度状态，以克服和消解大众的不良精神状态，① 对于社会个体以及群体心理的疏导和调适起到不容小觑的作用。武陵地区民间信仰以"万物有灵论"为基础，以趋利避害的实用性为根本目的，来源于广大民众长期以来的实践积淀，反映了广大民众对自然宇宙、生产生活、人际关系等的普遍看法，承载了民族传统而朴素的宇宙观、价值观、人生观，可以通过群体的规范以及强烈的心理暗示对个体产生巨大的影响力，主要表现在对个体心理疏导，有利于增强民众的自信心和安全感，解除孤独感和无助感，有益于建立民众对民族、社区的归属感和认同感。

1. 满足民众的心理需求

英国功能主义学派代表马林诺夫斯基在提出经验功能论时，指出其核心概念有两个："需要"和"功能"，他强调人类的文化制度应是对人的生物性需求与心理性需求的满足。"功能"概念是功能主义学派的立足之本，认为文化的功能是满足人类的各种需要。至于"需要"这一概念，马林诺夫斯基认为，人的第一需要是生物性需求，在最基本的生物性需求得到满足和保障以后，由于谋求生存的需要，它迫使人类创造了文化，并产生出维持这种文化再生产的制度。武陵地区各民族对自然、图腾、祖先、神灵、巫师等的崇拜，都是在遇到现实问题引起的心理困境时寻求神灵保佑的一种精神慰藉手段。还愿、求雨、祭祖、祭萨、祭祀土地等仪式，也都是通过各种作法程序，来营造较为欢愉、放松的场景，使民众从繁重的日常劳作中暂时得以解脱，缓解现实生活中的压力和烦恼等不良情绪，进而塑造出自信平和、乐观向上的积极心态。此外，民众还往往把严格遵守某种禁忌作为逢凶化吉的有效手段，以此来满足趋利避害的心理需要，即使在遭遇突如其来的事件时也能够借助特定巫术来达到慰藉精神的目的，最大限度地调动自身的心理潜能，调节日常生活中发生的心理失衡，唤起战胜困难的最佳心理效应。保持心理平衡、心态平和的良好生活状态。

---

① 陈麟书、陈霞：《宗教学原理》，宗教文化出版社 2002 年版，第 117 页。

历史上民间信仰可以增强民众的生存信心。武陵地区自然生态环境前文已做了详细介绍，山脉纵横、土壤贫瘠，又极易发生洪涝灾害，并不是非常理想的生存、繁衍之地。但山中丰富的动植物资源，也可以给民众提供必需的生存资料，实现族群的延续。由于天灾人祸等各种原因，也不断有新群体迁入武陵山区，在艰苦的生存环境下落业定居，与原住民共同在这片缺水少田的土地上辛勤耕耘，探索生存、发展之道。在与自然不断抗争的过程中，武陵地区民众也积累了大量的生产、生活经验，形成了内涵丰富的民间信仰体系。纵观武陵地区民间信仰的崇拜对象，仍以自然物为主，这是生产力水平低下的民族发展初期信仰内容的遗留。

原始社会时期，深山老林中的树木、巨石、洞穴以及生活其中的虎、犬、熊、猴、鹰、蛇等动物，都会对先民的衣、食、住、行等日常生活产生影响。由于认知能力有限，武陵地区先民对这些自然物无不充满敬畏之情，期望通过对之进行祭拜得到他们的庇佑和保护。面对无法预测和无力抗争的自然灾害时，可以有所倚靠和期盼，进而增强民众的生存信心，有勇气面对灾害继续生存下去。

游猎是武陵地区民众最早的生产方式之一，对山神或者猎神的祭拜现象广泛存在于武陵地区各民族中，并且出现各族梅山、山神信仰的混融。进山打猎仍遗留在武陵山区老一辈人的记忆中，儿时跟随族中成年人，三五人结伴而行，集体协作围捕猎物。每次进山之前以及捕获猎物之后，都要祭拜山神，烧香敬纸祈求其庇佑出猎平安、有所收获。游猎的生产方式一直持续到了20世纪50年代，但逢年过节祭拜山神的习俗沿袭至今。对山神的崇拜反映出武陵地区民众对提供生存资源的大山的敬畏和感激之情，在以前缺衣少食的年代，从山中获取猎物的多少直接关系到民众的生活质量，但民众对山中猎物分布状况和出没情况也无法完全掌握，加之山中自然灾害随时都有可能发生，捕猎工具极为简陋，大型野兽伤人的情况也时有发生。民众便将希望寄托在山神身上，以期通过对之进行虔诚祭拜，能够获取更多的猎物，确保猎人不发生意外。即使出猎收获较少，或者狩猎过程中遇到突发情况，坚信有山神庇佑，也能够从容应对，有信心和勇气面对并战胜灾祸。

随着社会生产力水平的提高，武陵地区民众生产方式由游猎向游耕转变，开始在山上开辟田地，种植粮食，水就成为决定丰歉的重要性因素。因此，求雨仪式也就普遍存在于武陵地区各民族当中。每逢久旱无雨严重影响到生产生活时，民众由最初直接祭拜可以带来雨水的风、雨、雷、电等自然现象，发展到向专职司雨的龙王、雷公等神灵求雨。这种坚信虔诚相求神灵就会降下雨水、缓减旱情的信念，减轻了民众对干旱绝收的焦虑和恐惧，经历了生存境况长期的磨炼，即使遭遇旱灾也能在心中充满对未来的希望，有信心和勇气乐观坚强地生存下去。

此外，武陵地区民众普遍相信本民族巫师的法事具有灵力，一场法事过后就可以坚定民众战胜困难、克敌制胜的信心。苗族是一个饱受颠沛流离和战乱之苦的民族，祖先浴血奋战的惨烈经历都遗留在后代的集体记忆中。其中身为民族祭司的巴代在民族发展的早期阶段也是民族首领，常常带领部族成员对外征战，在其所主持的仪式中同样也能够率领自己的阴兵在虚拟的神圣空间中与恶鬼作战，达到祭祀的目的。随着民族的发展，巴代作为首领的政治权威让位于寨长，但其保留了原始的神圣性。相传，乾嘉苗民大起义时，山江一带苗族民众佩带用五棓子树制成的五棓子刀，通过巴代的法术，可以保佑前去作战的族人刀枪不入、战无不胜，激励着民众不畏强敌，英勇斗争，一方面是因为苗族相信五棓子树本身具有驱邪的功效，巴代的法器——爻就是用五棓子树为原料制成的；另一方面也是巴代法事灵力保佑所致。这种民间信仰与武陵地区的土家族、侗族颇为相似。

2. 释放民众的精神压力

当代人生活在竞争激烈的社会、生活和工作环境之中，巨大的压力必然会产生一些负面情绪，导致人际关系出现摩擦，甚至会引起矛盾和冲突的现象。民间信仰作为传统文化的遗留和集体智慧的结晶，可以通过积极的舆论导向对个体产生潜在的心理暗示，发挥着心理补偿、制衡、释放冲突、缓解不良情绪、化解人际矛盾、增进人际和谐的功能，成为民众精神和情感的寄托。如民间广为流传的"忍一时风平浪静，退一步海阔天空"类似的民间俗信就是对人际关系紧张的智慧态度和理智处理方式。

武陵地区民间信仰在构建该地区民众人生意义方面，也发挥着促进民众自身身心健康的作用，为整个武陵民族地区社会和谐的构建奠定了坚实的精神基础。面对较为苦难的现实，武陵民众用他们的长期积淀的智慧获得了非凡的感悟，民间信仰所蕴含的文化结构和社会意义构建了民族文明的源远流长和博大精深。武陵地区民众在他们自己构建的"神圣空间"里进行民间信仰活动，实践着民族"诗意般的栖居"，使原本枯燥无味的人生旅途充满诗意，以此来舒展心灵、调节生活。例如，哭嫁习俗曾在西南少数民族地区广为流传，是我国极具特色的婚仪习俗，但是随着社会变迁，这种婚俗现在在很多地方多数已经消逝，或者仅剩下残缺的部分形式，而武陵地区土家族传统村寨却将之始终流传并完整保存下来。这些地方女子出嫁前夕，要与亲朋好友一起唱《哭嫁歌》，出嫁女子必须边唱边哭，做出痛哭流泪的样子，古时候民族认为出嫁女子哭得越悲伤越有美德和才能；如果女子出嫁时只唱不哭，或是只哭不唱，哪怕是哭得不够投入、不够悲伤，都是无才无德的表现。事实上，这种象征性的哭嫁婚仪，意味着土家族出嫁女子只有经历了深刻痛苦的生活磨炼，才具备足够成熟的心理承受力来承担婚后生活的责任。此外，清江流域土家族独特的丧礼仪式——撒尔嗬，更是土家人重生乐死的达观人生价值的体现。

民间信仰武陵地区民众的日常生活中也可以起到精神慰藉的作用。尽管当前民众生活环境得到不断改善，生活质量也有了极大的提高，但整体现代化发展进程，还不能够满足不同群体以及个人的个性化诉求。当出其不意的灾难、挫折、打击出现在家庭和个人身上，尤其是长期遭遇逆境与不幸，个体难免会心理失落，产生与群体、社会的隔离感和疏远感，如果受到社会上精神虚无主义的影响，难免在心灵深处动荡失衡。这种情况会严重制约个人的发展和社会的稳定。而彰显武陵地区纯朴执着精神气质的民间信仰，对民众来说是一种直截了当的精神寄托和终极关怀。因为民众总能在民间信仰的对象和仪式中，找到对不幸的合理解释以及破解方法，自我疏导不良情绪，能够坦然看待厄运，精神压力得到释放。这样就使人与人、人与社会之间发生的矛盾在个体层面得到有效的调节，避免心理压力持续升温，升级到影响社区的和谐稳定的地步。

民间信仰虽然不能算作严格意义上的宗教，但其仪式所表达出的宗教式的归属情感，却能成为信奉人群的精神寄托。如前文提到的清江流域土家族的撒尔嗬仪式，因其具有独特的娱乐功能，吸引着周围民众自发聚集在丧者儿孙家中，无论老幼，都通宵达旦地载歌载舞。独特的仪式氛围为民众提供了一个自由、平等、尽情展现本真个性的表演舞台，临时性地丧失了日常生活所扮演的"社会角色"，可以无拘无束地融入内心所想表达的本真角色当中，暂时实现了自我角色由"规定性"向"开放性"的转变。人们置身于欢快的氛围中，没有了日常生活社会等级和职业差别，现实中的利益冲突也在这种狂欢的氛围中被消释，有矛盾的双方也能以平等的态度交往，感受到人与人之间的友谊和关爱。个体之间的孤独感和疏离感都因此消除，找到了内心所需的"理想归属"。

同样，民间信仰中的神灵崇拜也可以成为民众精神依托的凭借。武陵地区各民族崇拜的神灵都是先民为了实现支配自然、解决现实困扰而创造出来的，尽管他们根本无法采用现代科学的方法证实，但真实存在于武陵地区民众的神圣空间之中。当面对将来生活的未知境遇以及现实生活的无奈困境时，神灵能够给人们带来精神上的慰藉，化解民众内心的茫然和沮丧。①

在民间因财产纠纷引起兄弟间的争执和不和，是为人父母最不愿看到的，但事情发生之后，老人一般都会求助于法师来排解心中郁结。访谈中听闻，山江苗族因旅游开发旧房子普遍升值，一位老人已经离家的长子和与老人一同生活的幼子争夺新建起门面房的使用权，兄弟二人因此对簿公堂，长子败诉但不服法院判决就砸烂门面房的门窗，还出手打伤了老人。老人身心遭受创伤，就请巴代雄举办高班力（苗语音译）法事，希望借助民间信仰权威来缓和父子、兄弟间紧张的关系，恢复之前家庭和睦局面。高班力是山江苗族在见到怪物、与人发生纠纷、家人生病、损失钱财或者运气较差的时候，由苗族巫师巴代雄主持的小规模的接龙仪式，是民间举办较多的法事之一。根据仪式规模大小来决定祭品数量，一般小型的需要三斤六两猪肉或牛肉、十个粑粑以及若干纸钱、香、酒等，费时两小时，中型、大型的还要请巴代札一起作法。

这是一起典型的家庭财产纠纷式案例。依据国家法律条例，老人的长子与幼子确实平等享有继承父亲财产的权利，其长子明显受此影响。但在山江苗族，民间一直沿袭幼子赡养父母并继承父母全部财产的习俗。

---

① 谭志满：《少数民族民间信仰的功能及调适研究——以武陵民族地区为例》，《西南民族大学学报》（人文社会科学版）2014 年第 4 期。

法庭经过审理，考虑门面房屋是老人幼子出资修建、长子并未履行赡养老人的义务等多重因素，最终裁决强行终止长子占用门面房的行为。但现代社会的法律手段并未妥善解决此类民事纠纷，反而促使家庭矛盾进一步恶化，给所有涉事者都造成了心理困惑和精神压力。老人与幼子决定通过巴代雄的法事活动来祛除导致家庭不和睦的恶鬼，借助民间信仰的权威标准来缓和家庭紧张氛围。其实法事过后父子、兄弟之间的关系未必能够改善，但至少在老人心中求到了寄托和期盼，不至于长期苦恼而无计可施。

民间信仰的心理抚慰功能还表现在民众将现实的顺利美好归因于神灵的保佑，这种功能又反过来强化了民众对信仰对象的虔诚祭拜。如山江马鞍山村的跳花场是周边苗族跳花节的固定场地。跳花场位于马鞍山寨外的一块凹地，可容纳一万多人，场地中央有一株年代久远的枫树，十多年前已经枯死，寨民在原处修建了仿真枫树。每到农历四月初八跳花节的清晨，寨民都会请本寨巴代札作法事祭拜枫树，届时要摆放三炷香、三对红烛，五个粑粑、五碗酒以及一碗熟猪头肉当作祭品，祈求神树保佑跳花节顺利平安进行。以前民众还会在生病时抚摸树干、摘取树枝或树叶来治疗。据寨民讲述"在跳花节那天，整个树身都是闪亮闪亮的"。

在鄂西南地区的侗族村寨将科村，民间信仰发挥着同样的心理调适作用。当侗族民众面对无法处理的困难或难以驾驭的情形时，大都会祈求神灵帮助，化解危难、消除灾害，由此获得精神上的安慰。如家中有人生病的时候，家人就会请巫医给其"打扮"，这种通过巫术行为治病的方式虽然带有浓厚的迷信色彩，但在民间却又极为灵验，寨中确实存在很多治愈的实例。其实寨民深信不疑的巫术方式，实际上是通过巫医的心理暗示方式，患者相信神灵会保佑自己，消除了心理上对疾病的恐惧感和压抑感，心态变得积极乐观，增强了自身的免疫能力，一般的病痛尤其是心理压力大导致的疾病都能治愈。而事实上，科学研究成果也证实，良好的心理状态也是治病的一剂良药。

（四）武陵地区民间信仰有利于彰显民族文化

1. 民间信仰仪式的文化传承作用

非物质文化遗产中夹杂了诸多民间信仰的因子，武陵地区民间信仰尤其是集体祭祀仪式都被列为非物质文化遗产，如苗族的椎牛仪式、侗族的祭萨岁仪式、土家族的毛古斯仪式等。这些仪式都是民族传统文化千百年来的积淀，具有丰富且独特的民族文化内涵。

武陵地区各民族民间信仰仪式的主持者客观上都承担着传承民族文化的重任。这些仪式主持者大都是地方文化精英，上知天文，下通地理，文化积累极为庞杂，他们大部分是半职业性的，即平日里和普通民众一样从事劳动生产，只有在寨民"有事"时，才担任祭司或巫师。如土家族巫师梯玛、端公在主持摆手舞、毛古斯等仪式，苗族祭司巴代在主持椎牛、还傩愿等仪式，侗族祭师在主持祭萨仪式时，都将本民族的起源、发展历史以及狩猎、农事等生产活动采用故事情节或唱辞的方式表演出来，使在场的族人，尤其是族中年轻人耳濡目染，不仅了解到了民族的悠久历史，还学习到了一定的生产技能。这些巫师一般都具有一些中医药学知识的储备，还扮演着民间医师的角色。他们在为民众治病时，除了使用巫术手段之外，还会配合中草药疗法，满足了过去缺医少药条件下民众的看病需求。通过一代代师承的方式将民族传统医药知识传承至今。可以说，武陵地区各民族巫师既是本族历史文化和风俗习惯的传播者和守卫者，也是工艺技术、民间医药等传统民族文化的保存者和继承者，正是由于这一特殊群体的存在，民族传统文化才得以延续下来。

武陵地区特殊的自然生态环境和社会历史背景，导致区域内部教育水平发展较为滞后。加之大多数民族只有民族语言却没有民族文字，传统的文化传承，特别是生产技能和生活经验只能通过口传心授的方式进行。民间信仰仪式集中了民族的歌、舞、乐、词等形式，对民族成员起到文化教育的作用。如在土家族聚居区，历史上代表汉文化的学校教育是专属于土司等上层统治阶层，普通百姓根本无权接受正规文化教育。一直到清朝雍正时期改土归流后，学校教育才在土家族地区普及开来。据调查资料显示，20 世纪 50 年代以前，地理位置偏远、交通闭塞的部分土家族地区仍然没有学校，梯玛仪式的教育及濡化功能在民族文化传承方面显得至关重要，尽管这些功能并不是其初衷。直至现代生活方式广泛进入土家族地区，梯玛还愿仪式的文化传承功能才有所淡化。

在梯玛还愿仪式的过程中，村寨里的男女老少都前往事主家帮忙，做些力所能及的事情，并在仪式现场观看梯玛的展演，接受、学习民族的来源、历史故事、生活常识、伦理道德等多方面的知识，如还愿仪式"求男求女"程序中，梯玛用诙谐、逼真表现方式将人类繁衍的过程展示给在场的青年人，让他们懂得"做大人"的基本常识。仪式中的娱乐化倾向也让民众的生活态度得到提升。每当仪式进行到深夜，梯玛班子的成员会与在场的寨民们，或用诙谐幽默的语调相互打趣，或用舞蹈化的动作模仿劳作方式，让人们在严肃神圣的仪式场景中得到暂时的放松。整个仪式不仅使民众将家族兴衰和民族历史铭记于心，更多地将仪式中的诸多细节以及所隐含的深刻道理融入日常生活中，成为生活、生产的一部分。民族共有的社会历史记忆得以传承，历史文化传统得以重植，最终实现了传统文化在代际间的延续。

再如，将科村的民间信仰是当地侗族传统文化的主要构成要素之一，形成于民众日常生产生活实践之中，不仅承载着将科侗族的历史渊源，更集聚了独特的民族文化，长期以来通过寨民代际间的口传心授而延续至今。将科侗族的家先文化就是在家祭仪式中得以传承。侗族的家先是指家中"天地君亲师"的牌位，围绕这一牌位形成了独特的家先文化。写家先，必须先用三炷香、豆腐、猪肉等供品祭拜家先，再请家族中德高望重的老人跪着书写，以示对祖先的敬重。写的笔画还有讲究，如"天"字的一撇一捺，其宽度必须超过"地"字，寓意天盖地。家先牌位一般三年一换，安家先前只能将旧的牌位烧掉，忌讳乱扔、玷污。逢年过节或家中有红白喜事都须烧香祭拜，在办丧事时还需用火纸将"君""亲"两字挡住，以示对亡人的尊重。这些习俗都是晚辈在长辈安家先、祭家先的仪式中习得并传袭下来的。此外，将科侗族将萨岁视为民族的祖母神，象征着女性至高无上的地位，长期的萨崇拜就形成了将科村尊重女性的文化传统；而对各种神灵的崇拜，则形成了侗族对超人类的神秘力量的认知方式。这些文化要素都是在民间信仰反复的仪式展演过程中传承给后代的。①

2. 民间信仰在旅游开发背景下的展演

武陵地区丰富多样的民族传统文化资源成为区域发展旅游产业的重

---

① 陈千慧：《鄂西南侗族民间信仰变迁研究》，湖北民族学院硕士学位论文，2014 年，第 28 页。

要基础和条件，经过近年来的不断开发，区域内民族文化旅游产业初具规模。在各民族深入开发民族文化资源的背景之下，民间信仰一改之前的仪式形式，以表演的形式来向游客展示民族传统文化。

如，湘西山江苗族的民间信仰成为旅游开发的亮点，满足了游客探索"神秘湘西"的好奇心。随着社会的不断进步，山江苗族从战国末期定居到腊尔山台地开始，其生产方式由最初的游猎发展到后期的农耕再到外出打工，其活动范围也由本地延伸到外地，民众的生计方式发生了明显的变化，日常生活也融入了较多的现代元素，思想观念也更为开放，逐渐意识到旅游开发的经济潜力。由政府主导，利用民族传统节日，集中展演民族传统文化吸引更多的游客前来观光，其中的民间信仰因极具区域特色和民族特色备受外界关注。

在 2011 年农历四月初八时，苗族传统节日跳花节在马鞍山跳花场举办。这次活动因由凤凰县政府主办，呈现出历史上最大规模，据寨民回忆，当天慕名而来的游客多达数万人次。苗族祭司巴代雄主持椎牛法事也成为整个文艺表演节目中的特色。尽管出于表演需求，仪式在时间和步骤上都做了适当精简，只向观众展示了仪式中最为惊心动魄的高潮部分，但还是因为主持仪式的祭司"阵容"强大，共有八位苗族祭司身着法衣、携带法器主持，更重要的是椎牛仪式本身蕴含的民族传统文化，彰显了苗族民间信仰的独特魅力。

笔者在访谈中发现，此次仪式主祭巴代雄都感慨这是他主持过的规模最大的椎牛仪式，原本需要三天才能做完的法事被规定在一小时之内表演完毕，只能选取精华部分，远不能将自己全部的法术展示出来。诚然，苗族民间信仰中的椎牛仪式由传统的祭祀活动转变为现代的文艺表演节目，必然会融入较多的现代化表演元素，增加了展演传统文化的功能。因此必须在有限的时间内营造出最佳的舞台效果，适应快节奏的现代生活方式。可这样一来，仪式展演的场域由民间搬至舞台，举办的主旨也发生变化，参与民众增加了外地游客，较为固定的程式化表现形式也强行被人为地精简，椎牛仪式文化内涵遭遇一定程度的破坏。在民间信仰宏观文化背景发生置换的当代，如何同时做到既向游客展现出浓郁的民族特色，又保留传统文化的基本内涵，实现现代表演与传统文化之间的最佳结合，有待进一步探究。

此外，在山江苗族博物馆以实物陈列和文艺节目表演等静动结合的方式向外来游客展示了苗族传统文化。一方面，开设专门的展厅来呈现苗族民间信仰，室内陈列着苗族祭司在法事中用到的铜铃、爻、牛角等法器，以及所穿服饰，还有傩面具、神像图、经文等；展厅门口书写着"行善积德建功立业成佛成仙流芳百世，为非作歹薄情寡义变鬼变怪遗臭万年"的对联，横批为"民间功德留尽展"。展厅用形象直观的形式和浅显易懂的文字，让游客在静态中感知苗族民间信仰的外在表现形式和道德标准。另一方面，博物馆上下午分别有一场富有民族风情的文艺表演迎接游客。其中就有让游客惊恐不已的踩刀口和上刀梯。这两项活动本为巴代札度职仪式中的必备程序，以惊险和难度来考验度职者是否具备足够的决心和勇气成为苗族祭司；也是还傩愿仪式中巴代札用来给主家驱邪避灾的有效法事。如果说跳花节中的椎牛仪式还保留了仪式的基本文化内涵，即祈求神灵保佑节日顺利进行；而博物馆中的踩刀口和上刀梯完全只是表演性质的，只是出于打造旅游品牌、创造经济效益的目的，可以起到提升社区的经济社会水平以及增加地方实际收益的作用。可见，山江苗族民间信仰在旅游开发的背景之下，开始面向更多的群体，进入到更为广阔的领域，不仅是民众的日常生活的精神信仰，更成为地区发展经济、提升知名度、改善现状的有利资源。

鄂西南地区侗族村寨将科村，随着恩（施）来（凤）高速公路的全线贯通，约 12 公里横穿村寨，极大地改善了村寨的交通条件，也为村寨发展旅游增添了新的动力。"没有文化的旅游等于盲游"，侗族传统文化资源就成为旅游开发的重点展演对象。民间信仰中与萨岁、姜氏兄妹、飞山公相关的传说，以及民间信仰建筑如风雨凉桥桥头的"挡箭牌"，都会成为游客观光过程中了解侗族文化的有效路径。侗族民间信仰作为民族传统文化的重要组成部分，必将会推动将科村旅游开发，促进村寨社会经济的发展，而社会经济的发展又会进一步带动民族文化资源的开发，为旅游产业的可持续发展注入活力。

3. 民间信仰的娱乐、审美功能

随着民间信仰观念在现代社会的日趋淡薄，民间信仰活动也出现世俗化倾向，逐渐由娱神转向娱人，成为民众日常生活中一种重要的娱乐方式。传统民间信仰元素还衍生出了诸多具有艺术审美功能的文化产品。

因此，对传统民间信仰元素的利用、开发和改造，能够更好地满足现代人对于娱乐审美的需求。

在民间艺术品方面，傩神崇拜使土家族产生了一种新的工艺品品种——傩面具。傩面具原本只是在巫师演出傩戏时佩戴的法器，但由于其怪异、神秘、五光十色的特点，后来成为一种极具艺术审美价值的工艺品。再如，银杏花因其"灵性"广泛传播于民间传说当中，成为土家族的吉祥物，并且影响到了土家织锦——西兰卡普的制作，象征着土家族姑娘的纯洁和美丽。

在民间歌舞方面，土家族梯玛所唱的《梯玛歌》载歌载舞，也极具艺术性，从形式上来看，词句长短不一，有长篇叙事诗，也有数言短章，韵白夹杂，可唱可吟；在土家族撒尔嗬仪式中，民众往往以跳丧中歌喉是否高亢、舞姿是否优美来评价一个人的聪明才智。这些都体现了土家族在生活中对艺术的不断追求。到了现代社会，土家儿女又将撒尔嗬改造成为巴山舞，这种对传统民间信仰元素的改造更好地满足了现代人对于艺术审美的需求。民间信仰元素被作为开发民族文化旅游的文化资本得以应用，不仅可以带动本地区旅游经济发展，更传承了优秀的民族传统曲艺文化。

（五）武陵地区民间信仰有利于区域生态和谐

构建和谐社会离不开统筹人与自然和谐发展，即生态和谐，它是落实科学发展观、实现可持续发展的基础条件之一。随着科技进步和社会生产力的极大提高，人口剧增、资源过度消耗、环境污染、生态破坏等问题日益突出，严重影响到了人与自然的和谐关系。人与人之间的关系可以通过双方的互动实现和谐，而人与自然的和谐，却只能依赖于人的主观能动性，尤其是人的认识能力、生产力水平等。鉴于我国生态环境质量每况愈下，2007 年党的十七大报告中明确提出了建设"生态文明"的重要执政理念，这是建设和谐社会在生态领域中的延伸和拓展。2012年党的十八大报告把生态文明建设纳入中国特色社会主义事业整体布局，将中国特色社会主义事业总体布局正式拓展为经济建设、政治建设、文化建设、社会建设、生态文明建设"五位一体"的格局。"生态文明"的提出既有新形势下我国发展所面临的严峻的生态环境恶化的现实背景和迫切要求，也有我国广大人民在长期的历史生产生活实践中所积淀的深厚的民间信仰思想基础。

关于生态和谐的理念，在中国传统文化的民间俗信中早有相关表述，例如《吕氏春秋》中说："竭泽而渔，岂不获得，而明年无鱼；焚薮而田，岂不获得，而明年无兽。诈伪之道，虽今偷可，后将无复，非长术也。"《道德经》中说"人法地，地法天，天法道，道法自然"，这些都是我国古代先民实践经验的总结。而古代传说中治水三过家门而不入的圣明之君禹也曾下过禁令："禹之禁，春三月，山林不登斧，以成草木之长；夏三月，川泽不网罟，以盛鱼鳖之长；不麛不卵，以成鸟兽之长。"（《逸周书·大聚篇》）商汤则有"网开三面"之德："汤出，见野张网四面，祝曰：'自天下四方；皆入吾网。'汤曰：'嘻，尽之矣。'乃去其三面，祝曰：'欲左，左；欲右，右。不用命，乃入吾网。'"（《史记·殷本纪》）平民百姓也尊奉万物，故有"皇天后土""象天法地"的说法。

在中国古代传统哲学中，受中国古代正统思想儒家学说的深刻影响，生态和谐理念以"天人合一"作为最高境界。儒家学说中的"天"，早已不是春秋时代人们观念中那种至高无上、神圣不可侵犯、具有神性的"神性之天"，而是"人性之天"，正所谓孟子所说的"天人相通"。而这种天人相通的"天人合一"哲学观念，反映在民间信仰中，是人们对于自然普遍具有的一种人文主义关怀。就中国传统社会而言，人与自然之间维系着朴素的统一与和谐的关系，一方面展现了先民们对于人与自然关系的认知，另一方面也是"天人合一"观念在民间信仰中长期积淀、整合，有机融入民众日常生产生活中的结果。在民间，"天地"一直以来被民众当作实体来崇拜，这种崇拜在当前民众对于"天"敬称为"老天爷""天公"等日常生活话语中仍然可见端倪。事实上，这些对"天"的敬称，是古代先民在当时社会生产力水平相对较低的情况下对于"上天"这个至高无上、神秘莫测、威力无边的空间形态最直观的感受、最朴素的认识和最神秘的构想。同样，对"大地"这个与人们衣食住行密切相关、负载万物的人类之母，先民们也产生出土地崇拜情结。古语"皇天后土"，意即皇天泽被万物苍生，普降甘霖；而后土负载万物，供衣食住行所需。尤其是在中国传统农业社会中，由于农业对于自然环境的强烈依赖性，这种对天地的崇拜和祭祀更是贯穿于中国传统农业社会的始终，表达了农业社会中人们对于风调雨顺、五谷丰登良好美景的愿望和祈盼。提倡保护自然环境和生态文明，既是对中华优秀传统文化的继承和发扬，也是对近代工业文明的反思，是对不计代价、竭泽而渔发展模式的否定。事实上，个人与社会、环境的关系，本应是一种互生互动的过程。

武陵地区民间信仰中的自然崇拜、行为禁忌等都在客观意义上促进了区域的生态和谐。在各民族长期的生产生活实践中，先民们通过思考和智慧，早已对天人关系、人与自然、人与社会的关系形成了一整套民间信仰体系。虽然这些朴素的思考多是感性式、直觉式、体悟式的，但直到今天，它们仍然作为"文化记忆"，以一种生活化的方式广泛存在于民众观念之中，在促进人与自然和谐方面发挥着积极作用。民间信仰促进生态和谐功能主要是通过自然崇拜和行为禁忌、规约来约束民众对于自然的破坏举动。武陵民族地区的土家族、苗族、侗族等都有着诸如严禁猎取怀孕的野生动物、禁止乱砍树木、滥挖药材等规约，这在客观上保护了武陵民族地区的自然生态环境。

人本是大自然的一部分，二者理应和谐相处。在人类发展的最初阶段，受制于当时落后的社会生产力水平，先民们往往以自己的主观感受去体悟万物，解释彼此之间的联系。对自然力的信仰就起源于人类对于大自然的迷茫和敬畏，并且把这种对于大自然的迷茫和敬畏诉诸被人赋予了某种灵性的自然物。民间信仰中的"天人合一"观念，不仅在观念层面上包含人们对于人与自然之间共通互存、和谐共生的关系的认知，也还包括在此认知观念基础上构建的人与自然之间的各种规约，而这种人与自然之间的各种规约表现在民间信仰中，即民众对于各种自然物的祭祀和禁忌。诸如在人们社会生活中人与人之间形成的各种规约一样，在处理人与自然的关系上，人仿佛与自然这个"具有人性特质"的拟人之物也达成了不成文的、形成默契的各种"可为"与"不可为"。武陵民族地区这类相关民间信仰的遗留，对传统信仰受到现代所谓"科学文明"挑战、处于受经济利益驱使而不顾资源保护、急于步入现代社会的少数民族地区而言，无疑具有强烈的现实借鉴意义。因此，客观看待并正确认识武陵地区民间信仰，深度挖掘其内在文化价值，汲取其中对于处理人与自然关系的民间智慧，有利于我国社会主义生态文明的建设，更有益于武陵民族地区的自然生态环境的保护。

（六）武陵地区民间信仰的祭祀功能

祭祀鬼神是民间信仰最为原始和最基础的功能之一，民间信仰的祭祀功能通过信仰仪式得以表现，民众在仪式过程中表达对鬼神的敬畏之情，实现祈求鬼神保佑的祭祀目的。民间信仰早于宗教而产生，在人类社会早期，人们还无法用实践活动和理性思维来把握要认识的对象和力量，于是在原始思维的作用下灵魂观念随即产生。先民认为世间万事万物都有灵魂，他们不仅依附于实体，更存在于人类无法感知到的未知世界，有灵力支配人世间的一切活动。武陵地区各少数民族普遍"信巫鬼、重人祠"，原始时期还未出现神的概念，只是将鬼简单分为保佑人的好鬼、作祟于人的恶鬼。民间信仰对象也极其庞杂，水井、池塘、大树、巨石、山洞等自然物都因具有灵魂，都要在特定的时间进行祭拜。

武陵地区土家族由梯玛主持的还愿仪式是典型的祭祀民族祖先的仪式，以祖先崇拜为核心内容。土家族祖先崇拜的对象极为广泛，不仅包括与家族成员有血缘关系的家先，也包括不同历史时期为家族乃至民族发展做出重大贡献的英雄，如八部大王、天子龙王、乌衣噶白、土王等神灵。家先是指家户新近逝去的长辈，他们与家人存在血缘上的联系，较为亲近，能够施恩保佑家人，也会因后代的不敬而作祟。土家人的神龛上一直都供有"×氏堂上，历代祖先"的牌位，逢年过节都要按"规矩"祭拜。

英雄人物都是土家族历史上出现过的部落或社会的首领，大多是位列梯玛神图"月皮"上的祖先神灵。现在酉水流域土家族地区还专门建有八部大王庙，专门供奉八部大王的神像。据传八部大王是生活在酉水流域土家部落的首领，带领土家先民开疆拓土、守卫家园，为民族早期发展取得了巨大功绩，被后人追奉为民族远祖。天子龙王也是土家族在原始社会时代的部落首领，"脑壳像树兜，眼睛像葡萄，鼻子像山洞，耳朵像扇子，嘴巴像水洞"，是天地之间最大的神灵，甚至可以"不知天晴落雨、昼夜，不晓得人事"。他的三娘子乌衣噶白，因相貌丑陋被嫌弃，也没有子嗣，就照看别人家的小孩，后来成为土家族专门保佑小孩的"帕帕"。土王神系统在土家族地区民间信仰中内容较为丰富，不仅有彭公爵主、向老官人、田好汉等知名历史人物，还包容了如"沅河司人、沃巴素司爹爹、桃坪炉把县公县爷、兵营老爷、药正爹爹、恒咱文令乡约"等神阶较小的神灵。他们都被后人认为是土家族土司时期社会的首领，因掌握对子民的生杀大权，而在死后被奉为部族的祖先。

梯玛的还愿仪式都是围绕恭请、敬奉、恭送祖先神的程序进行，前后持续三天三夜。土家人认为历代先祖为部落、民族以及家族的发展做出了巨大的贡献，即使去世也仍会关注子孙后代的兴旺发达，梯玛在主持还愿仪式时唱颂的神歌内容大都与祖先相关，表达出土家族对祖先的崇敬之情。如迎请家先神时，梯玛会唱："尊敬的祖先，几代尊敬的祖先，酒杯里的酒，诚心诚意地敬你们！五个杯杯，还要烧五根香敬你们啊！……受人尊敬的祖先，请你们啊！我们梯玛请你们啊！我手上的钱敬你们，我讲话请你们啊！"敬奉土王时，梯玛则会唱："菩萨啊，你们的头大！你们的眼睛大，你们看到没有？我们用卦子和你们说话！我们诚心诚意敬你们啊！"①

土家族除了崇拜祖先神外，还会祭祀其他众多神祇。如"三清"本为道教主要神祇，但在梯玛还愿仪式被奉为主神，都位于梯玛神图"月皮"的顶端。道教在形成初期吸引了西南地区少数民族的诸多神灵，上升为国家官方宗教之后，又对这些民族产生了较大影响。土家族地区受道教的影响较早，早在东汉后期道教就流行于土家族局部地区，因此道教神祇在土家族民间信仰系统中占据重要地位。

武陵地区民间信仰的祭祀功能还体现在苗族和侗族的信仰仪式中。湘西苗族的"还傩愿"仪式由巴代扎主持，不仅对有血缘关系的家族家先的祭祀，也有对远古始祖傩公傩母（有的地方称为央公央婆，即姜央兄妹），蚩尤以及道教诸神如玉帝、三清、四曹、五猖等神仙、真人的祭祀。求雨、祭拜土地、祭拜山神、接龙、安龙等活动都是武陵地区苗族较为普遍的信仰仪式，主要是对司雨的龙王、保境安民的土地公公和山神、镇宅驱邪的龙进行祭拜，至于日常生活中对各种自然物、自然现象以及各类鬼神的敬奉，都反映出苗族民间信仰的祭祀功能。武陵地区侗族对"萨"的集体祭拜，将侗族民众对始祖、土地等诸神灵的信仰整合为一体，接"萨"、安"萨"，尤其是祭"萨"仪式无一不表现出侗族民间信仰对"萨"以及其他灵物如白石、伞、火、黄杨树、葡萄藤、浮萍

---

① 谭志满：《武陵地区梯玛还愿仪式的功能研究》，《江西社会科学》2012 年第 5 期。

的祭祀。

二　武陵地区民间信仰在民族社会发展中的消极因素

武陵地区民间信仰对促进社会和谐具有积极作用的一面，但由于它是民间自发的信仰活动，具有群众性、盲目性、狂热性、松散性等特点，在民族社会发展中存在消极的因素，对此必须严加防范，尽最大努力将民间信仰对于武陵地区和谐社会建设的负面影响降到最低限度。武陵地区民间信仰对民族社会发展的消极作用主要体现在以下几个方面。

（一）民间信仰中的小团体意识容易造成群体性事件

民间信仰广泛存在于武陵地区各个民族当中，信仰主体社会身份、文化教养、认知水平都参差不齐，一般多为接受教育较少、观念相对封闭的农村民众。他们对别有用心的煽动缺乏及时、足够的辨别能力，在特定的社会条件之下，很容易被错误的诱导，在地区形成一哄而起的群体性事件，从而影响到区域内部的和谐稳定。一般而言，群体性事件是由于社会上长期存在的某些矛盾，不断激化后引起一部分人临时形成聚合团体，通过非法的规模性聚集用语言或肢体上的不当，来表达群体的诉求和主张、不满和意见，或者争取和维护自身利益，往往会在社会上造成负面的影响，破坏社会秩序和社会治安。更严重的还会在某种特定的条件下，使不明真相的群众受到这种集体性情绪的感染，对某种流言蜚语作出非理性的判断，进而引发更大规模的群体活动，造成社会动荡和不安。

例如，湘西山江苗族相邻两个村寨之间，在21世纪初期发生过群体性的械斗事件。事件由两个寨子的乡民在赶场时发生的口角引起，激化了潜藏在寨子间长期争夺生存资源的矛盾。据当地知情人士透露，两个村寨在21世纪行政区划调整之前属于同一个行政村，村委会设在人口较多、面积较大、势力较强的村寨，相应地，寨民就占据了优势的经济、政治、文化等资源，更具优越感。而另一村寨地理位置较为偏远，交通、信息等较为滞后，失去了部分权力，民众对邻寨拥有更多的生存资源除了羡慕之外，还夹杂着些许嫉妒和不满。这种较为紧张的关系一直持续发酵，直至赶集口角事件发生。当时两寨中的青壮年一时义愤填膺，纷纷组织民众，还请本寨祭司举办喝血酒仪式，保佑打赢对方。群体械斗事件没有得到及时妥善处理，导致出现了参与人员被打伤住院的情况。后来在凤凰县、山江镇两级人民政府，尤其是公安机构的介入下，经过协调才得以平息。这次事件促使势力较弱的村寨最终成立了单独的行政村。与社会上盲目跟风，尤其是巴代还主持了喝血酒仪式，导致事件持续恶化相比，两个村寨的孩子大都在山江镇中心完全小学就读，在校方和老师们及时的说服教育之下，让学生意识到械斗事件是少数人的不当行为，影响到了社区内部的安定，并且回到家中劝说自己的父辈和兄长不要参加械斗。学校内部也没有出现两个村寨学生打架斗殴的事件，反而促使那代年轻人意识到了团结的重要性，他们现在大都已经成年，关系相处得比较融洽。

这次事件中苗族祭司巴代没有从社区大局考虑，只是以各自村寨的利益为中心，站在本村寨的立场上处理村寨之间的矛盾，主持喝血酒仪式、占卜输赢来鼓舞寨民出征，顺应寨民求胜的心理需求，反而增强了民众械斗的勇气和信心，不计后果地去激化矛盾。这种民间信仰中的小团体意识对社区和谐稳定存在一定的隐患。

民间信仰可以在社区内部起到凝聚民众、整合社区的积极作用。比如，历史上清朝从康熙时期开始，国家权力逐渐干预苗族传统社会的生活，中央与地方争夺社区行政权力、客民与苗民争夺生存资源，这些矛盾不断积累导致乾嘉苗民起义的爆发。军事对峙期间，苗族民众就"合鼓"，歃血为盟，同仇敌忾反抗外来压迫，民族凝聚力空前提升。直到中华人民共和国成立初期，苗族民众才逐渐消除了对外来人员的敌对态度，融入社会主义现代化建设进程中。改革开放以来，苗族地区也不断开放，吸引了大批外地人员前来观光、调研、采访。在与外界的频繁交流中，山江苗族民众仍会有"我们苗族"的民族观念。即使同一社区内部，不同村寨的民众仍有"我们有我们的土地公公，和他们的不一样"，"我们的山神所在的高坡比他们的高，我们的山神比他们的厉害"等类似的本土意识。

可见，地区、民族内部过多整合之后就会产生强烈的小团体意识，极易发生小群体"抱团"的现象，影响到民众不能以更为开放的心态融入现代社会，对外界存在偏见和排斥心理，不仅造成了社区内部不同村寨之间的隔阂，更对现有的和谐稳定局面造成潜在的威胁，对社区的长

远发展起到了一定的阻碍作用。可见民间信仰对社区和谐稳定会有一定
程度的负面影响。

此外，邪教也会利用民间信仰中的小团体意识，制造危害社会稳定
和民众身心健康的事件，严重威胁国家和社区的长治久安。目前，武陵
地区绝大多数民间信仰都是基于当地历史文化传统风俗的良性信仰，一
般而言并不存在扰乱社会秩序、破坏民族团结、反人类的恶性因子。但
鉴于武陵地区正处于社会转型期，在这种时代发展的大背景下，武陵地
区各种社会矛盾和冲突也日益加剧。与此同时，受国内外复杂多变环境
的影响，境外非法宗教和邪教渗透到武陵地区民间信仰之中的问题也越
发复杂，因此也并不排除由外部刺激和内部矛盾引发社会冲突的可能性。
鉴于武陵地区处于我国内陆腹地，基层政府未能充分认识邪教危害和不
能有效打击邪教活动，一些不法分子往往利用基层社会组织建设薄弱和
基层人民群众的精神文化生活相对匮乏，以民间信仰为名义，发展邪教。
这些邪教大多自称可以借助具有超自然力量的教主实现对信众的自我救
赎，打着拯救人类的幌子，制造、散布各种迷信邪说，来蛊惑、蒙骗民
众，秘密结为有组织的教团来发展、控制信徒，达到其不择手段敛取钱
财、反党反社会的目的。邪教行径严重威胁到武陵地区广大民众的生命
财产安全，扰乱社会公共秩序，危害社会主义民族团结。

（二）民间信仰中的封闭观念容易导致狭隘的民族主义和地方主义

武陵地区自然地理环境制约着生活其中的各民族并使其长期处于封
闭的状态，导致民众的思想较为封闭。武陵地区各民族村寨基本上都是
依据地势修建，寨民聚族而居，相邻村寨间相距较远。即使属于同
"鼓"、同"路"，乃至拥有共同的祖先传说和族源故事，村寨民众之间的
相互认同度仍然较低，整个社区内部的整合力、凝聚力与村寨内部相比
差距十分明显，这种状况体现在前文提到的遗留至今的各个村寨土地公
公信仰方面，同样存在于民众的婚姻观之中。笔者在访谈中发现，湘西
山江民众都不羡慕谁家娶外来的媳妇，之前是因为苗汉关系紧张，禁止
族内青年男女与汉族缔结婚姻，八十多岁的老人还是无法接受家中儿孙
娶汉族女子。现在是出于现实生活的考量，一是觉得外来媳妇娘家离山
江太远，不知道女方家庭情况；二是如果夫家经济状况太差外来媳妇就
会离开，村寨中有一些嫌男方家家庭经济条件差就一走了之的汉族女子。

苗族也认同"非我族类其心必异",上述对外来女子怀有偏见的观念是历史上民族关系紧张导致对异族存在防范心理的遗留。清朝时期,随着国家权力逐步介入苗疆,大量客民也逐渐拥入。有些客民投机取巧、仗势欺人,侵占苗族许多土地,而汉族官员为主的官僚集团的蛮夷观念根深蒂固,不能公正、公平处理苗汉因土地问题引起的矛盾,最终导致乾嘉苗民大起义。长期严酷的军事行动,虽然在苗疆确立了朝廷的绝对权威地位,但也给苗族留下了难以抚平的战争创伤,对汉族的敌意发自内心。民国时期如有汉族人贸然进入苗寨,至少都会招致一顿毒打,中华人民共和国成立后苗汉关系趋于缓和,苗族民众仍不愿多和汉族人说一句话。后来随着与外界交流的日趋频繁,苗族相对封闭的观念已经有所改善,但仍有部分民众仍不能以完全开放的心态接受外来事物。这种相对封闭的观念会导致苗族民众排斥、抵制外来人员和事物,不能使本社区更快更好地融入社会主义现代化进程中,更不利于社区的长远发展。

同时,相对封闭的观念在一定条件下还容易引起盲目的排外主义,即狭隘的民族主义。民间信仰作为一种意识形态,具有一定的民族性和区域性,民间信仰中的一些消极因素可能导致本民族或本地区的民众盲目地排斥一切外来的科学文化,从而使本民族或本地区安于现状。这种认识持一种极端的本位主义的观点,认为外域的一切事物都是坏的,外界没有任何值得吸取和借鉴的东西,拒绝同外界进行一切交往,通常的表现是闭关自守。早从晚清时期开始,有先见之明的士大夫和知识分子就意识到闭关自守是近代中国蒙受百年屈辱的重要原因之一。中华人民共和国成立初期,主流社会就对狭隘的排外主义、民族主义防微杜渐。改革开放以来,我国更是以自由开放、包容博大的心态,融入全球经济一体化格局当中,尝试构建和谐发展、互利双赢的世界新秩序。在这种宏观背景之下,更要注意防止狭隘民族主义势力抬头,破坏我国各民族和谐团结的大好形势。此外,民间信仰中封闭的观念还容易产生狭隘的拉帮派、闹分裂的现象,小到相邻的两个村寨,寨民分别信奉着不同的神灵,即使信仰同一个神灵,彼此间也会因现实利益各不相让,甚至寻衅挑事,影响到了地区的团结、交流。

(三)民间信仰中的听天由命思想极易引发不思进取、故步自封

民间信仰与宗教类似,"是被压迫生灵的叹息,是无情世界的心境,

正像它是没有精神活力的精神一样"，① 如果不能加以科学、合理引导，极易成为民众的"精神鸦片"。尽管社会主义社会已经消除了阶级剥削和民族压迫，民众的生存境况和生活质量也得到充分改善，但形成于阶级社会时期的民间信仰还是会引发民众保守、听天由命等思想惰性。

民间信仰归根结底是以"万物有灵论"为基础的有神论，通过想象神的灵力来满足民族的精神需求，使民众在心理上过度地倚赖虚幻中的某种神灵的护佑或某种宿命观念，从而忽略、抑制了民众面对现实困难、人生苦难时的主观能动性和战胜困难的精神。当挫折和磨难出其不意地降临，民众一方面可以从民间信仰中得到心灵上的慰藉，满足其精神生活上的需求，补偿在现实生活中心理层面的某种损失；但另一方面也会侵蚀民众战胜苦难的斗志，丧失了锐意进取、积极向上的信心，思想上处于松懈状态，行动中故步自封、不思进取，将生活、工作等事宜完全交由神灵掌握。长此以往，就会导致民众每当遇到不幸和打击就一味地去寻神拜佛，不去思考自己该如何通过努力改变现状，逐渐丧失了积极应对问题的能力。事实上，这是逃避现实困难、害怕再度失败的表现。民间信仰中听天由命的消极因素不仅导致个体面对困难不去努力改变现状，更会影响到整个社区缺乏积极向上的拼搏精神，失去发展活力和创新意识。

在武陵地区举办任何一场仪式都需要一定数量的物资为条件，来满足法事祭品、宴请宾客、酬谢巫师等各项所需。请巫师举办法事本身就是因为遭遇了不顺或不幸，这些开销对于武陵地区各民族普通人家来说都是一笔不小的支出，尤其是中型或大型的仪式都会加重家庭的经济负担。在民间越是家中贫穷的民众，越是相信鬼神，经济拮据与信仰盲目形成了恶性循环。更严重者，如前文龙女士讲述的那位在集体祭拜山神时辱骂神灵、打砸祭台的男子，他平日里一定是对神灵毕恭毕敬的，在遭遇多次不顺之后，心理极度沮丧，但是仍会祭拜神灵，对神灵寄予更多的期盼，可是一直没有出现自己所求的状况。在村寨一年一度的盛大祭拜山神仪式中，又看到其他寨民都能如愿以偿，心理极度失衡，认为自己受到了神灵的不公平待遇，压抑已久的愤懑终于发泄出来。他之后

---

① 《马克思恩格斯选集》，人民出版社1996年版，第2页。

的自暴自弃更多的是自己完全丧失了生活的信念，潜意识中觉得已被神灵抛弃，就自甘堕落，最终在长期酗酒、极端压抑中引起身体病理反应。可在信仰氛围较为浓厚的山江社区，其他民众一致认为是神灵遭到亵渎之后对他的惩罚所致。

无论是处于社会底层的还是亵渎神灵的民众，他们都过分把改变不如意现状完全寄托在笃信的神灵身上，沉溺于民间信仰当中，陷入听天由命的泥沼，恰恰忽略了最为重要且起决定作用的自身努力。这种所有期盼的实现都来自神灵恩赐的世俗观念，极大地消解了民众积极进取的动力，影响到了家庭正常的生产、生活，也增加了社区的扶贫难度，不利于社区经济水平整体性的提升，更容易成为社区稳定潜在的威胁因素。

（四）民间信仰中的封建迷信成分增加了违法犯罪的风险

民间信仰中的非理性因素中的封建迷信成分盛行在武陵地区一些较为贫困落后的农村，严重危害到社会的有序运行和民众的身心健康。民间信仰中的封建迷信活动主要是由我国漫长封建社会时期遗留下来的一些陋习，由一些不良神汉、巫婆装神弄鬼来愚弄、欺骗民众，使民众在不理解的情况下盲目地相信他们的言论，对某种事物陷入一种痴迷信任状态，进而达到其妖言惑众、骗取钱财的目的。由于封建迷信活动随聚随散，其所谓的信条多抄袭儒家、佛教、道教等宗教的教义，甚至由神汉、巫婆临时根据自己的需要胡编乱造；还常常借助算命、看风水、求签、卜卦等形式，进行诈骗，甚至会伤及人命。

封建迷信活动的泛滥还会威胁到地区社会的治安状况，尤其是对农村社会秩序造成的危害不容忽视。如神汉巫婆经常上演"驱鬼治病"的闹剧，不仅骗取经济拮据、就医困难的农民的钱财，更会贻误医治疾病的最佳时间，造成了诸多家庭人亡财散的悲剧。这种畸形的信仰会使民众陷入困境，当无力偿还债务时，部分民众就会从事坑、蒙、拐、骗、偷的勾当，甚至铤而走险拦路抢劫，走上犯罪的道路，给当地社会治安带来极大的潜在隐患。

一般情况下，封建迷信活动与村寨封建宗族势力和封建迷信组织，甚至邪教组织相伴而生、互相利用。封建宗族势力的核心人物往往与封建迷信组织、邪教组织的骨干分子相互勾结，利用这些组织较为严密的结构网络，对信众进行精神麻痹、意识控制，孤立架空乡村基层组织，削弱村委会的社会管理和控制能力,甚至干预、破坏农村日常行政事务和基础建设,影响到基层社会组织无法正常运作。凡是封建宗族势力膨胀的地方,封建迷信活动就会日益猖獗,干群关系也极度紧张。这些宗族势力和组织团体还会不断制造事端,激化社会矛盾,煽动民众寻衅闹事。由于农村基层组织被不断瓦解,受到严重冲击,领导班子也陷于瘫痪,村寨的工作无法开展,更不能及时发现、整治封建迷信活动,党的大政方针根本不可能贯彻落实。当民众利益受到严重侵犯时,也无处申冤,只能越级上访,造成较为恶劣的社会影响。

近年来,国家允许并提倡合法宗教和合理的民间信仰的正常活动,武陵地区的封建迷信活动又借机呈现出一定程度的死灰复燃,在利益的驱使下,装神弄鬼的活动层出不穷。在一些较为闭塞的村寨中,部分民众仍然相信疾病可以通过巫术、法事等不科学的方式来治愈,请神汉巫婆作法画符贴咒来驱除恶鬼,这种非理性、不科学的民间信仰意识给谋财害命的封建迷信人员提供了可乘之机。上文提到封建迷信活动会威胁社会治安、冲击基层社会组织的行为都增加了社会违法犯罪风险,影响当地社会的和谐发展。因此及时发现、遏制封建迷信活动,严厉打击这些活动的从业人员,普及科学文化知识,提高民众思想觉悟,成为基层社会组织的主要任务之一。

(五)民间信仰中的功利性容易导致急功近利

一般宗教都注重虚幻的理想、彼岸的极乐、来世的幸福,但民间信仰却是一种与生活实际需要紧密相连的信仰形式,民众看重一时一地一己的极为现实的切身利益,具有很强的功利性。这种实用性明显的信仰形式不仅通过各种祭祀活动表达了信众的信仰情感,往往更诉诸现实需求,带有强烈的"工具理性"色彩。中国民间广为流传的俗语"平时不烧香,临时抱佛脚",正是民间信仰中民众对神灵急功近利态度的真实写照。民众之所以选择与各种神灵打交道,祭祀天地,供奉祖先,目的都在于通过仪式来表达消灾趋福、祈求生活安康等各方面的生活愿望。各种神灵也在祭拜中被民众不断赋予某种特定功用,满足民众强烈的现实利益诉求。对于民间信仰的功利性,费孝通先生曾直言不讳地指出:"我们对鬼神也很实际,供奉他们为的是风调雨顺,为的是免灾逃祸。我们的祭祀很有点像请客、疏通、贿赂。我们的祈祷是许愿、哀乞,鬼神在我们是权力,不是理想;是财源,不是公道。"① 民间信仰诸如此类过于注重人与人、人与神之间的具有强烈现实性意义交换的功利性特点,往往也容易导致人们急功近利,淡化了对纯粹精神、灵魂本身的信仰和追求。

（六）民间信仰中的铺张浪费有违勤俭节约的美德

改革开放 40 多年来,武陵地区的社会、经济、文化发展都取得了巨大成就,但部分地区尤其是广大边远农村仍不富裕,经济水平较为落后。而当今这些地方民间信仰活动逐渐兴起奢靡之风,一方面民众集资陆续翻修或是重新建立了许多庙宇和祠堂,有的装饰得金碧辉煌,不仅无法与当地的民风民俗相适应,还造成了土地资源、社会物资、个人财力的极大浪费,给社会和个人都带来了巨大的经济压力。而当地校舍、医院却十分简陋,教师、医疗队伍非常落后,这些与民生息息相关的问题没有得到有效解决,也与社会主义新农村建设相悖。

另一方面,某些村寨间的集体信仰仪式形成了相互攀比之风,盲目追求排场,竞相豪奢,造成大量人力资源的损失和物资的浪费。举办义式期间,大量劳动力放下生产和工作,参与到进香求神、驱鬼消灾的仪式中,同时也消耗了大量的钱财。而这些人力、物力、财力完全可以集中起来,投入有利于地方社会经济发展的公益性事业当中,提升地区的现代化水平和民众生活的幸福感。民间信仰中的铺张浪费增加了民众的经济负担,严重阻碍了农村乃至地区社会经济发展,甚至给当地经济发展带来风险,更不利于勤俭节约这一优良民族传统文化的传承。

第二节　武陵民族地区民间信仰
的引导与调适

民间信仰作为广泛存在于基层的一种独特的思想意识形态,其中的积极因素是促进社会良性运行与长远发展的重要文化资源和心理要素。武陵地区和谐社会的建设,要充分利用区域内各民族传统文化民间信仰中的优秀部分,有效传承和保护其合理性的一面,摒弃与社会主义主流

---

①　费孝通:《美国与美国人》,生活·读书·新知三联书店 1985 年版,第 110 页。

价值观相悖的非理性因素，使其成为武陵地区社会经济发展和现代化建设的有效推动力。因此，有必要加强对武陵地区各民族民间信仰的科学认识，充分利用、发挥民间信仰的正功能，尽力降低、减少其负功能，正确引导民间信仰与构建社会主义和谐社会相互调适，促进武陵地区和谐社会的建设。

一　作为民族符号的民间信仰

武陵地区位于中国内陆腹地，是被武陵山脉所覆盖的集中连片地区，由于地理环境、历史进程、文化传统、社会形态等因素的影响，直到现在，民间信仰仍以极其顽强的生命力广泛而深入地渗透到区域内各个民族生产生活的方方面面。与制度化的宗教相比，民间信仰褪去了信仰的神圣光环，以个体、临时、功利的面貌体现于各民族的日常生活中，它是各民族生活化的信仰，其本身就带有浓重民族色彩的生产生活方式，体现出鲜明的民族符号特征。这种民族符号处于民众思维的最深层，依托于特定场景，在日常生活场景中言传身教、耳濡目染、潜移默化地传承，在民众的言语行为中自觉或不自觉、悄无声息地显露出来。武陵地区民间信仰的产生和发展具有显著的民族性，作为民族符号的民间信仰又具体体现在以下三个方面。

首先，具有与武陵地区自然环境密切相关的区域性特点。例如，《后汉书·南蛮西南夷列传》中记载："廪君死，魂魄化为白虎，巴氏以虎饮人血，遂以人祭焉。"古代文献中所说的廪君即是传说中武陵地区土家族的祖先，人死化为白虎，看似荒诞不经，实际反映出古代巴人神圣的图腾崇拜。而土家族的白虎图腾崇拜与该区域的自然地理环境密切相关，特定的自然地理环境往往促使原始氏族或部落产生与之相适应的图腾崇拜。廪君蛮诸族当时处于一个多虎的山地，面对威武凶猛的虎，极易产生敬畏和崇拜之情。由此，白虎图腾崇拜成为武陵地区土家族的一个典型的民族符号。

其次，具有与社会发展历程紧密相连的氏族性特点。武陵地区各民族历史上长期根植于具有氏族部落性质的社会形态中，民众在民间信仰中尤其崇拜具有氏族神性质的先祖，在民间信仰庞杂的崇拜体系中，氏族神往往占据着显赫的地位。盛行于鄂西南清江流域土家族典型的传统民间信仰仪式——撒尔嗬,是土家族为悼念亡人而举行的以歌舞为载体的独特跳丧仪式,集中体现了民族的祖先崇拜。撒尔嗬仪式主要遗留在现今的湖北长阳县、五峰县和巴东县,以及湖南石门等地。在湖北长阳的资丘、火烧坪,巴东的野三关、清太坪、水布垭、金果坪、五龙溪一带,撒尔嗬音乐曲调之多,舞蹈表演套路之丰富,是其他土家族地区所不及的。唐代《夔州图经》云:“巴人尚武,击鼓踏歌以兴衰。……父母初丧,击鼓以道哀,其歌必狂,其众必跳,此乃白虎之勇也。”倘若比较当今撒尔嗬仪式中现存的那种具有高亢的歌喉和独特的舞蹈动作及造型,这与“父母初丧,击鼓以道哀,其歌必狂,其众必跳”的古代文献中的记载具有惊人的相似性。通过民间信仰中的撒尔嗬仪式来祭祀亡人,是清江中游一带古代巴人原始信仰的遗风,体现出浓厚的巴人氏族特性。

最后,具有与大杂居、小聚居的民族分布格局相适应的差异性特点。武陵地区是以汉族、土家族、苗族、侗族等为主体民族的少数民族聚居区,民间信仰在区域内部显示出一定程度的民族差异性和区域差异性。

二 作为文化资本的民间信仰

武陵地区和谐社会的构建离不开当代先进文化和民族优秀传统文化的引领。民间信仰是民族传统文化的有机组成部分,由于其形成发展在独特的历史背景、自然地理和人文区位等环境中,堪称武陵地区民族传统文化瑰宝,蕴藏着巨大的文化开发价值。民间信仰的文化资本价值主要体现在对其健康向上的信仰内容和仪式加以开发与利用,将民间信仰文化要素改编成可以进行舞台表演的文艺节目,或者融入旅游产品开发中,还可以与其他民族传统文化共同打造具有地方特色的民间文化节,更好地满足当地民众和外来游客对民族传统艺术的审美需求以及精神文化消费需求。民间信仰的文化元素被作为民族文化旅游开发的文化资本加以应用,不仅可以带动本地区旅游产业的发展,还可以传承民族传统文化。

要想把武陵地区民间信仰资源升级为一种旅游产业开发的文化资本,就要将武陵地区民间信仰视为民族精神文化遗产,并且纳入“文化生态保护区”的范围。根据联合国教科文组织《保护非物质文化遗产公约》定义,非物质文化遗产是指“被各群体、团体、有时为个人所视为其文化遗产的各种实践、表演、表现形式、知识体系和技能及其有关的工具、实物、工艺品和文化场所"①。它有两种表现形式，"一种表现于有规可循的文化表现形式，如音乐或戏剧表演，传统习俗或各类节庆仪式；另一种表现于一种文化空间，这种空间可确定为民间和传统文化活动的集中地域，但也可以确定为具有周期性或事件性的特定时间；这种具有时间和实体的空间之所以能存在，是因为它是文化现象的传统表现场所"。②

"文化生态保护区"就是非物质文化遗产文化空间的一种形式，旨在实现对传统文化及其生态进行整体性保护，使之促进地区社会经济全面协调可持续发展，是为专门保护非物质文化遗产而划定的特定区域。在区域内部采取有效措施，不仅可以保护如民间文学、表演艺术、社会风俗、节庆礼仪、传统工艺技能等非物质文化遗产，还可以保护上述非遗生存、传承的环境和载体如建筑、场景等有形的物质文化遗产。

武陵地区各民族民间信仰源远流长，文化积淀深厚，可谓中国中西结合部地区的"文化沉积带"。因此，应当加强武陵地区内部各区域之间的文化协作，合力保护武陵地区民间信仰的整体文化生态，打造具有地方特色和民族特色的"武陵地区民族传统文化"品牌。首先，加强对武陵地区民族民间信仰的政策性保护。在依赖相关文化专家、学者的研究的基础上，对武陵地区各民族某些具有独特影响力的民间信仰仪式以申报非物质文化遗产的形式进行保护。其次，加强对武陵地区民间信仰文化资源的深度挖掘、开发和打造。武陵地区民间信仰是一种独特的文化资源，以政府为主导，将其有机融入武陵地区民族文化旅游产业中，将民间信仰文化资源转化为文化资本，成为武陵地区社会经济发展的文化助推剂。例如，政府文化部门可以积极打造关于武陵地区民间信仰的民族特色文化节，为武陵地区民间信仰发展提供一个自由的、公共的信仰表达场所和表现舞台，重塑民间信仰发展的文化空间，使人们在现实社会之外，还有一个具有超越性的实现人与神之间、人与人之间、人与自

---

① 联合国教科文组织：《人类口头和非物质遗产代表作申报指南》，文化艺术出版社 2005年版，第 2 页。

② 冯骥才：《中国民间文化遗产抢救工程普查手册》，高等教育出版社 2003 年版，第219 页。

然之间、人与传统之间沟通交流的既神圣又欢娱的仪式表达空间，丰富武陵地区民众的精神生活，从而促进武陵地区民族和谐社会的构建。

三　作为认识领域的民间信仰

从认识领域讲，民间信仰是一种民间文化，它较少利用文本而是以地方方言形式传承，与民众的日常生活关系密切。在长期的历史发展过程中，武陵地区传统的民间信仰和仪式深刻地影响着区域内各民族的思维方式和生活实践，甚至与社会上层建筑形成微妙的冲突和互补关系。虽然武陵地区民间信仰因民族和地域不同而有所差异，但总体来说，它具有区域内部的趋同性，如武陵地区各民族深受汉族儒家"天地君亲师"正统观念的影响，民众普遍进行民间祭祀。

"天地君亲师"的思想最初来源于汉族的儒家思想，《国语》中提到，"民性于三，事之如一。父生之，师教之，君食之。非父不生，非食不长，非教不知生之族也，故壹事之"。这里还没有提到"天"和"地"，着重说明了"君""亲""师"三者的意义，正所谓"民性于三，事之如一"。后来《荀子》又补充了"天"和"地"，并且对"天地君亲师"五者做了阐述："天地者，生之本也；先祖者，类之本也；君师者，治之本也。无天地恶生，无先祖恶出，无君师恶治，三者偏亡，则无安人。故礼，上事天，下事地，尊先祖而隆君师，是礼之三本也"。可见，"天地君亲师"的观念在战国时期就已经形成。东汉《太平经》中已经出现"天地君亲师"的说法，北宋初期这一观念趋于成熟；明代后期以后在民间将其作为祭祀对象的信仰广为流传；到清朝雍正初年，首次用中央集权的形式以国家的名义，确定了"天地君亲师"的正统地位，并对其内涵进行了更为深刻的诠释；民国时期，由于封建帝制的废除，遂改为"天地国亲师"。

武陵地区传统社会中民众普遍崇奉和祭祀"天地君亲师"，明显受到汉族文化的影响。与汉族家庭一样，武陵地区各少数民族家中也多设有"天地君亲师"牌位或条幅供奉于中堂。"天地君亲师"为古代祭祖、祭天地、祭圣贤等民间祭祀的综合，体现出民众对于天地的崇敬与感激、对国家社稷的忠诚与厚爱以及对父母和师长的敬重与恩情，表现出民众敬畏自然、忠于祖国、敬祖孝亲和尊师重教的传统价值取向。在"天地君亲师"中又以天地崇拜和祖先崇拜为核心，是由它们在现实社会生活中的地位所决定的。"天地君亲师"这五个字不仅是武陵地区民众的精神寄托与心灵安放之处，同时也表现了武陵地区传统社会的理论道德序列和民间信仰的尊卑序列。

武陵地区历来为少数民族聚居区，虽然时代在急剧变化，民众的思维方式也在与时俱进，民间信仰本身也不断出现流变，但民族传统的意识形态早已根深蒂固于广大民众的观念当中。武陵地区对"天地君亲师"的崇奉，体现出民众较为一致的积极的精神信仰，即仁孝观念，以及积极上进、尊重规律的入世心态。因此，整个武陵地区民间信仰体系在意识领域具有整体趋同性，呈现出民间信仰在区域内部的多元一体信仰格局，这些都有利于武陵地区各民族的内部团结以及爱国观念的形成。民间信仰在意识领域成为该区统一团结的黏合剂，客观上有力地促进了武陵地区和谐稳定社会的建设。

四　民间信仰的调适

民间信仰毕竟是一种产生于民间的具有自发性的民众信仰意识及活动，在对民族地区社会发展产生一定程度的促进作用的同时，也存在着潜在的消极影响。因此，加强对民族地区民间信仰的积极引导和有效调控，对于民族地区社会的稳定和发展无疑具有重要的现实意义。

（一）大力提升民族地区经济发展水平

改革开放至今，武陵民族地区经济社会发展虽然取得了显著的成就，但是与经济发达地区相比仍然较为落后，尤其是广大偏远农村地区的发展还相当滞后。从根本上来说，正是这些地区社会生产力水平的低下，一方面造成该地区广大民众的思想观念不能与现代社会有效接轨，民众的思维方式往往较为单一和狭隘；另一方面，经济发展水平的落后也制约着当地教育、文化和医疗基础设施的建设，这些因素导致该地区民众往往只能求助于民间信仰来满足他们在日常生活中遇到的种种问题，但结果往往适得其反，甚至产生严重的后果。因此，大力提升民族地区经济发展水平，从根本上减少民众对民间信仰的依赖，学会用更加科学和理性的思维方式看待和解决日常生活中的困难。与此同时，经济的发展必然能有效改善当地的文化设施建设，少数民族成员可以有更多的机会参与到有益的文化活动中来，从而大大降低民间信仰中不良因素对民众的生活产生潜在负面作用。

（二）努力提升偏远地区民众的受教育水平

在武陵民族地区，民间信仰往往在该地区偏远落后的农村更为盛行，其民众基础更为深厚。由于这些偏远地区经济发展水平相对落后，教育普及程度有限，现代科学知识在这些地区的民众生活中相对缺乏，因此他们在民间信仰中容易产生诸如保守自封、听天由命、急功近利、迷信盛行、铺张浪费等负面因素，这些消极的因素往往是该地区民众受现代科学知识及进步文化观念的教育普遍缺失或教育水平偏低造成的。因此，应当努力提高偏远地区民众的教育普及程度，各地文化部门和教育机构可以编写与民间信仰相关的知识读本，使少数民族成员明确民间信仰与迷信、民间信仰与宗教、民间信仰与中华文化的关系，提高学校学生对于民间信仰的正确认识，加强对普通民众的社会舆论引导，使武陵地区民众对于本民族的民间信仰具有一种文化自觉意识，既能够正确认识民间信仰在其社会生活中的积极作用，也能够清醒地认识到它可能带来的弊端并自觉加以抵制和克服。

（三）切实加强政府对民间信仰的引导调控

武陵民族地区的各级政府应对本地区的民间信仰积极引导和有效管控，建立武陵民族地区民间信仰的长效调控机制。政府及相关职能部门应当首先对宣传社会主旋律与实现文化多样性两者之间的关系有一个正确的认识，对于民间信仰本身而言也应当具体分析，取其精华，去其糟粕，坚决遏制迷信活动和邪教势力的干扰。一方面，政府相关部门应当充分利用民间信仰中的积极因素，使之成为民族地区社会经济文化和谐发展的促进因子；另一方面，政府也应该预见民族地区民间信仰中的消极因素，构建关于该地区民间信仰可能产生负面影响的预警机制和应急机制，建立健全少数民族地区对于民间信仰调控的法律规范机制、政策引导机制、工作协调机制和社会监督机制等长效机制，加强对民间信仰的常态调控，有效预防和坚决遏制其对当地社会经济发展潜在的破坏性，从而维护社会稳定，使民间信仰更好地服务民族地区经济社会发展。

主要参考文献

一　著作类

［英］爱德华·泰勒:《原始文化》,连树声译,上海文艺出版社 1992 年版。

［英］A. R. 拉德克利夫 – 布朗:《社会人类学方法》,夏建中译,山东人民出版社 1988 年版。

［法］涂尔干:《宗教生活的基本形式》,渠东、汲喆译,上海人民出版社 2006 年版。

［德］恩斯特·卡西尔:《人论》,甘阳译,上海译文出版社 1985 年版。

朱炳祥:《社会人类学》,武汉大学出版社 2009 年版。

黄柏权:《土家族白虎文化》,中国文联出版社 2001 年版。

黄柏权、田万振:《民族理论与当代民族问题》,华艺出版社 2001 年版。

陆群:《民间思想的村落:苗族巫文化的宗教透视》,贵州民族出版社 2000 年版。

赵玉燕:《惧感、旅游与文化再生产——湘西山江苗族的开放历程》,甘肃人民出版社 2008 年版。

《辞海·地理分册·历史地理》,上海辞书出版社 1982 年版。

潘光旦:《湘西北的"土家"与古代巴人》,中国民族问题研究集刊第 4 辑,中央民族学院研究部编,1955 年。

董珞:《巴风土韵——土家文化源流解析》,武汉大学出版社 1999 年版。

恩施土家族苗族自治州民族宗教事务委员会编:《鄂西民间故事集》,中国民间文艺出版社 1989 年版。

谷德明:《中国少数民族神话》,中国民间文艺出版社 1987 年版。

彭继宽、姚纪彭:《土家族文学史》,湖南文艺出版社 1989 年版。

湘西土家族苗族自治州群众艺术馆编：《湘西民间文学资料》，1980 年。

慈利县少数民族调查办编：《慈利县土家族资料汇编》，1986 年印（内部资料）。

慈利县民族事务委员会编：《慈利县土家族概况》，1990 年印（内部资料）。

刘冰清等：《辰州傩歌》，中国文史出版社 2006 年版。

湖南省少数民族古籍办公室编：《湖南地方志少数民族史料》，岳麓书社 1991 年版。

国家民委：《土家族简史》，民族出版社 1986 年版。

王承尧、罗午：《土家族土司简史》，中央民族学院出版社 1991 年版。

饶宗颐：《老子想尔注校笺》，香港大学出版社 1956 年版。

李绍明：《川东酉水土家》，成都出版社 1993 年版。

石启贵：《湘西苗族实地调查报告》（增订本），湖南人民出版社 2002 年版。

《土家族社会历史调查》（修订本），民族出版社 2009 年版。

刘伦文：《母语留存区土家社会文化：坡脚社区调查研究》，民族出版社 2006 年版。

雷翔等：《梯玛的世界》，民族出版社 2006 年版。

龙国辉：《苗族文化大观》，贵州民族出版社 2009 年版。

龙子建、田万振等：《湖北苗族》，民族出版社 1999 年版。

游俊、李汉林：《湖南少数民族史》，民族出版社 2001 年版。

凌纯声、芮逸夫：《湘西苗族调查报告》，民族出版社 2003 年版。

《侗族简史》，民族出版社 2008 年版。

王钟翰：《中国民族史》，中国社会科学出版社 1994 年版。

杨筑慧：《侗族风俗志》，中央民族大学出版社 2006 年版。

陆中午、吴炳升：《侗族信仰大观》，民族出版社 2006 年版。

侗族文学史编写组：《侗族文学史》，贵州民族出版社 1988 年版。

李根富、吴文志：《侗族风俗文化》，线装书局 2008 年版。

王胜先：《侗族文化与习俗》，贵州民族出版社 1980 年版。

刘芝凤：《中国侗族民俗与稻作文化》，人民出版社 1999 年版。

湖南少数民族古籍办公室编：《侗款》，杨锡光、杨锡等整理译释，岳麓书社 1988 年版。

吴光友、郭祖铭:《宣恩侗族》,湖北人民出版社 2008 年版。

冯骥才主编:《中国民间文化遗产抢救工程普查手册》,高等教育出版社
　　2003 年版。

中共中央马克思恩格斯列宁斯大林著作编译局:《马克思恩格斯选集》,
　　人民出版社 1996 年版。

卿希泰:《中国道教史》第一卷,四川人民出版社 1988 年版。

卿希泰:《道教文化与现代社会生活研究》,巴蜀书社 2007 年版。

王明:《太平经合校》,中华书局 1960 年版。

李养正:《道教概说》,中华书局 1989 年版。

费孝通:《乡土中国》,人民出版社 2008 年版。

陈麟书、陈霞:《宗教学原理》,宗教文化出版社 2002 年版。

侯钧生:《西方社会学理论教程》,南开大学出版社 2010 年版。

[美] 戴维·波普诺:《社会学》,李强等译,中国人民大学出版社 2005
　　年版。

林良斌、吴文志:《和谐侗乡》,湖南人民出版社 2011 年版。

费孝通:《美国与美国人》,生活·读书·新知三联书店 1985 年版。

张泽洪:《文化传播与仪式象征——中国西南少数民族宗教与道教祭祀仪
　　式比较研究》,巴蜀书社 2007 年版。

联合国教科文组织:《人类口头和非物质遗产代表作申报指南》,文化艺
　　术出版社 2005 年版。

费孝通:《中华民族多元一体格局》,中央民族学院出版社 1989 年版。

王文光:《中国西南民族关系史》,中国社会科学出版社 2006 年版。

林耀华:《民族学通论》,中央民族大学出版社 2003 年版。

吕大吉:《宗教学通论》,中国社会科学出版社 1989 年版。

金泽、陈进国:《宗教人类学》,民族出版社 2009 年版。

马西沙:《中国民间宗教史》,上海人民出版社 1992 年版。

卓新平:《西方宗教学研究导论》,中国社会科学出版社 1990 年版。

孙尚扬:《宗教社会学》,北京大学出版社 2007 年版。

刘建民:《基础舆论学》,中国人民大学出版社 1988 年版。

王平:《武陵地区民族关系与社会稳定机制研究》,湖北人民出版社 2007

年版。

林惠祥:《文化人类学》,商务印书馆 2002 年版。

二 方志类

(清)《晃州厅志·驿传》卷二五,道光版。

(清)《长乐县志》卷十二,《风俗·岁时》,咸丰版。

(清)《恩施县志》卷七,《习俗》,同治版。

(清)《来凤县志》卷二八,《风俗》,同治版。

(清)《永顺府志》卷十,《风俗》,乾隆版。

(清)《永顺县志》卷六,乾隆版。

(清)《永顺县志》卷二十六,同治版。

(清)《古丈坪厅志》卷九,光绪版。

(清)《龙山县志》卷十一,同治版。

(清)《利川县志》卷九,光绪版。

湖北省鹤峰县史志编纂委员会编:《鹤峰县志》,湖北人民出版社 1990
年版。

凤凰县志编纂委员会编:《凤凰县志》,湖南人民出版社 1988 年版。

咸丰县志编纂委员会:《咸丰县志》,武汉大学出版社 1990 年版。

三 论文类

陈心林:《"土家族白虎图腾"说辨疑》,《宗教学研究》2013 年第 4 期。

陈心林:《土家族民间信仰的功能研究——以拉西峒村为个案》,《黔东南
民族师专学报》2002 年第 2 期。

陈心林:《土家族梯玛信仰述论——以拉西峒尚氏梯玛为例》,《宗教学研
究》2005 年第 2 期。

杨洪林:《从国神到家神——武陵地区伏波信仰变迁研究》,《广西民族研
究》2012 年第 3 期。

杨洪林:《武陵地区洞神信仰及其特征研究》,《宗教学研究》2014 年第
3 期。

雷翔:《梯玛世家——土家族民间信仰的田野报告》,《民间文化论坛》
2007 年第 3 期。

陈千慧：《鄂西南侗族民间信仰变迁研究》，硕士学位论文，湖北民族学院，2014 年。

向柏松：《土家族白帝天王传说的多样性与多元文化的融合》，《民间文学研究》2007 年第 3 期。

向柏松：《土家族洞穴崇拜初探》，《中南民族学院学报》（人文社会科学版）1995 年第 6 期。

向柏松：《巴人竹枝词的起源与文化生态》，《湖北民族学院学报》（哲学社会科学版）2004 年第 1 期。

廖君湘、严志钦：《"补拉"制度：侗族社会之宗法制度》，《兰州学刊》2004 年第 6 期。

麻勇恒：《苗族原生宗教"呼清（Fud nqind）"参与构建社区秩序的案例解析——以贵州松桃苗族自治县鸡爪村苗族原生宗教"呼清"为例》，《凯里学院学报》2010 年第 2 期。

贵州省民族语文指导委员会：《侗族的语言情况和文字问题》，《侗族语言文字问题科学讨论会汇刊》1959 年第 10 期。

罗义群：《论原生宗教约束力对法律行为的辅助与配合——以苗族社区为例》，《原生态民族文化学刊》2009 年第 2 期。

谢国先：《试论杨再思其人及其信仰的形成》，《民族研究》2009 年第 2 期。

何光沪：《中国宗教改革论纲》，《东方》1995 年第 1 期。

焦丽锋：《苗族巴岱信仰中的道教文化因子初探——以腊尔山台地"巴岱扎"宗教活动为例》，《民族论坛》2013 年第 4 期。

雷翔：《端公的法术》，《湖北民族学院学报》（哲学社会科学版）1998 年第 5 期。

蔡元亨：《土家族、苗族山歌中的"太阳钟"现象》，《中央民族学院学报》（哲学社会科学版）1993 年第 6 期。

谢亚平：《清江流域土家族太阳排山歌中的火崇拜》，《大舞台》2008 年第 6 期。

程地宇：《魂归太阳：神树、离鸟、灵舟——"巴蜀图语"船形符号试析》，《三峡学刊》1994 年第 4 期。

吕冰：《"相""廪君"名号考释——兼论虎的别名》，《湖北民族学院学报》（哲学社会科学版）1993 年第 3 期。

朱世学：《论土家族白虎崇拜的起源与表现功能》，《湖北民族学院学报》
　　（哲学社会科学版）1996 年第 1 期。

张泽洪：《中国西南少数民族宗教中的虎崇拜研究》，《中南民族大学学
　　报》（人文社会科学版）2007 年第 6 期。

杨华：《巴族崇"蛇"考》，《三峡学刊》1995 年第 3、4 期。

盛竞凌：《土家织锦"大蛇花"纹样审美文化内涵探究》，《湛江师范学院
　　学报》2008 年第 1 期。

周北川：《鄂西故事〈老鼠子嫁姑娘〉的文化内涵》，《湖北民族学院学
　　报》（哲学社会科学版）1997 年第 2 期。

丁世忠：《土家族天梯神话的发生学阐释》，《文艺争鸣》2007 年第 11 期。

王平：《土家族竹文化探析》，《中南民族学院学报》（人文社会科学版）
　　1994 年第 1 期。

张应斌：《土家族女神及其文化意蕴》，《民族论坛》1994 年第 3 期。

钟年：《女娲与依罗——土家族神话对古神话复原的启示》，《湖北民族学
　　院学报》（哲学社会科学版）1994 年第 1 期。

马天芳、徐晓军：《土家族女神崇拜现象探微》，《中南民族学院学报》
　　（人文社会科学版）2001 年第 4 期。

张应斌：《土家族土王与梯玛关系管见》，《中南民族学院学报》（人文社
　　会科学版）1994 年第 5 期。

朱祥贵：《梯玛巫术文化探究》，《湖北民族学院学报》（哲学社会科学版）
　　1996 年第 4 期。

游俊：《土家族禁忌文化研究》，《吉首大学学报》（哲学社会科学版）
　　2001 年第 1 期。

冉春桃、蓝寿荣：《论土家族禁忌的社会功能》，《湖北民族学院学报》
　　（哲学社会科学版）1999 年第 4 期。

彭继宽：《土家族原始宗教述略》，《民族论坛》1996 年第 3 期。

杨玉荣：《鄂西南民族地区宗教信仰及其社会控制功能》，《中南民族学院
　　学报》（人文社会科学版）2002 年第 1 期。

石朝江：《国际"显学"：国外苗学研究概览》，《贵州民族研究》1998 年
　　第 3 期。

刘丽、卫钰:《苗族的民间信仰及其区域差异》,《沧桑》2005年第5期。

田彬:《论湘西苗族的梅山崇拜》,《邵阳师专学报》1996年第1期。

李廷贵、杨正勇:《苗族巫教文化浅议》,《贵州民族研究》1989年第3期。

王爱英:《变迁之神:白帝天王信仰流变与湘西社会》,《中南民族大学学报》(人文社会科学版) 2007年第5期。

陆群、焦丽锋等:《"巴岱"信仰神龛设置的文化内涵及其变迁考察——以腊尔山苗族为例》,《宗教学研究》2012年第2期。

施云南:《略论黎族苗族民间信仰文化的意义及其功能》,《琼州大学学报》2003年第4期。

佘小云:《论侗族民间信仰的社会功能》,《吉首大学学报》(哲学社会科学版) 2001年第6期。

钟金贵:《中国崇凤习俗》,硕士学位论文,湘潭大学,2005年。

张建华:《试论湘西苗族禁忌习惯规约》,《中南民族学院学报》(人文社会科学版) 1988年第2期。

吴正彪:《蚩尤神话和苗族风俗浅探》,《黔南民族师专学报》1999年第4期。

张世珊、杨昌嗣:《侗族信仰文化》,《中央民族学院学报》(哲学社会科学版) 1990年第6期。

都垒、银军:《侗族传统习俗及其文化模式的新思考》,《民族论坛》1988年第4期。

李猛:《民间信仰与贵州民族民间文化》,《贵州民族学院学报》(哲学社会科学版) 2008年第6期。

石开忠:《宗教象征的来源、形成与祭祀仪式——以侗族对"萨"崇拜为例》,《贵州民族学院学报》(哲学社会科学版) 2005年第6期。

张民:《萨岁是侗族先民越人首领——巾帼英雄冼夫人——自然土地神演为人神化的社会土地神》,《贵州民族研究》2003年第4期。

佘小云:《侗族萨崇拜仪式的象征及其历史文化积淀》,《湘潭师范学院学报》2009年第6期。

曹端波:《侗族"萨岁"崇拜浅析》,《西南民族大学学报》(人文社会科学版) 2008年第10期。

葛政委：《对散杂居湖北侗族的祖先崇拜的阐释》，《湖北民族学院学报》
（哲学社会科学版）2009 年第 3 期。

廖开顺、石佳能：《侗族"月亮文化"的语言诠释——评张泽忠小说集
〈山乡笔记〉》，《民族文学研究》1994 年第 2 期。

龙耀宏：《侗族的原始宗教》，《贵州民族学院学报》（哲学社会科学版）
1986 年第 8 期。

彭无情、吴才敏：《侗族丧葬习俗的宗教文化内涵探析——以黔东南苗族
侗族自治州为例》，《经济与社会发展》2009 年第 2 期。

霍晓丽：《苗族民间信仰与和谐社区构建关系研究——以湘西山江苗族为
例》，硕士学位论文，湖北民族学院，2014 年。

陆景川：《九寨侗族的宗教信仰》，《黔东南民族师范高等专科学校学报》
2005 年第 1 期。

刘丽：《中国崇龙习俗研究》，硕士学位论文，湘潭大学，2010 年。

张国栋、巴登尼玛：《从黔东南苗侗民族文化的传承现状看民族文化的发
展观》，《贵州民族研究》2010 年第 3 期。

陈维刚：《桂北侗族的蛇崇拜》，《广西民族研究》1993 年第 4 期。

潘守永：《土家族"梅山菩萨"信仰的几个问题——长江三峡人类学田野
研究之一》，《民族艺术》1998 年第 1 期。

王丹：《残存在记忆中的信仰叙事：湖北长阳土家族请"七姑娘"习俗解
读》，《湖北民族学院学报》（哲学社会科学版）2008 年第 2 期。

龙海清：《苗族族名及自称考释》，《苗族历史讨论会论文集》，1983 年。

邓敏文：《"萨"神试析》，《贵州民族研究》1990 年第 4 期。

朱炳祥：《民族宗教文化的现代化——以三个少数民族村庄神龛变迁为
例》，《民族研究》2002 年第 3 期。

后　记

　　该成果是国家社科基金项目"民间宗教信仰与武陵民族地区社会和谐稳定研究"的最终成果。2005年，湖北民族学院组建了一个以土家族民间信仰为研究对象的团队，我作为成员之一，受益良多。随着研究的深入，2011年，我申报了关于武陵民族地区民间信仰研究的国家社科基金项目并得到了立项，2016年课题结项时获得"良好"等次评价。现在呈现在大家面前的著作是在综合项目成果评审专家意见的基础上经反复修改而成。

　　在研究中，我们始终觉得武陵地区少数民族民间信仰在和谐社会建设中具有重要的作用和价值。从总体上看，民间信仰能够为区域内民众提供相对一致的价值标准，规范内部成员的行为方式，协调不同群体间的人际关系，将区域内不同团体整合成为协调统一的整体。在当今时代，信仰习俗更多地彰显了民族传统文化，如武陵地区各民族巫师既是本族历史文化和风俗习惯的传播者和守卫者，也是工艺技术、民间医药等传统民族文化的保存者和继承者，正是由于这一特殊群体的存在，民族传统文化才得以延续下来。当然，民间信仰中还存在一些与当前社会生活不相适应的成分，还需要在一定程度上进行引导与调适，使之更好地服务民族地区经济社会发展。

　　该成果从课题设计到著作面世历时七年多，凝聚了很多人的心血和汗水。在这里要特别感谢雷翔教授及其团队成员，他们对课题设计以及课题研究中的具体问题提出了很多宝贵意见，可以说，没有他们的帮助，课题研究很难达到预期效果。在研究中霍晓丽博士、杜鹏博士以及方云霞、陈忠国、向怀安、孔檬杰、谭晓宇等硕士研究生给予了较多帮助，特别是霍晓丽、杜鹏两位博士当时在攻读民族学硕士研究生时直接参与了田野调查以及部分内容的研究，在这里一并对上述人员为课题研究付出的辛劳表示谢忱！